ABHANDLUNGEN

AUS DEM

STAATSWISSENSCHAFTLICHEN SEMINAR

ZU

STRASSBURG i. E.

HERAUSGEGEBEN

VON

G. F. KNAPP UND W. WITTICH.

HEFT XXIX.

GERMAN KILLINGER:

DIE LÄNDLICHE VERFASSUNG DER GRAFSCHAFT ERBACH UND DER HERRSCHAFT BREUBERG IM 18. JAHRHUNDERT.

STRASSBURG
VERLAG VON KARL J. TRÜBNER
1912

DIE LÄNDLICHE VERFASSUNG DER GRAFSCHAFT ERBACH UND DER HERRSCHAFT BREUBERG IM 18. JAHRHUNDERT.

EIN BEITRAG ZUR DEUTSCHEN RECHTS- UND WIRTSCHAFTSGESCHICHTE.

VON

GERMAN KILLINGER

DOKTOR DER STAATSWISSENSCHAFTEN,
REFERENDAR IN STRASSBURG.

STRASSBURG
VERLAG VON KARL J. TRÜBNER
1912

M. Du Mont Schauberg, Straßburg.

Gewidmet

dem

fürstlichen und gräflichen Gesamthause

Erbach.

VORWORT.

„Eine erfolgreiche Regierung des Staates ohne staatswissenschaftliche Grundlage ist in der Gegenwart ebensowenig möglich, wie Seeschiffahrt ohne Kenntnis der Nautik. Aber man darf Wissenschaft und Doktrinarismus nicht miteinander verwechseln. Doktrinäre sehen entweder nur Abstraktionen oder zusammenhanglose Einzelheiten. Innerhalb der Staatswissenschaft dagegen ist jede Einzelwissenschaft notwendigerweise die Hilfswissenschaft der andern. Jede setzt zu ihrem vollen Verständnis die andere voraus. Alle fordern die Erfassung des Staates in der Totalität seines Daseins".

Franz von Holtzendorff, Zeitglossen des gesunden Menschenverstandes (1884).

Die Anregung zu der vorliegenden Arbeit gab mir die 1903 durch die rechts- und staatswissenschaftliche Fakultät der Universität Straßburg gestellte Preisaufgabe: „Ländliche Verfassung im Gebiete einer süddeutschen Standesherrschaft, besonders im 18. Jahrhundert".

Indem mir die Benützung des fürstl. und gräfl. Erbachischen Gesamthausarchives in weitgehendstem Maße gestattet wurde, war die Vorbedingung für eine Bearbeitung des Themas erfüllt. Ich fühle mich gedrungen, den regierenden Herrn des Fürstlichen und Gräflichen Gesamthauses Erbach für das mir erwiesene große Wohlwollen und Vertrauen meinen ehrerbietigsten Dank an dieser Stelle auszusprechen und mit demselben Gefühle zu gedenken des liebenswürdigen Interesses, welches Seine Erlaucht der Graf Georg Albrecht IV. zu Erbach-Erbach und der verstorbene Graf Arthur zu Erbach-Erbach meinen Studien entgegengebracht haben.

Nicht minderen Dank schulde ich meinen hochverehrten Lehrern, den Herren Professoren Dr. G. F. Knapp und Dr. W. Wittich in Straßburg, aus deren staatswissenschaftlichem Seminar die Arbeit hervorgegangen ist. Ihnen verdanke ich die wissenschaftlichen Richtpunkte, die Unterweisung in der wissenschaftlichen Wertung des Stoffes, so manchen wertvollen Rat im einzelnen und stets das liebenswürdigste und anregendste Interesse.

Für die Vermittlung der Kenntnis von Land und Leuten, für die freundschaftliche Förderung meines Unternehmens, für so manche wertvolle Anregung und Mitteilung spreche ich meinen wärmsten Dank aus dem Oberbibliothekar der Universitäts- und Landesbibliothek zu Straßburg, Herrn Professor Dr. List, dem Vorstande des Erbachischen Gesamthausarchives, Herrn Archivrat Morneweg in Erbach i. O., dem früheren Kreisrate des Kreises Erbach, Herrn Kreisrat Schliephake in Friedberg, Herrn Bürgermeister Steegmüller in Erbach i. O., dem Direktor der Fürstlich Leiningischen Generalverwaltung, Herrn Dr. Schreiber, und dem Fürstlich Leiningischen Archivar, Herrn Dr. Krebs in Amorbach.

Da die Quellen teils unvollständig, teils ungeordnet erhalten sind, so ließen sich Lücken, z. B. bezüglich einzelner Punkte der Behördenorganisation, der Allmendverhältnisse, der Schatzung, der Flurverfassung, der Waldverfassung und Waldwirtschaft u. dgl. m. leider nicht ganz vermeiden.

Die Untersuchung der in der vorliegenden Arbeit behandelten Rechts- und Wirtschaftsverhältnisse auch für andere fränkische Territorien erscheint wünschenswert.

November 1911.

German Killinger.

INHALT.

II. Kapitel:

DIE LEIBEIGENSCHAFT.

III. Kapitel:

DIE GRUNDHERRSCHAFT.

IV. Kapitel:

DIE ZEHNTHERRSCHAFT.

V. Kapitel:

DIE FRONEN.

SCHLUSS:

BENÜTZTE QUELLEN.

I. AKTEN.

1. Die einschlägigen Akten und Urkunden des Fürstl. und Gräfl. Erbachischen Gesamthausarchives zu Erbach i. O.

Ein Teil derselben ist nach Materien (Schatzung, Frohnd, Cent, Differenzen usw.), oder nach den Ämtern (Erbach, Fürstenau, Freienstein usw.), oder den Zentralbehörden (Regierung, Justizkanzlei), oder nach den Landesteilen (Erbach-Erbach, Erb.-Fürstenau usw.), oder in Verbindung dieser Gesichtspunkte miteinander (Erb. Amt, Frohnd I, Erb.-Erb., Polizeisachen, usw.), der übrige Teil aber nach dem Namen der einzelnen Ortschaften, meist ohne Rücksicht auf die Materien, in Faszikel geordnet.

Ein Abdruck des Katalogs würde zu weit führen. Es sei hier lediglich bemerkt, daß als archivalische Quellen, soweit solche in den Anmerkungen nicht besonders genannt sind, stets diejenigen Faszikel in Betracht kommen, welche unter dem Stichworte der betr. Materie (Frohnd, Zehnt, Schatzung usw.) oder des betr. Amtes oder der betr. Ortschaft registriert sind. Die Ämter und Orte sind aus dem Überblick auf S. 7f. ersichtlich. Abkürzungen:

Heyl, SLB. = die von dem grfl. erb. Rentmeister Heyl in den Jahren 1750—1756 verfaßten Saal- und Lagerbücher des Amtes und der Cent Reichenberg (Heyl, SLB. Reichenb.), des Amtes und der Cent Keinsbach (Heyl, SLB. Keinsb.), des Ämtleins Brensbach (Heyl, SLB. Brensb.)

LTA. I, II f. = die aus Anlaß der Landesteilungen von 1718, 1731 und 1747 erwachsenen Aktenfolien, Vol. I, II, III usw.

F. = Faszikel.

2. F. Rubrik: Adel; Ingelheimisches Lehen zu Würzberg: aus dem Bestande des Fürstl. Leiningischen Archives zu Amorbach (Unterfranken).

3. Centbuch der Cent Erbach v. J. 1701 fg.: aus dem Bestande der Bürgermeisterei Erbach i. O.

II. DRUCKSCHRIFTEN.

Hier wird auf die Anmerkungen verwiesen, namentlich auf S. 25 n. 1, 182 n. 3.

Abkürzungen:

Simon	= G. Simon, die Geschichte der Dynasten und Grafen zu Erbach und ihres Landes (1858).
Graf Franz	= Bericht des regierenden Herrn Grafen Franz von Erbach-Erbach an das Kaiserl. Reichskammergericht, d. d. Erbach 26. Juli 1800, als „Beispiel eines Induktionsbeweises teutscher Landeshoheit gegen die Reichsritterschaft" abgedruckt in Häberlin, Deutsches Staatsarchiv XI (1803) S. 129 f.
Ludwig, Baden	= Th. Ludwig, Der badische Bauer (1896).
Knapp, Beitr.	= Th. Knapp, Beiträge zur deutschen Rechts- und Wirtschaftsgeschichte 1902.
Erb. Ldr.	= Beck und Lauteren, Das Erbacher Landrecht (1824).
Kleinius	= L. G. Kleinius, De aëre aquis et locis agri Erbacensis atque Breubergensis largi Odenwaldiae tractus, tentamen physico-medicum, Frkf. et Lpz. 1754.

EINLEITUNG.

Das Gebiet, über welches das gräfliche Haus Erbach bis zur Mediatisierung auf Grund der Rheinbundsakte vom 12. bezw. 19. Juli 1806 art. 24 die Landeshoheit ausübte, liegt zum größten Teile im heutigen großherzoglich hessischen Kreise Erbach, dem südöstlichen Teile der Provinz Starkenburg, zu beiden Seiten des oberen und mittleren Laufes des bei Obernburg in den Main sich ergießenden Odenwaldflüßchens Mümmling. Nach Westen zu griffen in einem schmalen Streifen die Ämter Reichenberg und Schönberg in den vorderen Odenwald, letzteres bis an die Bergstraße hinüber, und hier schloß sich nach Norden das 1714 an Hessen-Darmstadt veräußerte Amt Seeheim an, während das Amt Wildenstein auf dem rechten Mainufer im Spessart lag.

In Gemeinschaft mit dem fürstlichen Hause Löwenstein-Wertheim besaß das Haus Erbach die Herrschaft Breuberg, welche, im Süden an die Grafschaft grenzend, zu beiden Seiten des Unterlaufes der Mümmling lag. Auch sie gehört dem großherzoglich hessischen Kreise Erbach an.

Die Geschichte der Grafschaft Erbach ist die Geschichte des Familienbesitzes des gräflichen Hauses. Hierauf sei ein kurzer Rückblick gestattet[1]).

Als ältestes bekanntes Glied des Geschlechtes gilt ein um 1148 in Beziehungen zum Kloster Lorsch im Oberrheingau vorkommender Eberhard von Erbach. Ein vor 1223 verstorbener Gerhard von Erbach wird ausdrücklich als königlicher Ministeriale und zwar als Schenk des Königs bezeichnet. Dessen Kinder überließ titulo proprietatis König Heinrich VII. mit Genehmigung seines Vaters, des Kaisers Friedrich II., 1223 in die

[1]) Außer Simon vgl. K. Morneweg, Geschichte des Odenwaldes in G. Volk, Der Odenwald (1900).

Dienstmannschaft des Herzogs Ludwig I. von Bayern als Rheinpfalzgrafen, zur Entschädigung für den Schaden, welchen diesem ihr Vater, der gen. Gerhard von Erbach, zugefügt hatte. Seitdem sind die Herren von Erbach rheinpfalzgräfliche Schenken und Ministerialen, gehören aber bereits im 13. Jahrhundert als nobiles dem Stande der wenigen Edlen Frankens an[1]).

Die Stammburg Erbach lag in der Mark Michelstadt, welche ursprünglich Königsgut war, 814 von Ludwig dem Frommen an Einhard, den Geschichtsschreiber Karls des Großen, von diesem aber schon 819 an das Kloster Lorsch geschenkt wurde. Auf diese Stammburg Erbach, auf eine eigene Burg in Michelstadt und auf eine in geringer Entfernung unterhalb Michelstadt, dem bedeutendsten Orte der Grafschaft, an der Mümmling erbaute Burg Fürstenau erfolgte die älteste Besitzesteilung durch die Enkel des erwähnten vor 1223 gestorbenen Gerhard, in der Art, daß von ihnen Konrad auf Erbach, Eberhard auf Michelstadt und Johann auf Fürstenau abgeteilt wurde. Von diesen Linien starb diejenige Konrads zu Erbach 1503 mit Erasmus, jene Eberhards zu Michelstadt mit Valentin 1531 im Mannesstamme aus, und es vereinigte nunmehr Eberhard XIII., Herr und Schenk zu Erbach von der Linie Johanns auf Fürstenau, den erbachischen Gesamtbesitz.

Als älteste zur Bildung eines Territoriums geeignete Besitzungen erscheinen die 4 Zenten Beerfelden, Erbach, Michelstadt und Reichelsheim, und zwar mit Sicherheit seit dem 14. Jahrhundert als kurpfälzische Lehen; vermutlich aber trugen die Schenken die Zent Reichelsheim vor 1223 vom Reiche zu Lehen. Außerdem besaßen sie eine größere Anzahl von Vogteiortschaften in kurmainzischen, kurpfälzischen, katzenelnbogischen, breubergischen u. a. Zenten, welche sich teils schon im 12. Jahrhundert in ihrer Hand befanden, teils erst später erworben wurden (bes. die Ämter Seeheim, Jazza, Dannenberg, Habitzheim). Spätere Erwerbungen waren insbesondere die Zenten König und Oberkeinsbach. Nach Aussterben des Mannesstammes der Grafen von Rhieneck wurde dem Hause Erbach das rhieneckische, von

[1]) Simon 280. Fellner, Die fränk. Rittersch. v. 1495 bis 1524 (1905) 38.

Kurpfalz zu Lehen rührende Amt Wildenstein im Spessart, u. a. die Zenten Eschau und Kleinheubach umfassend, 1560 aus besonderer Vergünstigung als Allod zuteil. Von größerer Bedeutung war endlich der Erwerb der Mitberechtigung zum halben Teile an der Herrschaft Breuberg 1556.

Die nach Heffter, die Sonderrechte der souveränen und mediatisierten Häuser (1871) S. 19 f. für den Beweis althergebrachter Reichsstandschaft maßgebenden Momente treffen hinsichtlich des gräfl. Hauses Erbach sämtlich zu: die Schenken, seit 1532 Grafen zu Erbach, erscheinen seit 1422 in der Reichsmatrikel und werden auch in den Matrikeln von 1522, 1577 und 1593 ausdrücklich genannt; kaiserliche Einladungen zum Besuche von Reichstagen finden sich mehrfach[1]); seit 1530 erschienen die Grafen auf den Reichstagen und unterzeichneten die Reichsabschiede entweder in Person oder sie ließen sich vertreten.

Die Eximierung von allen auswärtigen Gerichten, auch von dem Reichshofgericht zu Rottweil, durch Karl V., d. d. Aachen 12. Jan. 1531, die Erhebung der Herrschaft Erbach zur Grafschaft durch denselben Kaiser, d. d. Regensburg 15. Aug. 1532, die Erteilung des Münzprivilegs, d. d. Regensburg 14. Mai 1541, ebenfalls durch Karl V., traten zur Reichsstandschaft hinzu.

Bei Errichtung der 10 Landfriedenskreise zu Beginn des 16. Jahrhunderts wurden die Schenken und späteren Grafen von Erbach, obwohl ihre Besitzungen mit alleiniger Ausnahme eines einzigen Vogteiortes in der würzburgischen Zent Retzbach[2]) nirgends ins Fränkische[3]) hineinreichten, zum fränkischen Kreise gerechnet, hauptsächlich wohl infolge ihrer verwandtschaftlichen Beziehungen zu den Grafen von Wertheim, vielleicht auch infolge ihrer isolierten Lage inmitten von kurfürstlichem Gebiete, die jede Zuteilung zu einem Kreise als Verlegenheitsausweg erscheinen ließ[4]). Doch stimmten die Grafen auf den

[1]) Simon 374.

[2]) H. Knapp, Zenten des Hochstiftes Würzburg I 1012 (Erlabrunn).

[3]) Über den Begriff „Franken" vgl. unten S. 25 n. 1.

[4]) F. Hartung, Gesch. d. fränk. Kreises I (1910) 123; 100.

Reichstagen zu Nürnberg 1542 und Regensburg 1603 mit den wetterauischen, zu Regensburg 1598 mit den schwäbischen Grafen. Im fränkischen Grafenkollegium folgten sich 1641 Hohenlohe, Castell. Löwenstein, Seinsheim, Erbach, Limpurg usf., 1719 und 1745 folgt Erbach an vierter Stelle. Direktoren des fränkischen Grafenkollegiums waren von den Gliedern des Hauses Erbach die Grafen Georg III. 1585, 1601 f., Ludwig I., der Ritter, 1623, 1625, Georg Albrecht II., Posthumus, 1697, Georg Wilhelm zu Erbach-Erbach 1745, Georg August zu Erbach-Schönberg 1747—1753. Das gräfliche Haus führte bis gegen Mitte des 18. Jahrhunderts im fränkischen Grafenkollegium eine, seit 1758 zwei Stimmen, auf den fränkischen Kreistagen eine Stimme[1]).

Nach dem Tode (1539) Eberhards XIII. (als Graf der I.) kam unter den drei Söhnen 1544 ein Teilungsrezeß zustande, nach welchem die Grafschaft mit den dazu gehörigen Gütern und Einkünften in Zukunft unzerteilt und unzertrennt bestehen, und kein Teil ohne Zustimmung der andern etwas davon veräußern dürfen sollte; ein Grundsatz, der für alle späteren Landesteilungen, insbesondere auch diejenigen von 1718 und 1747 maßgebend blieb. Dagegen wurden jedem Teilhaber einige Ämter zur Nutzung und Verwaltung zugewiesen.

Allein zwei Söhne Eberhards I. starben, ohne Nachkommen zu hinterlassen; demgemäß fielen ihre Nutzungsteile dem einzigen Enkel Eberhards I., dem Grafen Georg II. zu, unter dessen Regierung das erbachische Gebiet den größten Umfang hatte, den es jemals besaß.

Von den vier Söhnen des Grafen Georg II. führte der älteste, Friedrich Magnus, die Regierung der ganzen Grafschaft allein unter dem Beirate seiner Brüder; lediglich die Revenüen wurden geteilt. Nach seinem Tode (1619) übernahm sie sein Bruder Ludwig III. der Ritter († 1643); da auch der dritte Bruder Johann Casimir bereits 1627 ohne Hinterlassung von männlichen Nachkommen gestorben war, folgte von 1643 bis 1647 der jüngste Bruder, Graf Georg Albrecht I.

---

[1]) K. Morneweg, Reichsstandschaft der Grafen zu Erbach u. deren Zugehörigkeit zum fränk. Grafenkollegium; hdschrftl. im Archiv z. E. i. O.

Nach dem Tode des ältesten Sohnes desselben, Georg Ludwigs († 1669), kam zwischen den drei noch lebenden Brüdern abermals eine Nutzteilung zustande; nach dem Tode des zweitältesten Bruders, des Grafen Georg VI., wurde dessen Anteil wiederum unter die beiden überlebenden Brüder geteilt (1678). Dieser, durch mehrere Nebenrezesse genauer bestimmte Vertrag blieb bis zum Jahre 1731 in Kraft; er zerlegte die erbachischen Lande nach Nutzung und teilweise auch nach der Verwaltung in zwei Hälften.

Die durch den älteren der beiden Brüder gestiftete ältere Linie zu Erbach erlosch mit dessen beiden Söhnen; aus der durch den jüngeren Bruder, den Grafen Georg Albrecht III., gestifteten jüngeren Linie zu Fürstenau dagegen gingen die drei jetzt noch vorhandenen Linien hervor.

Georg Albrecht III. regierte den ihm 1669 und 1678 zugeteilten Landesanteil bis zum Jahre 1717. Es folgten die Söhne Philipp Karl (1677—1736), Georg Wilhelm (1686—1757), Georg August (1691—1758), die Stifter der noch gegenwärtig bestehenden älteren Linie Erbach-Fürstenau, der mittleren Linie Erbach-Erbach, der jüngeren, 1903 gefürsteten Linie Erbach-Schönberg.

Nach testamentarischer Verfügung ihres Vaters sollten diese drei Brüder den 1678 gebildeten Fürstenauischen Landesanteil in der Weise unter sich verteilen, daß jeder eines der noch dazu gehörigen drei Ämter erhalten, der Minderertrag des einen Amtes durch den Mehrertrag des andern durch Auszahlung ausgeglichen werden sollte; Regierungskanzlei, Konsistorium und Kriegskasse sollten gemeinschaftlich sein, Aktiv- und Passivschulden in drei gleiche Teile geteilt werden usw. Dem entsprechend wurde verfahren und durch das Los über den Anteil eines jeden entschieden. Als 1731 die ältere Linie zu Erbach mit Graf Friedrich Karl erlosch, wurde dieser Landesteil zunächst nicht geteilt, sondern gemeinschaftlich verwaltet, und nur der Überschuß der Revenüen verteilt. Die Teilung wurde jedoch 1747 vereinbart und so durchgeführt, daß jede Linie zu dem Amte, welches sie gemäß der Teilung von 1718 bereits besaß, einen entsprechenden Anteil an der heimgefallenen Herrschaft erhielt. —

Auch die Geschichte der Herrschaft Breuberg stellt sich dar als Geschichte des Familienbesitzes der ehemaligen Herren von Breuberg.

Der erste Herr von Breuberg, Conradus Reiz de Luzelenbach, kommt 1189 als Zeuge vor. Gerlach Reiz von Breuberg war unter Rudolf von Habsburg und Adolf von Nassau Landvogt des Landfriedens in Thüringen und der Wetterau. Mit Arroes und Eberhard starb jedoch das Geschlecht im Mannesstamme bereits im 14. Jahrhundert aus. Die Stammburg war in Lützelbach, und erst seit dem 13. Jahrhundert benannten sie sich nach der Burg Breuberg, welche sie wie den größten Teil ihrer sonstigen Besitzungen vom Kloster Fulda, seit 1390 von Kurpfalz zu Lehen trugen.

Auch die Herrschaft Breuberg nimmt ihren Ausgang von einer Reihe von Zenten. Während die Zent Höchst — Höchst kommt 1158 als Fuldische Zentgerichtsstätte vor — ursprünglich wahrscheinlich den Gerichtsstab Neustadt mitumfaßte [1]), finden sich in späterer Zeit, möglicherweise als abgetrennte Teile der Zent Höchst, die vier Zenten Höchst, Lützelbach, Kirchbrombach und der Gerichtsstab Neustadt, von welchen die Zent Lützelbach als Allod der Breuberger erscheint [2]).

Nach Aussterben der Herren von Breuberg gelangte die Herrschaft teils durch Kauf, teils durch Heirat in zahlreiche Hände: an die Herren und Grafen Trimberg, Wertheim, Weinsberg, Eppenstein; 1341 besitzt Wertheim $^3/_4$, Eppenstein $^1/_4$; 1357 teilen sie die Besitzungen: hinsichtlich der Zenten derart, daß Wertheim die Zenten Höchst und Lützelbach allein, die Zent Kirchbrombach zur Hälfte erhält, die andre Hälfte gehört Eppenstein.

[1]) Darauf deutet die Mitberechtigung der Gemeinde Neustadt an einem Teile des Höchster Zentwaldes noch im 18. Jahrh. Vgl. F. Höchst. Justific. appellat. der Zent H. ca Neust. v. J. 1739.

[2]) Über allodiale Zentgrafschaften vgl. E. Mayer, Herzogt. Würzburg in Deutsche Zeitschrift f. Geschichtswissenschaft N. F. I 196 f. und in Deutsche und französ. Verfassungsgeschichte I (1899) 447 f., bes. n. 45.

Im 15. Jahrhundert erwirbt Schenk Philipp von Erbach den Eppensteinschen Anteil, der jedoch 1497 wieder an Wertheim veräußert wird, so daß die Grafen Wertheim bis zum Erlöschen des Mannesstammes 1556 sich des Alleinbesitzes erfreuen. Nach Verträgen von 1551 und 1563 fällt die Herrschaft zur Hälfte an Erbach, zur andern Hälfte an den Grafen Ludwig von Stolberg-Königstein und dessen drei Töchter, von welchen die älteste an den Grafen Ludwig von Löwenstein verheiratet war. Die Grafen von Löwenstein erwarben sodann durch Vertrag die Anteile der beiden jüngeren Töchter, sodaß zu Anfang des 17. Jahrhunderts die eine Hälfte an Breuberg in Löwensteinischen, die andere Hälfte in Erbachischen Händen, seit 1747 im Besitze der jüngern Linie Erbach-Schönberg sich befinden.

Die Landesteilungen von 1718 und 1747 waren maßgebend für den Umfang der Ämter und Zenten im einzelnen und für die Gestaltung der Behördenorganisation während der zweiten Hälfte des 18. Jahrhunderts. Wir erhalten hiervon demgemäß folgendes Bild.

A. I. Erbach-erbachischer Landesteil.

1. Amt Erbach:

a) Vogteiortschaften: Stadt Erbach, Dorf Erbach, Ebersberg, Elsbach, Erbuch, Erlenbach, Ernsbach, Eulbach, Güntersfürst, Haisterbach, Lauerbach, Roßbach, Schönnen, 3½ Huben von Würzberg, Zell;

b) Zent Erbach: die sub a) gen. Vogteiortschaften und 10½ Huben von Würzberg, deren Grund- und Vogteiherrschaft die Grafen v. Ingelheim als hessen-darmstädtisches Kunkellehen besaßen. — 3141 E.

2. Amt Reichenberg. — 3731 E.:

a) Zent Reichelsheim: α) erb. Vogteiortschaften: Schloß Reichenberg, Bockenrod, Eberbach, Erzbach, Frohnhofen, Großgumpen, Oberostern, Reichelsheim, Rohrbach, Unterostern, einige Güter von Laudenau; β) der Bezirk des zwischen den Grafen Erbach und den Inhabern der Herrschaft Fränkisch-Krumbach (v. Prettlack, v. Gemmingen u. a.) gemeinschaftlichen Untergerichts zu Laudenau, umfassend die übrigen erbachischen und alle Prettlackschen Güter und Hintersassen dieses Dorfes, dann aus Winterkasten die Inhaber aller erbachischen und Prettlackischen Güter, endlich aus Kleingumpen vier erbachische und die vier Prettlackischen Hintersassen; γ) der Untergerichtsbezirk der Herren Ullner von Dieburg zu Kleingumpen, deren Hubgüter daselbst und zu Winterkasten in sich begreifend (seit 1781 erb.-erb.); b) Pfaffenbeerfurth, wo die Vogteiherrschaft dem Spital z. heiligen Geist in Heidelberg zustand;

b) Amt und Zent Oberkeinsbach: Oberkeinsbach, Ober- und Untergersprenz;

c) Kirchbeerfurth: die Vogtei in Gemeinschaft mit dem fürstl. Hause Löwenstein-Wertheim. Die Zent gehörte der Herrschaft Fränkisch-Krumbach;

d) das Ämtlein Brensbach: α) die Vogtei über Brensbach in Gemeinschaft mit Hessen-Darmstadt; β) die Vogtei über Niederkeinsbach. Beide Orte gehörten zur pfälz.-hess. Zent Umstadt.

3. Amt Wildenstein (Spessart): Zent Eschau: Schloß Wildenstein, Eschau, Hofstädten, Unteraulenbach, Wildensee. — 1744 E. im J. 1812 [1]).

II. Erbach-Fürstenauischer Landesteil.

1. Amt Michelstadt: Stadt Michelstadt. Stockheim, Bullau mit Eutergrund. — 2513 E.

2. Amt Fürstenau:

a) Vogteiortschaften: Schloß Fürstenau, Asselbrunn, Güttersbach, Hiltersklingen, Hüttenthal, Langenbrombach rechts des Baches, Momart, Obermossau, Rehbach, Steinbach, Steinbuch mit Neudorf, Untermossau, Weitengesäß;

b) Zent Michelstadt: die sub 1 und 2a gen. Vogteiortschaften und Hiltersklingen a. d. Hardt, 3 ¼ Huben, über welche Kurpfalz bzw. Kurmainz (Simon 113) die Grund- und Vogteiherrschaft besaß. — 3220 E.

3. Amt Freienstein. — 5290 E.:

a) Zent Beerfelden: α) erb. Vogteiortschaften: Beerfelden, Airlenbach, Etzean, Falkengesäß, Gammelsbach, Hetzbach mit Krähberg, Hinterbach, Hoheberg, Kailbach rechts des Itterbaches, Oberfinkenbach, Olfen, Raubach, Schöllenbach, Obersensbach, Untersensbach bis zur Linde; β) eine Hube in Olfen, deren Grund- und Vogteiherr Kurpfalz war;

b) die Vogtei über Hesselbach, Kailbach links der Itter, Galmbach, zur kurmainz. Zent Mudau gehörend;

c) über Untersensbach unter der Linde und Hebstahl die Vogtei, während beide Orte zur pfälz. Zent Eberbach gehörten.

4. Die erst 1797 seitens Erbach-Fürstenau von dem Grafen August Christoph von Degenfeld-Schomburg mit lehnsherrlicher Bewilligung des Kaisers Franz II. käuflich erworbene, südlich an das Amt Freienstein grenzende Herrschaft Rothenberg: die Vogtei über die zur pfälz. Zent

---

[1]) vgl. Darmstädter, Großherzogt. Frankfurt (1900) 407 nach dem Staatskalender v. J. 1812.

Hirschhorn gehörenden Orte Rothenberg mit Kordelshütte, Unterfinkenbach, Oberheimbrunn und ein Anteil an der Vogtei über das zur pfälz. Stüberzent gehörende Dorf Mosbrunn. — 719 E.

III. Erbach-Schönbergischer Landesteil.

1. Amt und Zent König: König, Fürstengrund. — 1314 E.
2. Amt Schönberg: Die Vogtei über
   a) die zur mainz. Zent Heppenheim gehörenden Orte Schloß und Dorf Schönberg, Elmshausen, Gadernheim, Gronau, Hohenstein, Lautern, Raidelbach, Reichenbach, Wilmshausen, Zell, und getrennt hiervon das Gericht Rimbach: Rimbach, Lützelrimbach, Möngelbach, Moosbach, Zotzenbach;
   b) die zur pfälz. Zent Schriesheim gehörenden Orte Ritschweiher und Kuntzenbach. — 3899 E.

B. 3. Die **Herrschaft Breuberg** in Gemeinschaft mit dem fürstl. Hause Löwenstein-Wertheim:

a) Gerichtsstaab (Zent) Neustadt: Stadt Neustadt, Schloß Breuberg, Dorf Raibach, die Höfe Wolf und Arnheiden. — 931 E.;

b) Zent Höchst (3066 E.): α) Höchst, Annelsbach, Breitenbach, Dusenbach, Etzengesäß, Forstel, Hainstadt, Hummetroth, Mühlhausen, Mümmling-Crumbach, Pfirsbach, Rosenbacher Höfe, Sandbach; β) Hetschbach, wo die Vogtei den Frh. v. Wambold, Nauses, wo dieselbe Gerechtsame den Frh. v. Sickingen, Rimhorn, wo sie (bis 1751) den Frh. v. Prettlack gehörte;

c) Zent Lützelbach (2410 E.): Lützelbach, Breitenbrunn, Haingrund, Kimbach, Ohrenbach, Seckmauern, Vielbrunn, Wiebelsbach, Schloß Hainbach, die Höfe Angelhof, Bremhof, Brunnthal, Hengmantel.

d) Zent Kirchbrombach (2667 E.): α) Kirchbrombach, Affhöllerbach, Ballsbach, Birkert, Böllstein, Gumpersberg, Hainbach, Höllerbach, Langenbrombach links des Baches, Oberkinzig, Stierbach, Wallbach, Hof Kielsbach; β) Niederkinzig, wo die Vogtei einem H. v. Winkelmann gehörte (seit 1721 breub.), 1 Hube in Birkert und mehrere in Oberkinzig als sog. Hübnergasse oder Mittelkinzig, worüber Grund- und Vogteiherrschaft kurpfälzisch waren;

e) die Vogtei über α) die zur hess.-pfälz. Zent Umstadt gehörenden Ortschaften Wersau und Bierbach; β) das in der mainz. Zent Ostheim gelegene Dorf Mömmlingen.

Ungefähr 25 weitere (meist Vogtei-)Ortschaften, an der Bergstraße (Amt Seeheim), zwischen Darmstadt und dem Main (Amt Habitzheim), am Maine selbst (Kleinheubach), im Spessart, eine endlich in der Nähe von Würzburg gelegen, waren bereits früher (zuletzt Kleinheubach 1721) veräußert worden.

Die räumliche Ausdehnung des gesamten Gebietes wird teils auf 12 bis 13[1]), teils auf 31[2]) Quadratmeilen angegeben. Die Einwohnerzahl der Grafschaft wurde um 1750 auf 23800 bis 24000[3]) berechnet; 1806 betrug sie rund 25000, in der Herrschaft Breuberg 9074 ohne Wersau, Bierbach, Mömmlingen; in der Herrschaft Rothenberg 719. Im ganzen ungefähr 35000[4]).

Entsprechend dem in dem Teilungsvertrage von 1544 aufgestellten Grundsatze der Unteilbarkeit der Grafschaft war auch die Teilung von 1718 und 1747 keine eigentliche Landesteilung. Blieben einerseits das Archiv, die Gruft, das Hammerwerk bei Steinbach gemeinschaftlich, so gab es andrerseits dem Reiche und dem Kreise gegenüber nur eine Grafschaft Erbach.

Demgemäß wurden zunächst die in der Reichs- und Kreisstandschaft begründeten Rechte vom Senior des Gesamthauses ausgeübt, welcher sich über die Abstimmung auf den Reichs- und Kreistagen vorher mit den Agnaten zu vereinbaren hatte; von ihm wurden die Vertreter des Hauses bei Reich und Kreis verpflichtet und instruiert[5]).

Aus dem gleichen Grunde blieb die landesherrliche Schatzung, welche hauptsächlich der Aufbringung der Reichs- und Kreissteuern diente, dem Gesamthause vorbehalten, derart, daß „alles, was in Schatzungssachen und gemeinen Anliegen zu Kriegs- und Friedenszeiten einschlägt, von hohen Gesamtherrschaften und dero gemeinsamen Entschliessungen dergestalt abhange, dass darunter keine Herrschaft insbesondere vor sich, auch in ihrem Landesantheil etwas ohne Zuthun der übrigen thun und verfügen könne, wie denn auch die Receptores der Landkassegelder so-

---

[1]) Vehse, Gesch. d. deutschen Höfe VI 256.

[2]) Dieffenbach, Graf Franz zu Erbach-Erbach (1879) 91.

[3]) Kleinius 130.

[4]) Davon kamen an das Großh. Hessen 32901 nach Zählung vom 3. Okt. 1806 in F. Erb.-Fürstenau. Polizeis.

[5]) Gesandter des Hauses Erbach beim fränkischen Kreise war in den 90er Jahren des 18. Jahrh. der durch seine Beziehungen zu Graf Hardenberg bekannte F. A. v. Zwanziger, der außerdem noch die Vertretung von 6 andern Kreisständen auf sich vereinigte. Süßheim, Preußens Politik in Ansbach-Bayreuth 1791—1806 S. 99f.

wohl überhaupt als bey den Partikularämtern, hohen gnädigsten Sammtherrschaften verpflichtet seyen[1]).“

Mit der Schatzung selbst, dieser wichtigsten landesherrlichen direkten Steuer, war auch die Finanzverwaltung, soweit sie sich auf die Veranlagung, Erhebung, Verrechnung und Festsetzung der Höhe der Schatzung bezog, Gesamthausangelegenheit geblieben.

Im übrigen jedoch war die volle Ausübung der Landeshoheit den einzelnen Spezialhäusern innerhalb ihrer Landesteile überlassen, auf den Gebieten der Verwaltung und Rechtsprechung nicht minder als auf dem der Gesetzgebung, und ebenso war der Bezug der hauptsächlich in den Ämtern radizierten Revenüen, ihre Verwaltung und Erhebung den einzelnen Linien für die einer jeden zugeteilten Ämter überwiesen.

Demgemäß besaß jedes Spezialhaus seine eigenen Zentralbehörden: eine Regierung oder Justizkanzlei und eine Rent- oder Hofkammer.

Die Regierung, eine aus einem Kanzleidirektor und zwei bis drei Hof- oder Regierungsräten bestehende Kollegialbehörde, war in Zivilrechtsstreitigkeiten im allgemeinen zweite, für die Privilegierten erste Instanz; in peinlichen Prozessen fällte sie das Urteil, während das Amt die Untersuchung führte. Das Institut der Aktenversendung bestand auch hier. Auf dem Gebiete der inneren Verwaltung war sie oberste Polizeibehörde, konnte jedoch ohne vorherige Relation an den Landesherrn und dessen Genehmigung in wichtigen Gegenständen der Polizei nicht selbständig handeln.

In Regierungs- und Gnadensachen hatte sie die Manumissionen, Dispensationen, Rezeptionsdekrete, Judenschutzbriefe, Privilegien zu erteilen, Förster und Ortsschultheissen anzunehmen und zu verpflichten, die Annahmedekrete der Räte, Pfarrer, Forst- und sonstigen Beamten auszustellen u. dgl. m. Wenn sie sodann den Betrag des Manumissionsgeldes und der

---

[1]) vgl. Decisio auf Verschickung der Akten von der gräfl. Regierung zu Erbach, im Namen der Götting. Juristen-Fakultät abgefaßt im Aug. 1763 bei Pütter, Auserles. Rechtsfälle III (1767) 732 f.

Nachsteuer im Einzelfalle anzusetzen hatte, so war sie auch als Finanzbehörde tätig in Sachen, welche auf das politische Verhältnis zu anderen Territorien von Einfluß waren.

Neben der Regierung stand als oberste Finanzbehörde die Rent- oder Hofkammer, mit einem Kammerdirektor, mehreren Räten und einem Assessor. Ihr oblag die Verwaltung der landesherrlichen Kameralrevenüen, welche sich zusammensetzten teils aus dem Ertrage der Domänen, landwirtschaftlich genutzten Gütern, Waldungen, Jagd und Fischerei, Schäfereien, teils aus leib-, grund-, gerichts- und zehntherrlichen Abgaben aller Art. Damit trat, indem die Schatzung und ihre gesonderte Verwaltung dem gräflichen Gesamthause vorbehalten blieb, in unserem Gebiete eine für den Staatshaushalt der deutschen Territorien des 18. Jahrhunderts charakteristische Erscheinung besonders deutlich zutage: die Zusammensetzung der landesherrlichen Einnahmen einerseits aus den Kammereinkünften, andrerseits aus dem Ertrage der Steuern, eine nicht auf technisch-wirtschaftlichen, sondern lediglich auf historischen Gründen beruhende Zweiteilung[1]).

Entsprechend der Verfassung der lutherischen Kirche und gemäß JPO. Art. V, § 48 bestand das landesherrliche Kirchenregiment und die Konsistorialverfassung. Seit 1747 besaß jedes Spezialhaus sein eigenes Konsistorium als kirchliche Oberbehörde im weiteren Sinne; insbesondere war es zuständig für Dispensationen, sowie als Gericht zur Entscheidung von Ehe- und sonstigen damals der geistlichen Gerichtsbarkeit unterworfenen Sachen; die Untersuchung führten die Ämter. Die wenigen katholischen Untertanen unterstanden in kirchlichen Dingen dem Erzbischof von Mainz.

Zur Leitung des Forstwesens und Ausübung der „Forsteilichkeit" bestand ein Forstamt, welchem die herrschaftlichen Jäger unterstellt waren (Erlaß von Waldverboten, Bestrafung der Forstfrevler und Abhaltung von Forstrügegerichten, Territorialholzzehnt, Forstfronen usw.). Sodann gab es Hof- und Zentphysici und für den Hofhalt eine Hofdienerschaft.

[1]) Schröder, Rechtsgeschichte (1902) 862. Darmstädter, Großherzogt. Frankfurt (1900) 159 f.

Den Mittelpunkt der lokalen Gerichts- und Verwaltungsorganisation bildeten auch in unserm Gebiete die Ämter. Das Amt war an sich ein Inbegriff von der Verwaltung nach zusammengehörigen herrschaftlichen Gerechtsamen verschiedenster Art, gerichts-, leib-, grundherrlicher und sonstiger Natur, welcher häufig als Pertinenz einer Burg behandelt und nach ihr benannt wurde. Mit der Verwaltung dieses Inbegriffes herrschaftlicher Gerechtsame, der Wahrnehmung der Rechte und Pflichten war der „Beamte", Amtmann, Amtsverweser betraut. Die Ämter als die zur Wahrnehmung der herrschaftlichen Gerechtsame bestellten Behörden vereinigten daher jurisdiktionelle, polizeiliche und finanzielle Befugnisse; sie waren Organe der Herrschaft in ihren grund- und leibherrlichen Befugnissen nicht minder als in ihren gerichts- und landesherrlichen.

In judicialibus war das Amt zunächst das ordentliche Gericht erster Instanz in Zivilstreitigkeiten aller Art für die Nichtprivilegierten, es war Vollstreckungs- und Konkursgericht. In criminalibus hatte der Amtmann die Anzeigen zu Protokoll zu nehmen und die Untersuchung unter Zuziehung des Zentgrafen als Aktuarius und von 2 oder 4 Zentschöffen als Beisitzern und Urkundspersonen durchzuführen, den Reinigungseid und die Urfehde abzunehmen, die Akten an die vorgesetzte Regierung zur Urteilsfällung abzugeben, für die Vollziehung des peinlichen Urteiles zu sorgen und in allen Fällen das Protokoll zu führen, soweit dies nicht Sache des Zentgrafen war. In niederen Strafsachen besaß das Amt eine mit den Zent- und Untergerichten immer mehr konkurrierende Gerichtsbarkeit, die in der zweiten Hälfte des 18. Jahrhunderts mit dem allmählichen Aufhören dieser Gerichte zur ausschließlichen wurde; doch war bei der Untersuchung von Zentfreveln der Zentgraf mit 2, wenn nötig 4 Zentschöffen zuzuziehen. Sodann oblag dem Amte die Handhabung der freiwilligen Gerichtsbarkeit, soweit sie nicht den Ortsschultheißen und den Untergerichten, in der Herrschaft Breuberg den Zentschultheißen und den Zentschöffen überlassen war.

Das Amt war sodann lokale Verwaltungsbehörde. In dieser

Eigenschaft hatte der Amtmann die Zent- und Untergerichte neben dem Zentgraten, Schultheißen und den Schöffen abzuhalten, die Gerichtsschöffen, Untertanen und Beisassen, die Waldförster, Flurschützen usw. zu verpflichten, die Schultheißen vorzustellen und zu instruieren, die Gemeinden, Zenten, Zünfte zu beaufsichtigen, insbesondere die Bürgermeister-, Zent-, Zunft- und Kirchenrechnungen abzuhören, die Proklamationsscheine, Attestate und Paßbriefe auszustellen, hinsichtlich der Rezeption neuer Untertanen an die Regierung zu berichten, an die er sich überhaupt in allen wichtigen Dingen wenden sollte.

Umfangreich sind die finanziellen Befugnisse des Amtmannes, und gerade auf diesem Gebiete tritt jene Verquickung von öffentlichrechtlichen und privatrechtlichen Institutionen deutlich zutage. Führt er einerseits das Schatzungsbuch, in welchem das Schatzungskapital eines jeden Amtsuntertanen verzeichnet war, so hat er andrerseits das Besthaupt zu thaidigen, das Manumissionsgeld und die Nachsteuer, welche auf Grund seines Berichtes von der Regierung angesetzt wurde, zu erheben, den herrschaftlichen Anteil an den Zent- und Untergerichtsbußen zu berechnen u. drgl. m.

Häufig war der Amtmann auch mit der Erhebung der sonstigen herrschaftlichen Gefälle und Renten, und der Nutzungen von den herrschaftlichen Hofgütern und Schäfereien sowie der Rechnungsführung hierüber betraut. Oft aber waren diese Funktionen abgesondert und einem besonderen Bedienten zur Verwaltung übertragen, dem Rentmeister, Renteibeamten, Amtskeller u. dgl. Er hatte die erfolgte Leistung der Abgaben und Gefälle ordentlich in den von den Untertanen zu haltenden Lieferungsbüchlein zu quittieren, für ordentlichen Eingang besonders der Naturaleinkünfte und ordentliche Rechnungsführung zu sorgen, seine Rechnungen vierteljährlich einzusenden und sich monatlich bei Amte einen Auszug aus dem Amtsprotokoll geben zu lassen, um die angesetzten Strafgelder usw. erheben zu können. Vor allem war ihm das Ökonomiewesen unterstellt, die Aufsicht über die Instanderhaltung der herrschaftlichen Gebäude, der Höfe, Schäfereien, Weinberge, Weiher, Speicher, über die Hofbauern und deren

Gesinde, die Schäfer, den Weingartsmann und andere Bediente dieser Art, die Fröner und Arbeiter in der Heu- und Fruchternte, die Drescher usw. anvertraut[1]). Einzelne Funktionen hatten Amtmann und Rentmeister gemeinschaftlich zu versehen.

Bei der Kleinheit der Ämter war trotz der zahlreichen dem Amtmann zugewiesenen Obliegenheiten nicht jedes Amt mit einem besonderen Amtmanne besetzt, vielmehr zwei oder drei kleine Ämter nicht selten demselben Beamten unterstellt. Auch war häufig das Amt des Amtmannes mit dem eines Regierungsrates, selbst mit dem des Kanzleidirektors, in Personalunion verbunden. Andrerseits bestellte jede Kondominatherrschaft der Herrschaft Breuberg ihren besonderen Amtmann und Rentbeamten auf Schloß Breuberg, welche die Rechtsprechung, die innere und Finanzverwaltung teils gesondert, teils gemeinschaftlich, teils alternierend versahen, während die fürstl. Löwensteinische Regierung in Wertheim und die gräfl. Erbach-Schönbergische Regierung in König in Gemeinschaft diejenigen Angelegenheiten bearbeiteten, welche zur Zuständigkeit der Zentralinstanz gehörten.

Als der Geist der französischen Revolution bis zu einem gewissen Grade auch die Bevölkerung unsrer Gebiete ergriff, wurden mehrfach Beschwerden über die Beamtenschaft vorgebracht. Man klagte namentlich über Willkür und Ungerechtigkeit im Tax- und Sportelwesen[2]), über ungewöhnliche Prozeßverschleppung[3]), allgemeine Regierungsvernachlässigung[4]), ungebührlich hohe Diäten und Reisekosten[5]). Inwieweit diese Klagen berechtigt waren und ähnliche für die frühere Zeit berechtigt gewesen wären,. steht dahin. Auch die Herrschaft selbst hatte bisweilen durch Untreue ihrer Beamten zu leiden. Eingriffen in hergebrachte Rechte traten die Untertanen durch Beschwerden

---

[1]) vgl. z. B. die Instruktion des Rentmeisters Heyl v. 1738, F. Reichenb. Amt.

[2]) Häberlin, Teutsches Staatsarchiv VIII (1802) 308 f.

[3]) Häberlin a. a. O. VIII 309.

[4]) Häberlin a. a. O. VIII 64 f., bes. 305 f.

[5]) Häberlin a. a. O. VIII 307.

an die Herrschaft, wenn nötig durch Klage bei den Reichsgerichten entgegen.

Wenden wir uns nunmehr den einzelnen Abhängigkeitsverhältnissen zu, welchen die ländliche Bevölkerung unsrer Gebiete im 18. Jahrhundert unterworfen war. Es sind die Gerichtsherrschaft in ihren beiden Erscheinungsformen als Zent und als Vogtei, die an letztere sich räumlich anschließende Leibherrschaft, die Grund- und die Zehntherrschaft.

I. Kapitel.

DIE GERICHTSHERRSCHAFT.

ZENT UND VOGTEI.

Im Allgemeinen.

Der allgemein bestehenden Scheidung der Gerichtsbarkeit in die Hoch- und Niedergerichtsbarkeit entsprach in Franken ihre Teilung in die Zent und Vogtei, eine Unterscheidung, welche auch dort festgehalten wurde, wo beide Arten von Gerichtsbarkeit in derselben Hand vereinigt waren. Jede dieser Gerichtsbarkeiten bildete den Kernpunkt eines besonderen öffentlichrechtlichen Herrschaftsverhältnisses, der Zent- und der Vogteiherrschaft, worin für die Herrschaft und die Untertanen bestimmte Rechte und Pflichten begründet waren.

Trotz zahlreicher Abweichungen, immerhin in Übereinstimmung mit der Mehrheit der Fälle in der Praxis, verstand man unter Vogteigerichtsbarkeit allgemein, beeinflußt insbesondere auch durch die auf Kompetenzerweiterung gerichteten Bestrebungen der Vogteiherrn gegenüber den Zentherrn, die gesamte Gerichtsbarkeit, mit Ausnahme der peinlichen Kriminalgerichtsbarkeit, seit dem der fränkischen Ritterschaft 1609 von Kaiser Rudolf II. erteilten Privileg allgemein die sog. Zivilgerichtsbarkeit mit Ausnahme der auf die Haupt- oder Zentfälle, die (meist 4) hohen Rügen[1]), gewöhnlich Mord, Brand, Diebstahl, Notzucht, beschränkten peinlichen Gerichtsbarkeit[2])[3]).

[1]) Sie bedeuteten in und vor dem 16. Jahrh. sehr häufig nur eine Beschränkung der Rügepflicht, nicht der Gerichtsbarkeit. Vgl. H. Knapp, Zenten des Hochstifts Würzburg II (1907) 288 f., 292.

[2]) vgl. die unten S. 25 zitierte Litteratur.

[3]) Vogteiherrschaften mit derart weitgehender Kompetenz standen jedoch nicht selten solche mit erheblich geringeren Befugnissen gegenüber. So umfaßte die Vogtei der Frh. v. Prettlack (Rechtsnachfolger der Herrn v. Rodenstein) über ihre Vogteiuntertanen (die zugleich ihre Grund-

Auf letztere beschränkte sich daher gegenüber diesen Vogteidistrikten die Kompetenz des Zentgerichtes, und hieraus erklärt sich die übertragene Bedeutung des Wortes Zent im Sinne von peinlicher Gerichtsbarkeit[1]; je nachdem sie auf bestimmte Verbrechen eingeschränkt war oder alle Verbrechen und auch geringere Delikte im konkreten Falle umfaßte, unterschied man die centena limitata und omnigena (universalis, illimitata), erstere bisweilen auch als Fraißzent bezeichnet[2]).

holden waren) in den zur gräfl. erbach. Zent Reichelsheim gehörigen Orten Laudenau, Kleingumpen und Winterkasten lediglich einerseits die Steuer und Schatzung zur Reichsritterschaft (Ritterort Odenwald), andrerseits die Mitberechtigung an dem zwischen Prettlack und Erbach gemeinschaftlichen sog. Untergericht in Laudenau, indem an dieses Gericht außer den Prettlack'schen Untertanen noch einige Erbachische Untertanen aus Laudenau gehörten. Die Kompetenz dieses mit dem erbach. Beamten gemeinschaftl. Untergerichtes erstreckte sich a) auf die Entscheidung von Gutsstreitigkeiten, soweit sie sich durch Hebung und Setzung der Marksteine schlichten ließen, weshalb aus den Gerichtsschöffen auch ein gemeinschaftliches Vier- oder Steinsetzergericht gebildet wurde; b) Wehrschaftserteilung über Güterkäufe; c) Bestrafung geringer Frevel oder sog. Ungeschicke mit Geldbußen bis zu 3 lb Heller, wovon ⅓ Erbach, ⅓ Prettlack, ⅓ den Untergerichtsverwandten gebührte. Gegen die Urteile des Untergerichtes konnte an die Zent appelliert werden. Im übrigen stand die geistliche, die hohe und niedere Straf- wie die Gerichtsbarkeit in bürgerlichen Sachen auch hinsichtlich der Streitigkeiten zwischen Vogteiherrschaft und Untertanen der Zentherrschaft Erbach zu, ebenso wie alle sonstigen landesherrlichen Rechte. Gleichwohl prätendierten auch hier die „adeligen Gutsherrn" die Landeshoheit über diese ihre „Junkerbauern", („Hintersassen", „Censiten"). — Heyl, SLB. (Reichenb.); Graf Franz S. 131 f., 149.

[1]) Ein Analogon bietet der Begriff „Landgericht", „Landgerichtsfälle" in Österreich; vgl. Luschin von Ebengreuth, Gesch. d. ält. Gerichtswesens in Östr. (1869) 111, 150, 157. Vgl. jedoch E. Mayer, Würzburg. Herzogt. 207. Auch Eichhorn, Rechtsgesch. III (1844) 323 § 429 e. Zent = peinl. Gerichtsb. bisw. im Gegens. zur Praxis: vgl. Röder, Von Erbgerichten und Lehnsvogteyen in der Pflege Coburg (1782) 74 f., 151; Deductio in Sachen Löwenstein contra Würzburg bei Pütter, Auserles. Rechtsfälle II 1 (1779), p. 93 f., 172 f. (Grfsch. Werth.).

[2]) vgl. die häufig wiederkehrende Definition z. B. bei Wehner, Observat. pract. (1735), p. 524. Schneidt, thesaur. jur. franc. I 3369. Leucht, Tract. acad. (1700), p. 372.

Allein die „Zent“ in diesem übertragenen und — der Praxis gegenüber häufig zu unrecht — eingeschränkten Sinne von Hochgerichtsbarkeit, peinlicher Gerichtsbarkeit, Blutbann, merum imperium[1]), bildete nur den Kern, um welchen sich regelmäßig noch sonstige aus der mittelalterlichen Territorialverfassung stammende Hoheitsrechte in der Hand des Zentherrn zur Zentherrschaft im weiteren Sinne vereinigten. Der Zentherr war für sein Zentgebiet regelmäßig Inhaber nicht nur der peinlichen (häufig auch einer weiter greifenden mittleren) Gerichtsbarkeit, sondern auch des Heerbannes, des Wildbannes, von Zoll und Geleit, Maß und Gewicht, forsteilicher Hoheit und anderer Regalien. In diesem Sinne war die „Zent“ — zusammen mit den seit dem Mittelalter regelmäßig damit verbundenen Regalien als Zentherrschaft i. w. S. — für die sog. Landeshoheitsstreitigkeiten der fränkischen Praxis wie der staatsrechtlichen Literatur des 17. und 18. Jahrhunderts von größter Bedeutung.

Allein neben der Zent in jener übertragenen Bedeutung des Wortes stand die Zent nach wie vor als Organisation der Gesamtheit der Insassen eines größeren demselben Zentherrn unterworfenen Bezirkes zu bestimmten, später zu bezeichnenden Zwecken. In diesem Sinne gehörten zur Grafschaft Erbach sieben, zur Herrschaft Breuberg vier Zenten.

Die erbachischen und breubergischen Zenten umfaßten im allgemeinen je 8 bis 16 Ortschaften, welchen allerdings die Zenten König mit 2, Oberkeinsbach mit 3, Eschau mit 4, der Gerichtsstab (Zent) Neustadt mit nur 2 Orten und 2 Höfen gegenüberstanden.

Diese Zenten waren territorial geschlossene, durch die sog. Zentsteine abgegrenzte Bezirke[2]). Da auch hier ihre Grenzen nicht immer mit denen der Dorfgemarkungen übereinstimmten,

[1]) Über merum imperium und dessen gradus (vgl. D (2, 1) 3 Ulp.) außer Schröder, Rechtsgesch. (1902) 587n: Zeumer, Histor. Ztschr. Bd. 82, S. 492f.; J. J. Beck, Praxis aurea von der Cent (1720) 11f.; 17f.; Pütter, Spec. jur. publ. (1784) 223f.; Luschin v. Ebengreuth a. a. O. 174 u. a.

[2]) Graf Franz S. 137.

gehörte bisweilen ein Teil einer Gemarkung zu einer anderen Zent als der übrige Teil[1]).

Abgesehen von der im Spessart gelegenen Zent Eschau, bildeten die erbachischen mit den nördlich sich anschließenden breubergischen Zenten ein zusammenhängendes Ganze. Im Süden und Südwesten grenzten kurpfälzische, im Westen, Norden und Osten kurmainzische, im Nordwesten hessendarmstädtische Zenten und die reichsritterschaftliche Zent Fränkisch-Krumbach an das erbachische und breubergische Zentgebiet an.

Unabhängig von dieser Einteilung des Landes in Zenten war hier wie in ganz Franken die Gliederung in Unter- oder Vogteigerichtsbezirke.

In den östlichen Teilen Frankens war sehr häufig, wohl regelmäßig[2]), in einigen Territorien anscheinend ausschließlich[3]), das räumliche Substrat der Vogtei die Grundherrschaft, und zwar der Regel nach in der Weise, daß der Grundherr eines Gutes die Gerichtsherrschaft innerhalb des Bauernhofes im Dorfe besaß; dies war die sog. mit Tür und Angel beschlossene Vogtei, vogteia particularis, „welche einer nur auf einem gewissen Lehen und dessen Hofraith und Güter hat, soweit diese den Lehenmann mit Tür und Angel beschließen“;[4]) seltener dagegen in der Art, daß der Grundherr die Vogtei außerdem auch auf den einzelnen zu dem betr. Gute gehörigen Grund-

---

[1]) Beispiele bei Simon, 85, 107, 111, 133, 146, 224f., 229 u. a. Sodann H. Knapp, Würzburg. Zenten II 279, 323 usf. Auch Fabricius, Über die Stabilität der Gemarkungsgrenzen in Westdeutsche Zeitschr. XIX (1900) Korresp. Nr. 77.

[2]) z. B. Nürnberg, J. J. Beck, De jurisdict. vogt. (1738) 10, 491f. Ansbach, Rothenburg u. a., Th. Knapp, Beiträge 419. Auch im würzburg. Zentgebiete überwiegt dieses System, vgl. H. Knapp, Die Zenten des Hochstiftes Würzburg I. Ruoff, Ländl. Verf. des Nordostens des Königr. Württemb. im 18. Jahrh. in Württemb. Jahrb. f. Statist. u. Landesk. 1909 S. 207f., 210, 214f., 218, 224, 228.

[3]) So ausdrücklich Röder, Von Erbgerichten u. Lehnsvogteyen in der Pflege Coburg (1782) 484.

[4]) z. B. Beck, De jurisd. vogt. 484f. Schneidt, Thes. jur. franc. I 3315 u. a.

stücken, bei Gemengelage der Äcker auf den einzelnen zugehörigen Äckern besaß[1]).

In den westlichen Teilen von Franken bildete ein Zusammenfallen von Gerichts- und Grundherrschaft die Ausnahme[2]). Aus der Praxis der Grafschaft Erbach und der Herrschaft Breuberg finden sich etwa 10 hierher gehörige Beispiele[3]).

Das regelmäßige Substrat der Vogteiherrschaft im westlichen Franken war dagegen das Gebiet eines, selten mehrerer[4]) Dörfer, entweder die ganze Gemarkung oder nur der innerhalb der Bannzäune, des Etters, der Falltore gelegene Teil derselben, ohne Rücksicht auf die Grundherrschaft[5]). Im Gegensatze zu der mit Tür und Angel beschlossenen Vogtei war dies die vogteia generalis oder allgemeine Vogtei, welche jemandem in einem ganzen Distrikt zu Dorf, Feld und Straßen zustehet[6]).

Von größter politischer, aber auch wirtschaftlicher Bedeutung war der Umstand, daß nur in den wenigsten Fällen der Zentherr über alle Zentuntertanen auch die Vogtei besaß, vielmehr in der Regel ein größerer oder kleinerer Teil der Zentuntertanen einem oder mehreren vom Zentherrn verschiedenen Vogteiherren unterworfen war, daß Zent- und Vogteiherrschaft über denselben Bezirk sehr häufig in verschiedenen Händen lagen. Zent und Vogtei gingen auseinander. Zur gegenseitigen

---

[1]) z. B. kraft besondern Privilegs v. J. 1612 unter best. Vorauss. in der Pflege Coburg, vgl. Röder a. a. O. 385f., 433, 483f.

[2]) vgl. insbes. Th. Knapp, Beiträge 188f., 203, 418.

[3]) s. Tabelle oben S. 7f. Sodann das später erb. Heubach, Guden, Cod. dipl. I (1743) S. 853 d. a. 1291.

[4]) z. B. Löwe, Rechtl. Stellung d. fränk. Bauern im Mittelalter (Diss. 1888) 44.

[5]) z. B. Weistum der Zent Heppenheim 1430 bei Dahl, Beschreib. d. Fürstent. Lorsch (1812) Urk. S. 79; dazu Weist. v. Zotzenbach u. v. Reichenbach (ganze Gemarkung, desgl. z. B. Grimm, Weist. III 578f. u. a.) bei Schneider, Erbach. Historie (1736) Urk. III S. 563, 562, u. Vertrag zw. Kurmainz u. Erbach v. 1607, unten S. 81 n. 1. Auch Vertr. zw. Eppstein, Wertheim u. Catzenelnbogen v. 1270 bei Aschbach, Gesch. d. Gr. Wertheim II 38. Baur, Hess. Urk. IV (1866) 111. Sodann v. Epplen, Gesch. d. Landeshoheitsstreitigk. (1795) 151f.

[6]) z. B. Beck, de jurisd. vogt. 484.

Durchkreuzung von Leib-, Grund-, Zehnt- und Gerichtsherrschaft trat innerhalb der letzteren die Durchkreuzung von Zent und Vogtei.

Eine Zent umfaßte somit regelmäßig a) Gemarkungen oder sonstige Distrikte, über welche die Vogtei dem Zentherrn selbst zustand; b) fremdvogteiliches Gebiet; bisweilen außerdem c) Zentmarkgebiet.

Betrachten wir kurz die Einwirkung dieser Durchkreuzung von Zent und Vogtei auf die lokale Behördenorganisation, das Amt.

Indem zu allen erbachischen Ämtern auch Gerichtsbarkeit über bestimmte Distrikte gehörte, besaß das Amt insoweit eine territoriale Grundlage. Da aber die zu den meisten Ämtern gehörende herrschaftliche Gerichtsbarkeit von doppelter Natur war, teils Zent-, teils Vogteigerichtsbarkeit, und deren räumliches Substrat sich keineswegs überall deckte, so war auch der Amtsbezirk von zweifacher Art: er umfaßte einerseits das Zentgebiet, andrerseits das Vogteigebiet, griff daher in ersterer Hinsicht häufig auf fremdes „Territorium" hinüber, während umgekehrt nicht selten erbachisches Vogteigebiet hinsichtlich der Zent zu fremdherrischen Ämtern gehörte. Dem entsprechend waren die jurisdiktionellen und polizeilichen Befugnisse der Ämter in den einzelnen Teilen des Amtsbezirkes sehr verschieden, derart daß ein Amt in einem Teile nur die Zent, in einem andern nur die Vogtei, in einem dritten aber beide Gerichtsbarkeiten ausübte; daneben gab es Ämter, zu welchen nur Vogteidistrikte gehörten, während die Zent hierüber fremden Herrschaften gehörte.

Damit stimmt die Ämterverfassung unsrer Gebiete mit derjenigen der übrigen fränkischen Territorien im wesentlichen überein. Im ganzen fränkischen Kreise unterschied man zwei Hauptklassen von Ämtern: die Zent- oder Fraischämter für die Ausübung der peinlichen Gerichtsbarkeit und die Ämter im engeren Sinne (Vogtei-, Vogt-, Kasten-, Kloster-, Stift-, Verwalterämter), welchen die niedere Gerichtsbarkeit und die eigentliche Verwaltung übertragen war. Beide Arten von Ämtern bestanden jedoch nicht selbständig nebeneinander, sondern waren miteinander kombiniert, derart, daß dasselbe Amt beide Arten von Gerichtsbarkeit ausübte, jede innerhalb ihres selbständigen Bezirkes, eine Folge der sog. „Vermischungen“[1]).

Zahlenmäßig tritt die Bedeutung dieser sog. „Vermischungen“ in unsern Gebieten folgendermaßen in Erscheinung.

	im Jahre		
A. Es betrug die Zahl der Ortschaften, über welche ganz oder nur zu einem anteilsmäßigen oder räumlich abgegrenzten Teile bloß die Vogtei besaßen,			
I. für die Grafschaft Erbach	1400[2])	1700	1800
a) fremde Herrschaften in den erbachischen Zenten	9	7	6
b) Erbach in fremden Zenten	c. 55	38	25
II. für die Herrschaft Breuberg			
a) fremde Herrschaften in den breubergischen Zenten	c. 20	6	4
b) Breuberg in fremden Zenten	3	3	3
B. Dagegen betrug die Zahl der Ortschaften, über welche			
I. Erbach die Zent und Vogtei besaß	c. 44	51	54
II. Breuberg die Zent und Vogtei besaß	c. 27	38	40
C. Demnach waren von allen Orten, an welchen sei es als Zentherr oder als Vogteiherr beteiligt war			
Erbach	59%	46%	37%
Breuberg	46%	19%	14%

den „Vermischungen“ unterworfen.

D. Eine Vereinigung von Zent und Vogtei trat zwischen 1400 und 1800 dadurch ein, daß

I. Erbach

a) 5 fremdvogteiliche Orte innerhalb seiner Zenten, und

---

[1]) vgl. F. Hartung, Hardenberg und die preuß. Verwaltung in Ansbach-Bayreuth v. 1792—1806 (1906) S. 20 f.

[2]) Diese Angaben beruhen hauptsächlich auf Simon. Nicht berücksichtigt sind in ob. Tabelle die 5—15 Zent- bzw. Vogteiortschaften des Amtes Wildenstein, der Zenten Eschau und Kleinheubach im Spessart, das Vogteidorf Erlabrunn (würzb. Zent Retzbach, vgl. H. Knapp, Zenten d. Hochstifts Würzb. I 1012 f.), die Herrschaft Rothenberg (Zent Hirschhorn).

b) die Zent über 5 seiner in fremden Zenten gelegenen Vogteiorte erwarb;

c) von den 26 veräußerten erb. Vogteiorten in fremden Zenten 17 von deren Zentherrschaft erworben wurden.

Demnach zusammen in 27 Fällen = ca. 42% der „Vermischungen" vom J. 1400.

II. Breuberg

a) 15 fremde Vogteiortschaften innerhalb seiner Zenten erwarb;

b) die Zent über 3 fremdvogteiliche Orte seiner Zenten veräußerte.

Demnach zusammen in 18 Fällen = c. 78% der „Vermischungen" vom J. 1400.

E. Demgegenüber steht seit der zweiten Hälfte des 16. Jahrhunderts eine Vermehrung der fremdvogteilichen Distrikte innerhalb der erbachischen Zenten um 2, innerhalb der breubergischen um 4 durch Usurpation von Grundherren[1]).

Insoweit bestand jedoch im Grunde genommen keine Besonderheit gegenüber vielen anderen deutschen Territorien; fast überall gab es zahlreiche Niedergerichtsherren, welche nicht auch den Blutbann erlangt hatten. Auch die zahlreichen Kompetenzstreitigkeiten zwischen Nieder- und Hochgerichtsherren waren keine Eigentümlichkeit unsrer Gebiete; sie finden sich vielmehr überall, wo jene Durchkreuzung von Nieder- und Hochgerichtsbarkeit bestand.

Wohl aber war es eine Besonderheit Frankens, welche es mit den andern sog. vermischten Reichslanden im Gegensatze zu den geschlossenen Territorien teilte, daß jene Konflikte die Bedeutung bloßer Kompetenzstreitigkeiten, wie sie in den geschlossenen Territorien zwischen Landsassen untereinander und zwischen diesen und den Landesherren bestanden und durch landesherrliche Gerichte nach im allgemeinen gesetzlich oder durch einheitliche Verträge feststehenden Normen zur Entscheidung gelangten, überragten. Denn bei der Reichsunmittelbarkeit

---

1) nach Behauptung von erbach. Seite; vgl. u. S. 146 n.

der meisten, in unserm Gebiete im 18. Jahrhundert aller Vogteiherren hing die Entscheidung der Mehrzahl der die Ausübung öffentlicher Rechte betreffenden Streitigkeiten ab von der Beantwortung der sehr bestrittenen Präjudizialfrage, ob der Zentherr oder der Vogteiherr in dem konkreten streitigen Vogteibezirke zur Vindikation der Landeshoheit und der Geltendmachung der aus diesem politisch sehr bedeutsamen Begriffe sich ergebenden rechtlichen Folgerungen berechtigt sei. Darin lag die Natur der sog. Landeshoheitsstreitigkeiten.

Aus dem Gesagten geht hervor, daß die Zentherrschaft unter einem doppelten Gesichtspunkte zu betrachten ist: zunächst in ihrem Verhältnisse und Gegensatze zu den fremden Vogteiherrschaften, deren Vogteidistrikt innerhalb der Zent gelegen war; sodann in ihrem Verhältnisse zu der Gesamtheit der Zentuntertanen; ersteres eine Frage von überwiegend territorialpolitischer, letzteres eine solche von hauptsächlich staats-, verwaltungsrechtlicher und wirtschaftlicher Natur.

A.

ZENT, VOGTEI UND LANDESHOHEIT IN FRANKEN[1]).

Das erbachische und das breubergische Territorium haben wir nach seiner geschichtlichen Entwicklung kennen gelernt als ein Konglomerat von Gerichtsbezirken, von Zenten und von

---

[1]) Über den Umfang des Begriffes Franken und dessen mehrfache Verengerungen vgl. F. Hartung, Gesch. d. fränk. Kreises I (1910) 104f. In der folgenden Darstellung ist jedoch der Begriff Franken nicht auf die Territorien des fränkischen Kreises beschränkt, sondern auch auf das Gebiet zu beiden Seiten des Unterlaufes von Main und Neckar ausgedehnt, insoweit als dieses Gebiet die Erscheinung der auf die Durchkreuzung von Zent und Vogtei zurückgehenden Landeshoheitsstreitigkeiten mit den eigentlich fränkischen Territorien gemeinsam hat. — Als Quellen kommen hauptsächlich in Betracht die verschiedenen Abhandlungen von Ertel, Willius, Maier u. a. bei Schneidt, Thesaurus juris franconici, Würzb. 1789, I S. 3266f., von Lündenspür, Mingius, Linckius, Leipold, Herpfer, Mulichius, Jobin bei Chr. L. Leuchtius, Tractatus academici de juris-

Vogteidistrikten in fremden Zenten. Die Einheit des Territoriums beruhte lediglich in der Zugehörigkeit der Gerichtsbarkeit über die einzelnen Bezirke zu dem Stammgute des gräfl. Hauses, und trat äußerlich in der Behördenorganisation zutage. Allein die Frage, in welchen dieser Gerichtsbezirke das Haus Erbach und die Kondominatherrschaften zu Breuberg auf Grund ihrer Gerichtshoheit zur Ausbildung der Landeshoheit zu gelangen vermochten oder auf Grund ihrer Unmittelbarkeit den politisch so bedeutsamen Begriff der Landeshoheit für sich zu vindizieren berechtigt waren, die Frage nach dem Umfange ihres „territorii" im techn. Sinne der späteren Zeiten des alten Reiches ist damit

---

dictione selecti, Nürnb. 1700. J. J. Beck, Traktat von der ohnmittelbaren vogteyl. Obrigkeit, Nürnb. 1738; Ders., Praxis aurea von der Cent 1720; A. W. Ertel, Praxis aurea von der Niedergerichtsbark. 1722. Praebes, De injusta centenae extensione 1722 (zuerst 1618?). A. Knichen, De jure territoriali (1622) S. 206 f., 233 f. J. M. Wehnerus, Practicarum juris observationum select. cum addit. Schilteri, Straßb. 1735 (zuerst 1608), s. v. Cent und Vogtei. Grupen, Observationes rer. et antiqu. 1763 S. 427 f. (Von Zentgerichten). Kopp, Ausführl. Nachr. von d. Verf. d. geistl. u. Zivilgerichte in d. Fürstl. Hessen-Kassel. Landen 1769 f. Gerstlacher, Samml. Wirtemb. Gesetze I 1760. Röder, Von Erbgerichten u. Lehnsvogteyen in der Pflege Coburg 1782. Kerner, Staatsr. d. Reichsrittersch. I—III 1768—89. Frh. v. Cramer, Wetzlarische Nebenstunden, 68. Teil 1767 S. 1 f. J. J. Moser, Von der Landeshoheit in Justizsachen 1773; Ders., Teutsches Nachbarl. Staatsrecht. (Frh. v. Tröltsch), Gedanken von dem ächten Begriff und Grunde der Unmittelbarkeit u. Territorialgerechtigkeit in d. vermischten Reichslanden, 1786. v. Epplen, Gesch. d. Landeshoheitsstreitigkeiten 1795. — Alef, Gemma juris Palatini oder über den sog. Zentvertrag v. 1560, Heidelb. 1740. J. C. Hallwachs, Comment. de centena illimitata sive territoriali, Frankf. 1746. C. F. Hesse, Exercitatio juris publ. de centena sublimi, Göttingen 1746. — Gutachten der Gießener Jurist. Fakult. bei Hertius, J. N., Consilia et Responsa, 1729, resp. LVI p. 134 f. u. a. — Thomas, E., System aller fuldischen Privatrechte I—III (1788 - 1790). Pütter, Auserles. Rechtsfälle II 1 (1773) S. 74 f: Deductio in Sachen Löwenstein contra Würzburg. — Eine neuere Darstellung fehlt; außer lokalgeschichtl. Abhandlungen kommen besonders in Betracht: Süßheim, Preußens Politik in Ansbach-Bayreuth 1791—1806 (1902) und Hartung, Hardenberg und die preuß. Verwaltung in Ansbach-Bayreuth 1792—1806 (1905). Zoepfl, Fränk. Handelspolitik 1894. Herm. Knapp, Zenten des Hochstiftes Würzburg, 2 Bde., 1907. Fellner, Gesch. d. fränk. Ritterschaft

noch keineswegs beantwortet. Wir stoßen hier auf eine der in Literatur und Praxis der letzten Jahrhunderte des Reiches meistumstrittenen Fragen des fränkischen Staatsrechtes.

Überall in Franken, wo Zent und Vogtei in verschiedenen Händen lagen, wo eine Herrschaft nur die Zent oder nur die Vogtei besaß, bestanden die heftigsten Streitigkeiten über den Umfang der beiderseitigen Befugnisse. Der Grund lag einerseits in der häufig ungenauen Abgrenzung der Kompetenzen, andrerseits aber, und dies in erster Linie, in den beiderseitigen territorialpolitischen Tendenzen, in dem auf beiden Seiten vorhandenen Bestreben nach Gewalterweiterung. Die Präjudizialfrage aber für die Berechtigung der meisten beiderseitigen

v. 1495—1524 (1905). Eichhorn, Rechtsgesch. III (1844) 323 § 439 n. e. Wirschinger, Patrimonialgerichtsbark. in Bayern 1837. P. Albert, Steinbach bei Mudau (1899). W. Schultze, Die fränk. Gaugrafschaften (1897) S. 295f. Darmstädter, Großherzogt. Frankfurt (1900) 55. Zoepfl, Deutsche Rechtsaltert. I (1860). J. G. Weiß, Reichsrittersch. am Ende des alten Reiches in Ztschr. f. Gesch. d. Oberrheins N. F. VIII (1893) 303f., sodann das. III (1888) 226f. J. A. Zehnter, Gesch. d. Dorfes Messelhausen 1902. Archiv d. histor. Vereins für Unterfranken u. Aschaffenb. passim. Wintterlin, Niedere Vogtei im 16. Jahrh. in Würtemb. Vierteljahrsh. f. Landesgesch. N. F. IX (1900). — Sodann sei verwiesen auf die bekannten Werke von Rosenthal (Baiern), Luschin von Ebengreuth (Östreich), Bluntschli, v. Wyß (Schweiz), v. Thudichum, E. Mayer u. a. — F. Ruoff, Ländl. Verfassung des Nordostens des Königreichs Württemberg im 18. Jahrh. in Württemb. Jahrbücher f. Statistik u. Landeskunde 1909 S. 209f., 216f., 219f. — Clauß, Lehre von den Staatsdienstbarkeiten 1894. Jellinek, Allg. Staatslehre 1900, S. 394f. — Fr. Stein, Geschichte Frankens, 2 Bde., 1885/86. — Die aktenmäßige Grundlage der oben im Texte für Franken überhaupt geschilderten Verhältnisse bietet speziell für unser Gebiet das Gräfl. Gesamthausarchiv zu Erbach i. O., dessen Bestand an Prozeß- und Beschwerdeakten mit und gegen Kurmainz, Kurpfalz, Hessen-Darmstadt, Reichsritter u. a., zum großen Teile unter dem Namen der einzelnen vermischten Ortschaften (s. obige Gebietstabelle in der Einleitung S. 7f.) registriert, für die Zeit vom 16. bis 19. Jahrhundert sehr umfangreich ist. Dazu insbesondere der „Bericht des regierenden Herrn Grafen Franz von Erbach-Erbach an das Kais. Reichskammergericht“, d. d. Erbach den 26. Juli 1800, abgedruckt in Häberlin, Deutsches Staatsarchiv XI (1803) S. 129f., als „Beispiel eines Induktionsbeweises teutscher Landeshoheit gegen die Reichsritterschaft“. Archiv f. hess. Gesch. u. Altert. passim.

Ansprüche wie für die Entscheidung der großen Mehrzahl der den Jurisconsulti zur rechtlichen Beurteilung und Begutachtung aus der Praxis vorgelegten, die Ausübung öffentlicher Rechte in den streitigen Distrikten berührenden Einzelfälle war die Frage nach der Landeshoheit.

Wie bestritten auch die Formulierung dieses Begriffes hinsichtlich seines positiven Inhalts unter den JCti des 17. und 18. Jahrhunderts war, so wurde doch seine negative Seite übereinstimmend nach Analogie des römisch-rechtlichen Eigentumsbegriffes in der grundsätzlich ausschließlichen Berechtigung des Inhabers der Landeshoheit erblickt, zu dessen Gunsten demnach bei Kompetenzstreitigkeiten die Vermutung stritt, welcher die fundatam in jure intentionem auf seiner Seite hatte. Demgemäß wurde, falls man dem unmittelbaren Vogteiherrn die Landeshoheit zuschrieb, die Zent samt den übrigen Hoheitsrechten, soweit sie ein anderer als der Vogteiherr besaß, als ein jus singulare, als servitus, seit Vitriarius († 1719?) als servitus juris publici in alieno territorio, als Staatsrechtsdienstbarkeit aufgefaßt, welche daher strikte zu interpretieren und nicht über den nachweislich hergebrachten Umfang zu extendieren war; und umgekehrt war die Vogtei, falls man dem Zentherrn die Landeshoheit zuerkannte, nur eine ebenfalls nicht über das hergebrachte Maß zu extendierende, der Gebietsherrschaft des Zentherrn unterworfene sog. Erb- oder Niedervogtei, unbeschadet der etwaigen persönlichen Reichsunmittelbarkeit ihres Inhabers.

Indem der Zentherr auf Grund seiner Zenthoheit und seiner sonstigen Hoheitsrechte, der Vogteiherr auf Grund seiner auch auf seinen Vogteidistrikt ausgedehnten persönlichen Unmittelbarkeit die Landeshoheit über diesen in Anspruch nahm, „das territorium praetendierte“, forderte jeder Teil vom andern, daß er nur seine nachweislich hergebrachten Rechte und diese nur in dem nachweislich hergebrachten Umfange ausübe (tantum concessum quantum praescriptum). Andrerseits aber hielt sich jeder Teil auf Grund seiner Landeshoheit für berechtigt, seiner aktuellen Kompetenz neue Gebiete hinzuzufügen; und gerade dieser letztere Umstand war seit dem 15. Jahrhundert von besonderer Bedeutung: auch in den fränkischen Territorien läßt sich seitdem eine reichere Betätigung der öffentlichen Gewalt verfolgen auf dem Gebiete der Gesetzgebung und Polizei, insbesondere auf dem der Besteuerung, sodann hinsichtlich des jus reformandi, der Organisation der Handwerkszünfte auf dem Lande, des Novalzehnten, zahlreicher Abgaben, der Kriegsdienstpflicht der Untertanen usw. Aber man suchte nicht nur den andern Teil auf seine hergebrachten Rechte zu beschränken und begnügte sich nicht, neue Gebiete des öffentlichen Lebens seiner staatlichen Aufsicht und Einwirkung zu unterwerfen, sondern man griff auch offensiv in die Rechtssphäre des andern Teiles hinüber, indem man bestimmte Rechte als der Landeshoheit wesentlich bezeichnete und die Ausübung derselben durch den Gegner als Eingriff in die eigene Machtsphäre ansah. Im Hinblick auf dieses Merkmal der Ausschließlichkeit, worin die politische Bedeutung des „territorii" für die fränkische Praxis lag, war die Landeshoheit nichts anderes als die juristische Formulierung der in der Praxis rivalisierenden territorialpolitischen Bestrebungen der Reichsstände untereinander wie zwischen diesen und der Reichsritterschaft.

In welchem Maße es sich hierbei in erster Linie um eine Frage der Territorialpolitik der fränkischen Territorialherrn handelte, geht insbesondere aus der allgemein bezeugten Tatsache hervor, daß die Zentherren einerseits auf Grund ihrer Zenthoheit über die innerhalb ihres Zentgebietes gelegenen Vogteien, andrerseits aber, soweit sie selbst Vogteien in fremden Zentbezirken besaßen, gleichwohl auf Grund ihrer Unmittelbarkeit die Landeshoheit auch über diese ihre Vogteibezirke beanspruchten und nach den soeben formulierten Grundsätzen die Rechte des Gegners einzuschränken suchten.

Im Grunde genommen handelte es sich daher im wesentlichen um eine Machtfrage, welche zu einer sehr mannigfaltigen Verteilung der einzelnen Hoheitsrechte unter die Zent- und Vogteiherren führte, wobei sich die geeinte Reichsritterschaft oft in günstigerer Lage befand als mancher kleine Reichsstand.

Diese Mannigfaltigkeit wurde noch erheblich vermehrt durch den Umstand, daß infolge des Fehlens einer übergeordneten kraftvollen Territorialstaatsgewalt eine Regelung der beiderseitigen Kompetenzen nur vertragsmäßig und nur zwischen den einzelnen jeweils beteiligten Streitteilen erfolgte; denn es handelte sich um eine Frage des „nachbarlichen Staatsrechts", nicht um die Regelung einer innerterritorialen Angelegenheit wie etwa in Baiern oder den herzoglich sächsischen Gebieten, wo die Befugnisse der Hofmarksherrn oder Erbherrn durch Landtagsabschiede, Freibriefe u. drgl. im großen und ganzen einheitlich und meist sehr genau geregelt waren, wo die auch hier häufigen Streitigkeiten dieser Art nur durch Nichtbeachtung bestehender gesetzlicher Vorschriften entstehen, Übergriffe durch die Territorialstaatsgewalt zurückgewiesen werden konnten, die einschlagenden Prozesse vor das eigene Hof- oder Landesgericht, nicht vor das im petitorischen Verfahren auch in diesen Sachen nur selten zu Ende kommende Reichskammergericht oder den der Politik des Kaisers entsprechend von vornherein die Partei der Reichsritterschaft und damit der Vogteiherrn ergreifenden Reichshofrat gelangten.

Diese Mannigfaltigkeit war außerordentlich groß; abgesehen davon, daß häufig, besonders in den östlichen Teilen von Franken, aber auch im Westen, die einzelnen Angehörigen einer wirtschaftlichen Dorfgemeinde politisch unter mehreren Vogteiherren standen, alle aber wieder einen andern als Zentherrn, als Wildbannsherrn, Geleitsherrn usw. anerkannten, war die Kompetenzverteilung insbesondere zwischen Vogteiherrn und Zentherrn sehr verschieden: ein Hoheitsrecht, welches an dem einen Orte dem Zentherrn zustand, konnte im Nachbarorte dem Vogteiherrn gehören; innerhalb derselben Zent, ja in demselben Orte konnte der Inhalt der Zentherrschaft und dementsprechend derjenige der Vogteiherrschaft verschieden abgestuft sein; während ein Vogteiherr an einem Orte die volle Staatsgewalt, beschränkt nur noch durch die peinliche Gerichtsbarkeit, diese zudem noch auf die vier hohen Rügen eingeschränkt, ausübte, ist es in einem andern Orte desselben Vogteiherrn der Zentherr, der alle Territorialjura geltend machte. Es herrschte „ein Durcheinander, für das man keinen Namen hat", das bis zum Ausgange des alten Reiches dauerte, soweit nicht ein Ausgleich dieser Vermischungen, eine Vereinigung von Zent und Vogtei, in einer Hand stattfand[1]), — Ausgleichungen, welche jedoch bei weitem nicht alle Vermischungen beseitigten[2]).

Ein treues Abbild dieser verwirrten Verhältnisse der Praxis gewährt die umfangreiche Literatur. Laut tönen die Klagen der Jurisconsulti, materiam centenae in pelago versari u. dgl., man ist genötigt, auf die Aufstellung allgemeiner Prinzipien zu verzichten und begnügt sich schließlich mit dem Satze: in Franconia non est jus, sed observantia, allein das jeweilige Herkommen sei entscheidend, tantum concessum quantum praescriptum.

Nur ein Satz von allerdings prinzipieller Bedeutung gelangte seit dem 16. Jahrhundert in der Litteratur zu wohl allgemeiner Geltung: die Theorie von den ungeschlossenen Territorien, den territoria non clausa und der unmittelbaren Vogtei, die staatsrechtliche Formel für die maßlose territoriale Zersplitterung Frankens. Den Unterschied zwischen den geschlossenen und den ungeschlossenen Territorien fand man darin, daß der Satz: quicquid est in territorio est etiam de territorio nur für die ersteren Geltung habe, daß man also a situ rei auf die Sub-

[1]) So beseitigte z. B. Graf Hardenberg, gedeckt durch die Macht des preußischen Staates, in den 90er Jahren des 18. Jahrhunderts diese Vermischungen im ansbach-bayreuthischen Fraischgebiete durch seine „Revindikationen"; oder eine Zentherrschaft erwarb fremde Vogteien durch Kauf oder Tausch; oder es tauschten zwei Herrschaften, indem sie das Vogteigebiet als Grundlage des Territoriums betrachteten, wie z. B. Kurmainz und Kurpfalz zu Anfang des 18. Jahrh., ihre „Zenten in alieno" gegenseitig aus; oder es wußte sonst ein Vogteiherr die Zenthoheit käuflich, bisweilen in Form der Erlangung des Blutbannes seitens des Kaisers, oder in anderer Weise an sich zu bringen.

[2]) Dagegen gab es links des Rheines im Herzogt. Pfalz-Zweibrücken in der zweiten Hälfte des 18. Jahrh. eine „Zent- und Fraischgerechtigkeit extra territorium, es seye aktive oder passive", nicht, „die Grenzen des ‚Territoriums' sind auch die Grenzen der peinlichen Gerichtsbarkeit." Bachmann, Pfalz-Zweibrück. Staatsrecht (1784) 270.

jektion argumentieren könne, dergestalt, daß alle, welche in den geschlossenen Territorien sich befinden, Untertanen seien, und also derjenige, welcher eine Exemtion daselbst praetendiert, diese gehörig erweisen müsse, quia res in eodem semper statu mansisse praesumitur; in den ungeschlossenen Territorien dagegen cessierte diese Praesumtion, es galt vielmehr als Regel: potest aliquis esse in territorio, qui tamen non est de territorio, so daß umgekehrt derjenige, welcher behauptete, daß ein andrer sein Untertan sei, dieses angebliche Recht zu beweisen hatte.

Die Theorie von den ungeschlossenen Territorien stammte her von der Einteilung des Reiches in mittelbare und unmittelbare Provinzen und fand hierin ihre Begründung. Es waren die Gebiete, von welchen nicht erwiesen werden konnte, daß sie ehemals der Territorialsuperiorität eines Fürsten unterworfen waren, und aus der geographischen Lage eines Territoriums in einer unmittelbaren Provinz folgerte man eine rechtliche Praesumtion für die Unmittelbarkeit bis zum Beweise des Gegenteils. Zu den ungeschlossenen Gebieten zählte man Schwaben, die Lande am Rhein, in der Wetterau, im Elsaß und Franken.

Insbesondere diente die Theorie zur Verteidigung der Institution der Reichsritterschaft, deren Mitglieder einen erheblichen Teil der Vogteiherrn bildeten, und in enger Verknüpfung mit der Frage der Anerkennung der Unmittelbarkeit der fränkischen Ritterschaft gelangte in der Literatur auch das Verhältnis von Zent und Vogtei zur Erörterung.

Allein auch in Franken lag wie in den geschlossenen Territorien in der alten Reichsordnung die Gerichtsgewalt der fränkischen Fürsten über die innerhalb ihrer Amtsgebiete Gesessenen begründet, und aus der Amtsgewalt hatte die Landeshoheit auch in Franken bereits bis zu einem gewissen Grade sich entwickelt. Das „alte Herkommen", das so vielfach von der Ritterschaft, auch von der fränkischen, ins Feld geführt worden ist, sprach im Grunde hier fraglos gegen sie und ihre Ansprüche. Aber die ganze spätere Entwicklung (vgl. Fellner a. a. O. S. 103 f.) hatte die Ritterschaft bis 1450 zu einer tatsächlich selbständigen, der fürstlichen ebenbürtigen Macht erstarken lassen. Das ganze 15. Jahrhundert haben sich die ständischen Kämpfe hingezogen und zuletzt mit der Reichsunmittelbarkeit der gesamten fränkischen Ritterschaft geendet.

Aber auch die Anerkennung der Reichsunmittelbarkeit der fränkischen Ritterschaft war zunächst ohne Einfluß auf die seitens der Fürsten ihr wie ihren Vogteiuntertanen gegenüber hergebrachten Rechte. Es blieben die durch Amts- und Dienstverhältnisse begründeten rechtlichen Folgen, es blieb das Lehnsverhältnis mit seinen Verpflichtungen und rechtlichen Beschränkungen, es blieb ihre rechtliche Unterordnung unter das Landgericht des Fürsten, soweit nicht eine ausdrückliche Exemtion von dem Kaiser erlangt war und die Kammergerichtsordnungen von 1521 und 1555 seine Kompetenz zugunsten des Adels einschränkten, und es blieb vielfach, wenn auch von der Ritterschaft bestritten, der Anspruch des Fürsten, daß auch der nicht durch Dienste oder Amt gebundene Reichsritter der fürstlichen Kriminalgerichtsbarkeit unterworfen sei. Andrerseits blieb der adelige Vogteiuntertan der fürstlichen Zent unterworfen, soweit nicht die durch Herkommen, Vertrag, Privileg sachlich und räumlich bestimmte Vogteijurisdiktion des Ritters entgegenstand (Fellner 103 f., 301 f.); er leistete dem Zentherrn die in der Zenthoheit begründeten Abgaben und Dienste wie der unmittelbare Zentuntertan, soweit er nicht besonders eximiert war, und war reiß-, folge- und musterungspflichtig; der Vogteidistrikt blieb dem Zoll und Geleit des Fürsten, dessen Wildbann und forstlicher Hoheit und andern Regalien nach wie vor unterworfen. Die Anerkennung ihrer Reichsunmittelbarkeit bedeutete lediglich die prinzipielle Negation einer ihnen und ihren Vogteiuntertanen übergeordneten universellen Territorialstaatsgewalt: allein positiv ergab sich daraus der bedeutungsvolle Satz, daß die Territorialgewalt in ihrer Universalität, daß prinzipiell und in dubio alle staatlichen Hoheitsrechte dem unmittelbaren Vogteiherrn zuständig seien, soweit nicht ausdrücklich ein anderer einzelne Regalien hergebracht hatte; die Konsequenz war, wie oben ausgeführt wurde, deren restriktive Interpretation, die wichtigste Stütze für die auf weitere Machterweiterung gerichteten Tendenzen. Diese beschränkte Staatsgewalt der Mitglieder der fränkischen Ritterschaft nannte man wegen des meist sehr kleinen Umfanges ihres Vogteidistriktes nicht Landeshoheit, territorium, sondern „unmittelbare Vogtei“ im techn. Sinne, im Gegensatze zur gewöhnlichen Vogteijurisdiktion, Erb-, Unter-, Niedergerichtsbarkeit, welcher die Universalität der Staatsgewalt infolge der Nichtunmittelbarkeit ihres Inhabers nicht zur Seite stand, welche vielmehr der Gebietsherrschaft, dem Territorium des Zentherrn unterworfen war.

Die Kämpfe um die Bewahrung der Reichsunmittelbarkeit und die Geltendmachung der daraus sich ergebenden Konsequenzen füllten die ganze spätere Reichszeit an. Die Gleichstellung der Ritterschaft mit den Reichsständen hinsichtlich des jus reformandi durch den Religionsfrieden von 1555, das Privileg Ferdinands II. von 1559, dessen Bestätigung und Erweiterung durch das Privileg Rudolfs II. 1609, die Bestimmungen des J. P. O. art. V. § 44 (allerdings § 28 [1])!), die ihr günstigen Entscheidungen der Reichsgerichte, vor allem des Reichshofrats, brachten die oben dargelegten Prinzipien hinsichtlich der persönlichen Unmittelbarkeit der Ritterschaft, wie derjenigen ihrer Vogteiuntertanen, erneut zur Anerkennung. Und auf dem Boden dieser Bestimmungen fußte die in der Literatur des 17. und 18. Jahrhunderts allgemein anerkannte Theorie der ungeschlossenen Territorien, wie sie zum erstenmale (?) klar zum Ausdrucke gelangte in den „Gravamina, Klagen und Beschwerden, so Grafen, Herren, gefreyete Ritterschaft und Reichsstädte über die höhere Stände in Franken haben“, vom J. 1558: „So hat auch kein Fürst in Franken ein beschlossen Land oder Fürstentum, sondern wo und an welchem Ort, mitten oder zu End derselben Fürsten Land, die Grafen, Herren, vom Adel und Reichs-Städt wohnen, ihre Grafschafften, Herrschaft, Schlösser, Sitz, Häußer, Dörffer, Unterthanen und Güter haben, da ist das Land nicht derselbigen

[1]) Über die Bedeutung dieser Stelle vgl. v. Epplen, Gesch. d. Landeshoheitsstreitigk. (1795) 68 f.; Siebenkees, J. Chr., Beitr. z. teutschen Rechte IV (1789) 105 f.; Häberlin, Deutsches Staatsarchiv XI Heft 43 (1804) p. 308, 315, 318, 365, 376, 379, 383.

Fürsten, sondern des geringeren Stands, so daselbst wohnet, obgleich die hohe peinliche Obrigkeit an etlichen Orten einem Fürsten zustehet, wie der Nebel auf eins andern Herrn Wald oder Weiher", ein Satz, der seit dem Erscheinen von Wehners Observationes (1608) häufig zitiert wurde.

In der Praxis dagegen vermochte sich dieser Grundsatz gegenüber den Fürsten und sonstigen Zentherren nur mit Mühe Geltung zu verschaffen. Fehlt es einerseits nicht an Beispielen, daß die Fürsten die Reichsunmittelbarkeit des fränkischen Adels nicht anerkannten und ihn und damit ihre Vogteiuntertanen ihrer Staatsgewalt zu unterwerfen suchten, so sind die Fälle, in welchen sie die Landeshoheit über die Vogteiuntertanen auf Grund ihrer Zenthoheit und ihrer sonstigen Hoheitsrechte beanspruchten, ohne gleichzeitig auch die Landsässigkeit des unmittelbaren Vogteiherrn selbst zu behaupten, zahllos.

Und gerade in dieser letzteren Beziehung beschränkte sich die streitige Frage, wem die Landeshoheit zustehe, nicht auf das Verhältnis der Ritterschaft zu den fränkischen Fürsten, sondern sie war von allgemeiner Bedeutung für Franken, indem sie nicht weniger auf das gegenseitige Verhältnis der Fürsten, wie auf dasjenige der sonstigen Reichsstände untereinander sich bezog, hier aber die Frage nach der persönlichen Reichsunmittelbarkeit von vornherein ausschied. Die Frage nach der Landeshoheit über eine im Zentgebiete eines Reichsstandes gelegene Vogtei eines andern Reichstandes erlangte damit eine selbständige, nicht wie bei der Reichsritterschaft mit der Anerkennung der persönlichen Unmittelbarkeit zusammenhängende Bedeutung.

Die Befugnis eines Reichsstandes, über seine in der Zent eines andern Reichsstandes oder Reichsritters gesessenen Vogteiuntertanen auf Grund seiner Reichsunmittelbarkeit die Landeshoheit des Zentherrn zu verneinen, sie vielmehr für sich zu vindizieren, wurde in der Literatur im allgemeinen gemäß der Theorie von den ungeschlossenen Territorien ebenfalls bejaht, ohne daß hierbei zwischen der unmittelbaren Vogtei eines Reichsstandes und derjenigen eines Reichsritters unterschieden worden wäre, obgleich die der Ritterschaft hinsichtlich ihrer Untertanen erteilten Privilegien auf jene an sich keine Anwendung fanden. Allein die Auffassung war im allgemeinen die, daß schon im 15. Jahrhundert die Vogtei und das nicht fremdvogteiliche Zentgebiet unter den Reichsunmittelbaren als Substrat der in der Ausbildung begriffenen Landeshoheit betrachtet wurde, nicht mehr das Zentgebiet, daß demgemäß die Anerkennung der Reichsunmittelbarkeit der Ritterschaft im Verhältnis zu ihren Untertanen nur eine Gleichstellung mit den Reichsständen bedeutete, und die der Ritterschaft hinsichtlich ihrer Untertanen später erteilten Privilegien, insbesondere die reichsgerichtliche Anerkennung der Auffassung der Zent und der sonstigen Hoheitsrechte des Zentherren als bloßer Servituten, für die in fremden Zenten gelegenen Vogteidistrikte der Reichstände um so mehr Geltung besäßen.

Soweit dagegen in der Literatur, wie in der Praxis, die Landeshoheit des Zentherrn bejaht wurde, gründete man sie positiv auf Zahl und Natur der dem Zentherrn erweislich in concreto zustehenden Hoheitsrechte. Die Kriminalgerichtsbarkeit allein war nach J. P. O. V § 44 nicht genügend; allein in den wenigsten Fällen nur waren die Hoheitsrechte des Zentherrn tatsächlich auf diese beschränkt, und keinerlei Bestimmung entschied über die Zahl und Natur der sonstigen Regalien, die ein Zentherr außer dem Blutbanne besitzen mußte, um als Inhaber der Landeshoheit gelten zu können; infolgedessen wurde in einzelnen Fällen schon der Besitz des Wildbannes in Verbindung mit der Kriminaljurisdiktion als ausreichend betrachtet, und es wird als allgemeine Erscheinung berichtet, daß der ruhige Besitz einiger beliebiger Hoheitsrechte und Herrlichkeiten zur Vindikation der Landeshoheit den Zentherren als genügend galt.

Als Beispiel für die Art der Begründung der Landeshoheit der Zentherren gegenüber den in ihren Zenten begüterten unmittelbaren Vogteiherren, Reichsständen wie Reichsrittern, seien die Ausführungen von Hesse in seiner Schrift: de centena sublimi (1746) erwähnt, welcher insbesondere die Ansprüche der Landgrafen von Hessen auf die Landeshoheit in dem gesamten Hessen-Darmstädtischen Zentgebiete, also auch über die erbachischen, löwensteinischen, reichsritterschaftlichen Vogteiuntertanen in jenen Zenten zu verteidigen und auf Grund der positiv hergebrachten zentherrlichen Gerechtsame zu begründen sucht, Gedanken, welche in ähnlicher Form bereits seit dem Anfange des 16. Jahrhunderts in zahlreichen Prozessen wiederkehren[1]). Hesse, welcher zunächst die Zent, soweit sie als Effekt der Landeshoheit erscheine, als centena sublimis der centena simplex, der Zent als der bloßen Kriminalgerichtsbarkeit und bloßer servitus in alieno gegenüberstellt, argumentiert folgendermaßen: Sublimis sei die Centhoheit, wenn sie cum superioritate conjuncta sei, also die essentialia superioritatis territorialis jura in sich begreife. Die superioritas territorialis aber sei summum jus statuum imperii, in territorio omnia in salutem et securitatem eius dirigendi, legibus imperii determinatum. Aus den Zentweistümern, Saalbüchern usw. aber gehe hervor, daß dem Zentherrn als solchem das jus homagii exigendi, nicht bloß die Leistung der Zentpflicht, legum ferendarum potestatem, supremam jurisdictionem, sequelae (judicialis, territorialis, militaris) sublimis jus, und jura collectarum zustehen. Quae cum jura superioritatis territorialis essentialia sint, ad sublime illud omnia in territorii salutem et securitatem dirigendi jus inprimis pertinentia: recte inde colligimus, his positis essentialibus superioritatis territorialis juribus, cetera omnia ejusdem jura sublimi centenae inesse, et supremo centenae domino tamdiu competere, donec ab altero particularia quaedam superioritatis jura in territorio centenico adquisita esse probetur[2]), — eine Beweisführung, die sich als Anwendung der auf Bodin zurückgehenden Lehre von den Majestäts-, Souveränitäts-, wirklichen Hoheitsrechten, den regalia majora, auf die speziell fränkischen Verhältnisse charakterisiert.

[1]) Ähnlich die obengen. Schriften von Hallwachs und für die Pfalz von Alef; sodann das zuungunsten der Grafen Erbach als Vogteiherrschaft des in der hess. Zent Jugenheim gelegenen Amtes Seheim lautende Gutachten der Jurist. Fakultät in Gießen bei Hertius; ein ähnliches Beispiel bei Scriba, Zur Gesch. d. ehem. reichsritterschaftl. Herrsch. Frankenstein im Archiv f. hess. Gesch. u. Altert. VI 463 f.

[2]) Hesse S. 39 f., 83 f.

Diesem von den Zentherrn vertretenen Prinzipe hätte es konsequenterweise ensprochen, wenn sie darauf verzichtet hätten, die Landeshoheit auch über ihre in fremden Zentdistrikten gelegenen Vogteien auf Grund ihrer Unmittelbarkeit zu prätendieren. Demgemäß handelte Graf Hardenberg als preußischer Minister des Innern für die fränkischen Fürstentümer Ansbach und Bayreuth bei den Revindikationen in den 90er Jahren des 18. Jahrhunderts. Die 1796 durch Friedrich Wilhelm II. vollzogene „Instruktion für das Kgl. Landesministerium wegen der Landeshoheitsstreitigkeiten mit Nachbarn und Insassen“ erklärte die fränkischen Fürstentümer „für ein völlig geschlossenes Land“; über alle darin gelegenen Gebiete und Menschen wurde die volle Landeshoheit beansprucht. Andrerseits aber verzichtete Preußen darauf, irgend welche staatlichen Rechte über seine außerhalb des Territoriums (Fraischgebietes) gelegenen Untertanen auszuüben; es überließ die Landeshoheit über diese Vogteiuntertanen in fremdem Zentgebiete an deren Zentherrn.

Im übrigen aber war es, wie schon hervorgehoben, eine allgemeine Erscheinung, daß derselbe Reichsstand, ohne Unterschied, ob es sich um geistliche Stände untereinander oder um solche gegenüber weltlichen oder um das gegenseitige Verhältnis der letzteren handelte, beide Prinzipien mit derselben Ausdauer verfocht: über seine in fremdem Zentgebiete gelegenen Vogteien beanspruchte er die Landeshoheit kraft seiner Unmittelbarkeit, erkannte aber denselben Grundsatz, der ihm gegenüber hinsichtlich der in seinen eigenen Zenten befindlichen Vogteidistrikte von seiten eines anderen Reichsstandes geltend gemacht wurde, auch wenn dies unter ausdrücklicher Berufung auf seine Inkonsequenz geschah, keineswegs an, sondern prätendierte hier das Territorium auf Grund seiner verschiedenen Hoheitsrechte. Wer über die erforderlichen Machtmittel verfügte, setzte seine Ansprüche schließlich mit Gewalt durch, dem Gegner blieb lediglich das flebile beneficium protestationis. Auf friedlichem Wege, durch Erwerb der Zenthoheit, des Blutbannes einerseits, durch Erwerb von Vogteien durch Kauf, Austausch, Verleihung des Blutbannes seitens des Kaisers andrerseits, kam infolge des außerordentlich zähen Festhaltens beider Teile an den hergebrachten Gerechtsamen ein Ausgleich, eine Beseitigung dieser „Vermischungen“ nur in den wenigsten Fällen zustande, und die Landeshoheitsstreitigkeiten dauerten bis zum Ende des alten Reiches fort. Sie füllten das politische Leben in den fränkischen Territorien nahezu völlig aus.

Ein typisches Beispiel dieser Verhältnisse bieten die Grafschaft Erbach und die Herrschaft Breuberg.

Im unbestrittenen Besitze der Landeshoheit fand sich seit dem 16. Jahrhundert das Haus Erbach nur in demjenigen Teile seiner Zentbezirke, in welchem nicht ein Reichsstand oder ein Reichsritter die Vogtei besaß; nur dort hatte sich auf Grund der Zentherrschaft seine Landeshoheit ungehemmt und ohne Einschränkung zu entwickeln und zu entfalten vermocht.

Fast überall jedoch, wo ein unmittelbarer Stand oder Ritter die Vogtei über ein Dorf oder einzelne Güter besaß, war die kraft der Zenthoheit und der sonstigen Hoheitsrechte seitens der Grafen beanspruchte Landeshoheit bestritten; die Vogteiherrn prätendierten kraft ihrer Unmittelbarkeit ihrerseits das Territorium.

Und umgekehrt beanspruchten die Grafen zu Erbach auf Grund ihrer Unmittelbarkeit die Landeshoheit über ihre in fremden Zenten gelegenen Vogteidistrikte, während dieselben Stände, die Erbach gegenüber hinsichtlich ihrer Vogteien das Prinzip der ungeschlossenen Territorien vertraten, nunmehr ihre Zenthoheit und sonstigen Hoheitsrechte als Essentialia der Landeshoheit ansahen und demgemäß diese geltend machten.

Infolgedessen bestanden hinsichtlich der Schatzung, der Kontributionen, des Einquartierungsrechtes, der Kriegsdienstpflicht der Untertanen, sonstiger Militärleistungen, des Ungeldes, bisweilen der Nachsteuer, des Beisaßgeldes, sodann des Umfanges der Strafgerichtsbarkeit, der zweiten oder einer dritten Instanz in Zivilstreitigkeiten, des Zunftwesens, des Umfanges der Zentfronen und Zentabgaben, des Konfessionszwanges, der

Territorialisierung der Leibeigenschaft, der Fronen usw. in den meisten der von der Durchkreuzung von Zent und unmittelbarer Vogtei betroffenen Orte mehr oder weniger zahlreiche, im Grunde auf jenen Kardinalgegensatz zurückgehende beständige Streitigkeiten[1]).

Daß aus dieser Rivalität zwischen Zent und Vogteiherrn für die davon betroffenen Untertanen die größten Nachteile erwuchsen, liegt auf der Hand. Ein Untertan setzte sich, wenn er die Anordnungen seines Zentherrn auf Befehl seines Vogteiherrn nicht befolgte, der Gefahr aus, vom Zentherrn mit Strafen belegt zu werden, die unerbittlich, wenn nötig durch ein aufgebotenes Zentkommando von 20 bis 30 Mann unter Führung des Zentgrafen exequiert zu werden pflegten; richtete er sich aber nach den Weisungen des Zentherrn, so drohten ihm dieselben Nachteile von seiten des Vogteiherrn; der Bestrafung und Pfändung durch die eine Obrigkeit folgten nicht selten Repressalien seitens der andern, die sich gegen den „ungehorsamen" Untertanen selbst, bisweilen auch gegen unschuldige Untertanen der andern Obrigkeit richteten; bis man sich über die Freilassung oder die Freigabe gepfändeter Güter einigte, konnte lange Zeit vergehen. Derartige Vorkommnisse waren nicht nur in unseren Gebieten und ihrer Nachbarschaft, sondern auch im übrigen Franken häufig.

Besonders litt die Rechtspflege. In Zivilrechtsstreitigkeiten wenigstens dort, wo die zweite Instanz bestritten war, wie z. B. in den hessen-darmstädtischen Zenten. Nicht weniger, und zwar allgemein, gilt dies von der Strafrechtspflege; ihre in Franken an sich schon in der Kleinheit und Zersplitterung der Territorien begründeten Mängel wurden nicht selten erheblich verschärft durch die Rivalität von Zent und Vogtei, sei es zuungunsten der Verbrecher, sei es zu ihren Gunsten, aber zum Nachteile der Gesamtheit, und zwar auch dort, wo es wie in

---

[1]) vgl. die meist nach den betr., aus dem Überblick auf S. 7 f. ersichtlichen Dörfern geordneten, teils in gesonderten Prozeßakten befindl. Faszikel des Gesamthausarchives. — Graf Franz S. 129f.

unseren Gebieten zentfreie Örtlichkeiten[1]) im 17. und 18. Jahrhundert nicht[2]) gab.

Äußerten schon die bisher genannten Mängel nachteilige Folgen auch in wirtschaftlicher Hinsicht, so wurde die wirtschaftliche Lage der Untertanen in vermischten Ortschaften nicht selten auch direkt durch Doppelbesteuerung u. dergl. geschädigt.

Andererseits aber wußten die Untertanen gerade auf wirtschaftlichem Gebiete aus der Rivalität beider Obrigkeiten häufig auch Vorteil zu ziehen. Die Einführung neuer Abgaben und Lasten, die Erhöhung bestehender seitens der einen Obrigkeit wurde häufig dadurch vereitelt, daß die Untertanen sich an die andere wandten, und diese die Gelegenheit ergriff, ihre Herrschaft auf Kosten der anderen durch Gegenmaßregeln oder Widerspruch zu stärken[3]). So wenig wie die Rivalität zwischen

---

[1]) Über das im östlichen Franken weit verbreitete Institut der Zentfreiheit, ihren Begriff und im einzelnen oft sehr verschiedenen Inhalt, vgl. jetzt H. Knapp, Würzburg. Zenten II 8f., 307f. und Register (Freigüter, Freiung, Zentfreiheit). Auch J. U. Röder, Von Erbgerichten und Lehnsvogteyen in der Pflege Coburg 73f., 83f., 498.

[2]) Dagegen besaß die Herrsch. Breub. in Wörth a. M. „ihre sonderbare gräfl. Freyhöffe, die nicht nur von aller Beht, Steuer, Schatzung u. a. Burgerl. Beschwehrnuss gefreyet, sondern auch von aller Wörther u. Mainzer Jurisdiktion dermassen eximiert u. entledigt, dass Mainz in dens. nichts zu gebieten oder zu verbieten, dass kein Wörther Schergant oder Büttel von altersher mit s. Stab u. Gebot in dieselben kommen dürfen, und dass ein Stein in dens. Hof gestanden u. dermassen befreit, dass wer über denselben kommen oder nur angerührt, dens. die Wörther nit mehr fangen oder angreifen dürfen u. wann er gleich d. Leben verwürkt od. ander Ubeltat begangen hatte. Libellus artic. (Zif. 19—21) in Sachen d. H. v. Breub. geg. d. Erzbisch. v. Mainz, d. d. Mergenth. 30. 5. 1617, F. Breub. Differ. VI.

[3]) So wollten z. B. die etwa 17 pfälzischen Vogteiuntertanen in der breuberg. Zent Kirchbrombach, so oft für Breuberg Praestanda erhoben werden sollten, pfälzisch, wenn sie aber bei milizischen u. a. Vorfallenheiten von der Pfalz angegangen wurden, breubergisch sein. F. Kirchbromb. I (1763). Es scheiterte z. B. am Widerspruche der Zentherrschaft Erbach der Versuch der Herren v. Burckhausen, ein Hubgut in ein Rittergut zu verwandeln und den übrigen Vogteiuntertanen die zur Bewirt-

Vogtei- und Niedergerichtsherrschaft[1]), darf in Franken auch diejenige zwischen Niedergerichts- und Zentherrschaft hinsichtlich ihres Einflusses auf die wirtschaftliche Lage des Bauernstandes unterschätzt werden. Jedenfalls muß jene territorialpolitische Rivalität zwischen Zent und Vogtei als eines der wichtigeren Momente bezeichnet werden, welche seit dem 15. und 16. Jahrhundert in Franken einer Weiterentwicklung der alten Villikationsverfassung hemmend im Wege standen[2]).

B.
ZENTHERR UND ZENTGEMEINDE.

I. BEGRIFF UND JURISTISCHE NATUR DER ZENT.

Wenn im Eingange dieses Kapitels der Zent in der abstrakten Bedeutung dieses Wortes als der peinlichen Gerichtsbarkeit die einzelnen Zenten als Organisationen mehrerer Gemeinden, soweit sie demselben Zentherrn unterworfen waren, gegenüber gestellt wurden, so gilt es nunmehr, die rechtliche Natur dieser Organisation näher zu bestimmen.

Die einzelnen Zenten wurden zwar als organisatorische Einheiten aufgefaßt, jedoch nicht in dem Sinne, daß man den Zentherrn und die ihm unterworfene Gesamtheit der Zentmänner als Glieder einer abstrakten Einheit betrachtete; Herr und Gesamtheit erschienen vielmehr als selbständige, nur durch

---

schaftung desselben erforderlichen Fronen aufzubürden. s. u. S. 185. Fronakkorde, welche Erbach mit seinen Untertanen in Brensbach, Niederkeinsbach, Wersau, Mömmlingen im 16. Jahrhundert abgeschlossen hatte, konnten später mit Erfolg nicht mehr aufgekündigt werden, weil die Untertanen der Leistung ungemessener Dienste in natura die bisherige Entrichtung eines mäßigen Frongeldes vorzogen und in ihrer Weigerung durch die Zentherrschaft unterstützt wurden. Bisweilen wurde ausdrücklich eine Beschränkung der Fronen oder der Schatzung durch beide Herrschaften vereinbart u. drgl. m.

[1]) Unten S. 78.

[2]) Nach P. Darmstädter, Großherzogt. Frankfurt (1900) 52 f. erstreckte sich die nordwestdeutsche sog. neuere Grundherrschaft bis in das Gebiet des Bistums Fulda.

eine Summe von Einzelbeziehungen verbundene politische Subjekte, ohne daß jedoch eine grundsätzliche Auflösung des organischen Verbandes in reine Individualrechtsverhältnisse zwischen verschiedenen physischen oder juristischen Personen stattgefunden hätte[1]).

Nicht als unverbundene Einzelne waren die Zentverwandten der Herrschaft unterworfen.

Vielmehr standen die Zenten unserer beiden Territorien im Mittelalter als genossenschaftliche Gesamtgemeinden mit politischen Gesamtrechten und Gesamtpflichten dem Zentherrn gegenüber. Sowohl die Zent als solche wie jeder einzelne Zentmann besaß gegenüber der Herrschaft Anspruch auf Rechts- und sonstigen Schutz, sowohl die Zent wie jeder Zentmann galt der Herrschaft zur Erfüllung bestimmter Verbindlichkeiten als verpflichtet, sowohl die Herrschaft als die Zent als solche galt dem einzelnen gegenüber als berechtigt[2]).

Diese Auffassung lag in gewissem Umfange und nicht nur dem Sprachgebrauche nach auch der Zentverfassung des 18. Jahrhunderts zugrunde. Schon auf Grund der Tatsache, daß die Erfüllung der den Zenten und Zentverwandten obliegenden Verbindlichkeiten nicht sowohl im Interesse der Herrschaft als in dem der Zenten selbst begründet lag, indem sie überwiegend die Aufrechterhaltung von Ordnung, Sicherheit und Wohlfahrt im Zentbezirke bezweckten, kam sie insbesondere darin zum Ausdrucke, daß die Zenten als weitere Gemeinden, als über den Stadt- und Landgemeinden stehende Kommunalverbände galten[3]).

---

[1]) Vgl. Gierke, Das deutsche Genossenschaftsrecht II (1873) 433.

[2]) Vgl. Gierke, Genossensch. II bes. 434 f.

[3]) Abgesehen davon, daß bisweilen schlechthin der „Centgemeine" gedacht wird — regelmäßig wurde zur Bezeichnung der Gesamtheit der Zentmänner lediglich „die Cent" gebraucht —, heißt es z. B. in einem Amtsbericht d. d. Reichelsheim 4. Jan. 1773 (Fasz. Erbach Amt, Polizeis. II): „Zu den Gemeinen Lasten werden aber nicht nur diejenigen Unkosten, die zur Erhaltung gemeiner Gebäude, als Hirten- und Schulhäuser und überhaupt zum Besten der Gemeinen Güter und der Gemeinde selbst verwendet werden müssen, gerechnet, sondern es gehören auch hierzu

Als Konsequenz der Auffassung der Zent als eines weiteren Kommunalverbandes erschien es, daß der Kreis der Zentuntertanen (Zentmänner, Zentverwandten) sich mit demjenigen der Mitglieder der Landgemeinde, der Gemeindsleute, deckte[1]).

Ob den Zenten juristische Persönlichkeit[2]), wenigstens Anstaltspersönlichkeit, auf dem Gebiete des öffentlichen Rechtes

hauptsächlich alle Cent-Praestationen. Ein Gemeinds- und Centmann sind daher unzertrennlich miteinander verbunden. Es kann niemand in eine Gemeinde aufgenommen werden, der nicht auch zugleich ein Zentmann wird, und niemand kann zu letzterem gelangen, der kein Gemeindsmann ist."

[1]) s. vorige Note. Eine Ausnahme hiervon bestand jedoch in der Zent Erbach. Da hier grundsätzlich nur Hübner zu Gemeindsleuten und „Untertanen" rezipiert wurden, stand diejenige Klasse der ländlichen Bevölkerung, welche wirtschaftlich-sozial den sog. kleinen Untertanen, den Einlezzigen oder Einläuffigen der übrigen Ämter und Zenten entsprach, außerhalb des Gemeindeverbandes. Gleichwohl mußten zunächst wenigstens die Erbschutzverwandten als Inländer im Gegensatze zu den fremden Beisassen im 18. Jahrhundert Zentmänner w. (LTA. X p. 40 d. a. 1731), und nach ausdrücklicher herrschaftlicher Verordn. v. 10. Sept. 1787 sollten „alle und jede Beisassen des Amtes, sie mögen auf herrschaftlichem Grund und Boden oder anderswo sitzen und wohnen, schlechterdings verbunden sein, den Zenteid abzuschwören, folglich Zentmänner zu werden, und also auch Zentlasten auf hergebrachte Weise zu tragen. Als dagegen die Beisassen der erb.-vogteilichen, zur pfälz. Zent Eberbach gehörenden Orte Untersensbach und Heebstahl vom pfälz. Zenthauptmann zur Leistung des Zenteides, der Zentwachten, Zentkosten usw. herangezogen wurden, wurde von seiten Erbach-Fürstenaus dem widersprochen unter Geltendmachung, daß die lediglich vom Vogteiherrn in den Schutz aufgenommen Beisassen zur Zent überhaupt in keiner Beziehung ständen, soweit sie nicht ein zentmäßiges Delikt begingen, vielmehr nur die Hübner und Gemeindsleute „wirkliche" Zentmänner seien; Pfalz machte geltend, daß nach dem Eberbacher Zentweistume lediglich das häusliche Wohnen im Zentbezirk entscheide, dies aber bei den meisten der betr. Beisassen zutreffe, da sie teils mit Haus und Grundstücken angesessen, teils als Maurer, Leinenweber, Schneider, Schuhmacher sich durch Handwerk ernährten, also bürgerl. Nahrung trieben, daß es sich also um „eigentliche" Beisassen gar nicht handelte. F. Untersensbach. Über Territorialangehörigkeit s. u. S. 90f.

[2]) „Die „juristische Person" ist eine juristische Begriffskategorie und deshalb ebensowenig eine Schöpfung des Staates oder des Gesetz-

im 18. Jahrhundert zuzuerkennen sei, könnte zweifelhaft erscheinen. Abgesehen davon, daß sie bisweilen allgemein als Polizei- oder Sicherheitsanstalten bezeichnet wurden, scheint dafür der Umstand zu sprechen, daß die Zenten als solche als verpflichtet galten zur Erfüllung bestimmter kommunaler Aufgaben, zur Aufbringung der hierfür wie zu andern Zwecken erforderlichen Mittel, daß sie sich demnach als selbständige Trägerinnen von Pflichten darstellten, wie ihnen als solchen andrerseits gegenüber den einzelnen Zentmännern die entsprechenden Rechte zugeschrieben wurden. Doch würde die Anerkennung selbständiger Persönlichkeit der Zent in unserem Gebiete eine Ausnahme von der Entwicklung bedeuten, welche derartige mittelalterliche politische Gesamtgemeinden im 17. und 18. Jahrhundert mit der stärkeren Ausbildung der obrigkeitlichen Idee im allgemeinen genommen haben [1]).

Jedenfalls lassen sich die Zenten als Vereinigungen mehrerer Gemeinden, genauer, da bisweilen einzelne Teile einer Gemeinde zu verschiedenen Zenten gehörten, der Insassen des Zentbezirks, zu gemeindlichen Zwecken [2]) bezeichnen, Vereinigungen, welche ihren Anteil an den öffentlichen Lasten mit vereinigten Kräften trugen, ihre gemeinschaftlichen Zwecke mit vereinigter Anstrengung auf gemeinschaftliche Kosten verfolgten [3]).

---

gebers wie der Begriff des Vertrages, des dinglichen Rechtes, der Obligation. Sie dient nur dazu, um einen Komplex von Rechtssätzen logisch zu begreifen, einheitlich zu erfassen" (Laband, Deutsches Reichstaatsrecht (1907) S. 24).

[1]) Vgl. Gierke, Genossensch. I (1868) 648, II 456 usw.

[2]) Vgl. Großherz. hess. Ges. die Gemeindeordn. betr. v. 9. Juli 1821 Art. 9.

[3]) Vgl. Gierke, Genossensch. I 799. — In der Grafschaft hatte jede Zent ihre besonderen eignen Kosten allein zu tragen. In der Herrschaft Breuberg dagegen wurden die Inquisitions-, Gefängnisbau- und sonstige hier allen Zenten gemeinsame Kosten in einer Versammlung der vier Zent- bzw. Stadtschultheißen in Neustadt vom gemeinschaftlichen Amte auf die vier Zenten nach der Zahl der Zentmänner — Witwen und Leibgedingsmänner als halbe Zentmänner berechnet, — repartiert, während die einzelnen Zentschultheißen den ihrer Zent zugeteilten Betrag auf die einzelnen subrepartierten. F. Breub. Meliorat. Spec.

Zu den den Zenten obliegenden gemeindlichen Zwecken gehörten insbesondere diejenigen Aufgaben, zu deren Erfüllung die Zentfronen und die Zentabgaben geleistet wurden, nicht weniger die Aufbringung der zu diesen und andern Zwecken erforderlichen Zentkosten, welche im Wege der Zentausschläge erhoben wurden.

Nicht nur für die bisher umschriebenen Zwecke gemeindlicher Natur im engeren Sinne war die Zent von Bedeutung; sie war vielmehr daneben auch die organisatorische Einheit zur Mitwirkung bei der Ausübung der Kriminalgerichtsbarkeit, auf dem Gebiete der Milizverfassung und dem wichtiger Funktionen der Landespolizei. Denn auch diese Aufgaben erschienen nicht als Landes- oder staatliche Angelegenheiten, sondern als solche der einzelnen Zenten und ihrer Organe, und wenn auch auf diesen Gebieten der Einfluß der Herrschaft und ihrer Beamten überwog, und diese Aufgaben selbst nur auf Grund des für die Herrschaft und die Zent an ihrer Erfüllung bestehenden gemeinschaftlichen Interesses als solche gemeindlicher Natur im weiteren Sinne bezeichnet werden können, so griffen sie doch, soweit sie finanziell von Bedeutung waren, in das engere gemeindliche Gebiet der Zent hinüber.

Während die Bedeutung der Zent im Mittelalter vorwiegend auf dem Gebiete der Gerichtsverfassung lag, stehen im 18. Jahrhundert die kommunalen Aufgaben der Zent neben den polizeilichen Funktionen des Zentgrafen und der Zentschöffen im Vordergrunde. Wenn die Zent daher bisweilen als Polizeianstalt bezeichnet wurde, so war unter Beachtung des weiten Begriffes der Polizei[1]) im 18. Jahrhundert der Zweck jener Organisation im allgemeinen gekennzeichnet, umsomehr als auch die militärische Organisation der Zent hauptsächlich sicherheitspolizeilichen Zwecken diente, und die Zuständigkeit des Zentgerichtes auf die Verhängung von Geldstrafen in mittleren und geringeren „Polizeidelikten" sich beschränkte.

Juristische Persönlichkeit auf dem Gebiete des Privatrechtes kam unzweifelhaft denjenigen Zenten zu, welche noch

[1]) Vgl. z. B. Gierke, Genossensch. I 643.

auf markgenossenschaftlicher Grundlage beruhten [1]). Ein solches Zusammentreffen von politischer Zentgemeinde und wirtschaftlicher Zentmarkgenossenschaft bestand im 18. Jahrhundert in den breubergischen Zenten Höchst und Kirchbrombach und in der erbachischen Zent König [2]). Ihre Zentmarken bestanden hauptsächlich, aber nicht (mehr) ausschließlich in Wald [3]). Zum Zwecke der Verwaltung und Verwertung ihrer Zentallmenden traten sie durch Vermittlung ihrer Organe, Zentschulheiß und Zentschöffen, vielfach handelnd auf, sie schlossen Kauf-, Dienst-, Pacht- und andere Verträge, konnten als solche klagen und verklagt werden; ihr forum war wie bei den sonstigen Korporationen nicht das Amt, sondern die Justizkanzlei oder Regierung [4]).

Allein auch die Zenten ohne Zentallmenden finden wir

---

[1]) Über die juristische Persönlichkeit der Markgenossenschaften überhaupt vgl. jetzt Fr. Varrentrapp, Rechtsgeschichte und Recht der gemeinen Marken in Hessen I (1909) S. 203 f., über Zusammentreffen von Gerichts- und Markgenossenschaft das. S. 74 f., E. Mayer, Deutsche u. französ. Verfass.-Gesch. I (1899) S. 436 f.

[2]) Sodann wird 1790 den beiden Orten des Amtes Schönberg Ritschweiher und Kanzelbach die Mitberechtigung an der Zentallmende der pfälzischen Zent Schriesheim bestritten, obwohl sie nach dem Schriesheimer Zentbuche v. J. 1592 „wie alle andere Allimentgenossene das äckerich und was sonsten darinnen zu geniessen theilhafftig seyndt", und wie alle anderen zentbaren zur „Allimentwaldung" zugelassenen Orte ihren Teil an den Zentkosten trügen. F. Ritschweiher und Canzenbach.

[3]) Die Zentwaldung Höchst zählte bei ihrer Teilung unter die Zentgemeinden (1791 f.) ca. 400 Morgen, die der Zent Kirchbrombach (geteilt 1797 f.) ca. 500 M.

[4]) Beispiele: 1637 verhypotheziert die Z. Höchst mit Verwilligung des Amtes einen best. Teil ihres Markwaldes gegen ein Darlehen von 200 fl. — 1783 beliefen sich die Zentschulden der Z. Kirchbr. auf 1200 fl. — 1731 verliehen Zentschultheiß mit versammeltem Gericht und andern Zentmännern, zus. 33 Mann, auf d. Rathause zu Höchst einige Zentalmenstücke, darunter 2 Zentäcker, usw. F. Höchst u. F. Kirchbr. — Nach Breub. Lagerb. v. J. 1557 p. 1: „Wäldt in Höchster Cent. Die Wäldt in der Höchster Cent, die Marck gen., brauchen die Unterthanen in der Cent, doch allwegen mit Vorwissen der Obrigkeit Bau undt brennholz usw." — handelt es sich scheinbar allerdings nur um Nutzungsrechte der Untertanen, ebenso nach einem Memoriale der Z. Höchst v. 1657: „Dass alle u. jede Centhverwandten der Cent H. ein gewiss bezürck an

nicht selten als Schuldner und demgemäß als juristische Personen des Privatrechtes überhaupt. Wenn eine Zent z. B. ein Darlehen aufnahm, so hafteten weder der Zentgraf noch die Schöffen, noch einzelne Zentuntertanen, noch die Gemeinden, noch die Herrschaft; drängte der Gläubiger auf Bezahlung, so wurde er regelmäßig auf den nächsten Zentausschlag verwiesen, jedoch nicht in dem Sinne, daß nunmehr jeder einzelne Zentmann persönlich nach seiner Quote zugleich mit der ganzen Zentgemeinde dem Gläubiger gehaftet hätte, eine Gesamtverpflichtung, wie sie bei vertragsmäßig übernommenen Gemeindeschulden im Mittelalter eintrat[1]): da aber ein Schuldner als gedacht vorhanden sein mußte[2]), so ergibt sich, daß die Zent als solche als Rechtssubjekt aufgefaßt wurde[3]). Nach einer Verordnung der gemeinherrschaftl. Regierung v. 24. Sept. 1737, wonach „kein in die Zentkosten einschlagender accord", wenn er 5 fl. überstiege, ohne der dazu gehörigen Zentschöffen deutliches Vorwissen abgeschlossen werden dürfe, scheint die Rechtsfähigkeit der Zenten anerkannt[4]); und tatsächlich schlossen sie

Gehülz, die Mark gen., vor unvordenkl. Jahren zwar mit u. neben dero hochgräfl. Gnaden hohen herrschaftl. Jurisdiktion zu ihrer Nothdurft u. Gefallen genossen u. innegehabt", allein wie der Wald 1637 mit amtl. Bewill. verpfändet wurde, so galt er auch sonst als Eigentum der Zent bzw. „der sämtl. Höchster Centunterthanen salvo jure territoriali et regali" (1739) u. wurde 1791 f. an die beteiligten Gemeinden verteilt. Justific. Appell. der Z. Höchst c. Neustadt pcto zu Unrecht prätend. Mitmärkersch. z. 3. Teile, in F. Höchst. — Über die Streitfrage betr. Eigentum an Allmend und gemeiner Mark vgl. v. Below in Elsters Wörterb. f. Volkswirtsch. II (1907) 457 und Fuchs das. I (1906) 79.

¹) Gierke, Genossensch. II 404.

²) Stammler, Unbestimmtheit des Rechtssubjektes in d. Festschr. f. d. Jurist. Fakultät Gießen (1907) 455.

³) Für diese Argumentation vgl. Laband, Beiträge zur Dogmatik der Handelsgesellschaften, in Zeitschr. f. d. Gesamte Handelsrecht Bd. 30 (1885) 469 f., 498 f.

⁴) Ebenso wurde 1752 für die Herrschaft Breuberg vorgeschlagen, den Zentschultheißen zu verbieten, irgend welche Geldanlage auf die Untertanen zu machen oder Kapital auf die Centh zu entlehnen, ohne zuvor von beiderseitigen Regierungen die schriftliche Erlaubnis dazu erlangt zu haben. F. Breub. Meliorat. Spec.

nicht selten mit Handwerkern und sonstigen Personen Werk-, Kauf- und andere Verträge und nahmen bisweilen nicht unbedeutende Darlehen auf; ebenso konnten sie Eigentum besitzen. Ein Unterschied zwischen Zenten mit und ohne Zentmarken wurde hinsichtlich der Rechtsfähigkeit nicht gemacht[1]).

Standen auch die den Zenten obliegenden Aufgaben herkömmlich fest, so entstammte der die Art ihrer Ausführung beherrschende Wille gleichwohl weniger der daran allerdings in demselben Maße interessierten Zentgemeinde als vielmehr der Zentherrschaft. Das starke Überwiegen der obrigkeitlichen Idee, das nahezu völlige Fehlen eines kommunalen Lebens in der Zent trat äußerlich zutage in der Natur des Amtes des

[1]) z. B. Acta in Sachen des Bürgers u. Schmidtmeisters L. u. des Wagnermeisters R. zu Michelstadt ca den Centgrafen W. das. pcto einer Forderung an die Cent für verfertigte Arbeit d. a. 1797. — Acta, die Consentierung eines von der Cent Michelstadt bei Jud Speier aufgenommenen Kapitals ad 150 fl. betr. d. a. 1790. — Zahlreiche andere Beispiele für Darlehen und Handwerkerforderungen in den Zentrechnungen der einzelnen Zenten. — Als Eigentümerin des Richtplatzes (Galgens) in Beerfelden war bis 1891 die „Cent" im Flur und Grundbuche eingetragen, bei dessen Legalisierung die Parzelle kraft Beschlusses des Großherzogl. Minist. f. Finanzen auf „das Großherzogtum — Landeseigentum" überschrieben wurde, einmal weil als Rechtsnachfolger der Cent der Staat anzusehen sei, sodann auf Grund der Annahme und in andern Fällen bereits gehandhabten Praxis, daß kraft des Gesetzes, welches die peinliche Gerichtsbarkeit auf den Staat übertragen habe, nicht nur die damit verknüpften Lasten, sondern auch die Rechte seiner Rechtsvorgänger in der Gerichtsbarkeit auf ihn, nicht auf die Standesherrschaft, übergegangen seien. Schreiben v. 12. 1. 1891 in F. Amt Freienstein Cent. Wiederaufrichtung des Hochgerichtes zu Beerf. 1737. — Im Schreiben der großh. hess. Reg. d. Prov. Starkenb. an d. großh. Justizamt Erbach v. 2. 6. 1821 betr. die Aufhebung der Amts- u. Centkasse und Verteilung der Schulden an die bisher beitragspflichtigen Gemeinden, insbesondere den Exigenzetat der Erb. Amtskasse für d. J. 1821, wird u. a. zur Einreichung des Status activorum et passivorum, dem ein Inventar über das dem Amte (= der Zent) in corpore zustehende mobile und immobile Vermögen beizulegen sei, ersucht. — Als mutmaßl. Eigentum der Zenten erscheinen Zentwege, Zenthäuser (das der Z. Kirchbr. w. im 18. Jahrh. verkauft), Zentturm (?); einen Heerhag erwähnen die Zentartikel der Z. Reichelsh., wie ihn z. B. die mainz.

Zentgrafen oder Zentschultheißen[1]. Er war der seitens der Herrschaft der Zent vorgesetzte Beamte, als solcher Organ einerseits der Herrschaft, andererseits der Zent. Allein seine Stellung als „Vorstand der Zent" trat dort, wo eine markgenossenschaftliche Grundlage fehlte, fast völlig zurück und beschränkte sich auf ihre Vertretung in vereinzelten Privatrechtsgeschäften.

Immerhin wurde ihm in seiner Eigenschaft als Zentvorstand das Zentkassenwesen zugeschrieben, die Aufstellung der Zentrechnung, die Repartition der Zentkosten durch den Zentausschlag, die Verwaltung und Verwendung der erhobenen Zentgelder. Hierbei unterlag der Zentgraf einer doppelten Beschränkung: gegenüber der Zent bedurfte er der Prüfung und Genehmigung mindestens der Zentschöffen, außerdem war die Ratifikation der Regierung oder des Amtes nach Zulässigkeit und Höhe der einzelnen zu repartierenden Posten kraft ihres Oberaufsichtrechtes erforderlich. Äußerlich trat seine Natur als Zentvorstand in Erscheinung beim Zentgericht, welches der Amtmann „neben" dem Zentgrafen abzuhalten hatte: nach der Vereidigung der neuen Zentmänner gelobten dieselben dem Amtmann an durch Handschlag, sodann auch durch Berührung „an den Centstab, den der Centgraf führt"[2]. Das Amt des Zentgrafen oder Zentschultheißen besaß daher in dem geschilderten Umfange dieselbe Natur wie das Amt des seitens der Vogteiherrschaft den einzelnen Gemeinden vorgesetzten Ortsschultheißen. Im übrigen handelte er als Beamter der Herrschaft für die Zent, und dadurch, daß seine Tätigkeit auf diesem Gebiete auf den bis ins einzelne gehenden ihm seitens der Herrschaft und Regierung erteilten Instruktionen, Verordnungen, Dekreten beruhte, trat eine selbständige kommunale

---

Z. Mudau (P. Albert, Steinbach bei Mudau (1899) 96. Zentwallhag), und einige koburgische Zenten besaßen (J. U. Röder, Von Erbgerichten u. Lehnsvogteyen (1782) 84).

[1]) vgl. E. Mayer, Deutsche u. französ. Verfass.-Gesch. I (1899) 445 n. 34.

[2]) vgl. Ordnung, wie das Cent- und Landgericht zu Eschau gehalten wird, in F. Wildenst. Amt, Centgerichte, desgl. in der Zent Erbach u. a.

Betätigung der Zent in dem Maße, d. h. nahezu völlig zurück, in welchem die Natur des Zentgrafen als eines herrschaftlichen Beamten überwog.

Gleichwohl hatten die Zentgemeinden einige Ansätze zu einer kommunalen Verfassung bewahrt: ein Präsentationsrecht zwar nicht mehr hinsichtlich des Zentgrafen und des Zentbüttels[1]), wohl aber noch der Zentschöffen, vor allem aber das bereits erwähnte Prüfungs- und Genehmigungsrecht der Zentschöffen als „der Repräsentanten der Zent“[2]), vereinzelt der ganzen Zentgemeinde[3]), gegenüber dem Zentgrafen in bezug

---

[1]) vgl. Weist. d. Zent Beerfelden v. 1457 bei Grimm Weist. I 448: der Herr soll den Zentgrafen, Büttel und Glöckner aus 3 durch Wahl Präsentierten wählen; gefällt ihm keiner, so werden die Vorschläge wiederholt; doch nie soll er sie anders setzen als mit der zentschoffen u. landvolcks wissen und willen; . . . dan es hab etwan ein herre z. Erb. mit gewalt one willen der zent u. landvolkes einen zentgraven geben, davon der zent u. dem lantvolck grosser schaden entstanden sie. Vgl. dazu Gierke, Genossensch. II 428 n. 79. Thudichum, Gau- u. Markverfass. (1860) 51. Ebenso bestimmt Graf Joh. v. Wertheim für die Herrschaft Breuberg 1413: Das Kiesen des Centgrafen und der Schöffen im Landgericht Höchst soll geschehen mit unserem Willen und Rat oder unsrer Amtleute zu Breuberg von unsretwegen. Aschbach, Gesch. d. Grafen Wertheim II (Urk. 1843) S. 190.

[2]) So in Bericht von 1811 an die großh. hess. Reg. in Darmst. in F. Reichenb. Amt Cent.

[3]) In der Zent Lützelbach wurde die Zentrechnung jederzeit vom Zentschultheißen dem ganzen Gericht und etlichen vom Umstand aus jeder Gemeinde vorgelegt und namens der Zent abgehört (Bericht v. J. 1752). — In der Zent Kirchbrombach wurden jährlich um Petri „mit Beisein des Gerichts und Bürgermeister die Waldförster mit ihren Holzbüchern, Zetteln und dem Holzgeld zu liefern bestellt, und was im abgelaufenen Jahr nicht einkommen ist, alsdann zur Einnahm und Ausgabe eingetragen und geschlossen, welche alsdann gerichtlich unterschriebenermassen liegen bleiben, bis 2 Jahrgäng zusammen kommen, da ordinair das Gericht gehalten wird, so examiniert et confirmirt solche das gemeinschaftl. Amt Breuberg, welche Rechnung zwar nur wenige Bau und Brennholz betreffen, so etliche 100 fl. jährlich auswerfen“; Bericht v. 1752, während nach Bericht v. 1763 (F. Kirchbr. I) die Zentrechnungen sowohl vom gemeinschaftl. Amt bei jeder Zentgerichtshegung als auch vom ganzen Gericht und Umstand revidiert und justifiziert wurden.

auf die von ihm aufzustellende Zentkostenrechnung, und damit im Zusammenhange nach einer Regierungsverordnung von 1737 die Bindung des Zentgrafen bei Abschluß von in die Zentkosten einschlagenden Verträgen im Betrage von mehr als 5 fl. an das „deutliche Vorwissen" der Schöffen.

Eine weitergehende körperschaftliche Verfassung und eine reichere Betätigung kommunalen Lebens bestand in den drei Zenten mit Zentmarken. Hier fanden sich den Haingerichten der Dorfschaften entsprechende Zentallmendgerichte zur Bestrafung der „Waldrugen aus den Zentwäldern", welche nicht im Namen der Herrschaft, sondern „von Zentgerichtswegen" gehegt wurden [1]), wie die Haingerichte im Namen der Nachbarn [2]), deren Rüge- und Strafgelder ausschließlich in die Zentkasse flossen und nicht zu 3/4 der Herrschaft gebührten wie bei den auch im Namen der letzteren gehegten Zent- und Landgerichten [3]), auch darin in Übereinstimmung mit den Haingerichten im Gegensatze zu den Vogtei- oder Herrengerichten

[1]) 12. Dez. 1792 bittet die Zent Kirchbrombach, daß sie, da die Zentwaldfrevel nach jüngster Verordnung der Regierungen im Beisein des Justiz- und Forstamtes abgestraft werden sollen, bei dem Herkommen belassen würden, weil der Zent damit eine alte Gerechtsame entzogen werde, indem bisher jene Rüge stets von Zentgerichtswegen abgehalten w. sei. F.: Breub. Forstsachen.

[2]) vgl. die Haingerichtsordn. art. 1 in Erb. Ldr. 122.

[3]) Die Höchster Zentwaldung stand bis zur Teilung 1791 f. unter der Verwaltung des Zentschultheißen und Gerichtes, welche alle Einnahmen und Ausgaben verrechneten; die Frevler, welche in diesem Wald durch bestellte Schützen angebracht, wurden vom Zentschultheiß u. Gericht abgerügt und die Rüggelder in der Zentrechnung verrechnet. Als die Herrschaft in den 90er Jahren des 18. Jahrh. 3/4 dieser Waldrügegelder beanspruchte mit Berufung auf eine eidliche Aussage des Zentgrafen und mehrerer Schöffen v. J. 1593, beanspruchte die Zent auf Grund alten Herkommens im Bezuge der gesamten Frevel aus ihrem Zentwalde gelassen zu werden. F. Breub. Forstsachen. d. a. 1792, 1796. — 1593 Juli 24 beschloß das Zentgericht Kirchbromb. einhellig, um besserer Aufsicht wegen in den Centhwalden, einen Förster zu ziehen; von den in den Centhwälden fallenden Rugen sollte der Centgraff oder Centhschultz ein Teil haben, das andere Teil das Gericht, das dritte Teil der Förster. Acta betr. Beschwerden der Cent Kirchbr. d. a. 1712.

der Dorfschaften. Außerdem gab es Markförster[1]) und Schützen im Dienste der Zent, und überhaupt verlieh die Mark und ihre Verwaltung, welche dem Zentschultheißen und Gericht oblag, der Holzverkauf, das jährlich den Zentverwandten zukommende Los- oder Weihnachtsholz usw. der Zentverfassung eine festere Grundlage und einen engeren Zusammenhang.

Zum Schlusse sei noch auf den interterritorialen Charakter der Zent hingewiesen.

Indem der Zentverband in Franken im allgemeinen erhalten blieb, indem ferner die Zent mit den übrigen Hoheitsrechten und Regalien, soweit sie sich über unmittelbare Vogteien erstreckte, gemäß der Theorie von den ungeschlossenen Territorien als bloße Staatsrechtsdienstbarkeit über fremdes Gebiet, nicht aber als Ausfluß der Landeshoheit des Zentherrn betrachtet wurde, ist auch die Zent als Organisation nicht als einheitlich-landesherrliche, sondern als interterritoriale Institution aufzufassen. Und je nach der häufig sehr verschiedenen Kompetenzverteilung zwischen den Vogteiherren innerhalb einer Zent und dem Zentherrn waren auch die Funktionen der Zent als einer Organisation gegenüber solchen Vogteidistrikten mehr oder weniger weitgehend und umfassend; während die Zent gegenüber vielen Vogteien sich lediglich auf die Mitwirkung bei Ausübung der auf die vier hohen Rügen eingeschränkten peinlichen Gerichtsbarkeit beschränkte, die Insassen dieser Vogteien zu den Zentkosten nicht oder nur in beschränktem Umfange beisteuerten, ist gegenüber anderen Vogteien die Zent zur Ausübung einer weitergehenden Strafgerichtsbarkeit berufen, umfaßt sie dieselben auch als organisatorische Einheit auf dem

[1]) In der Z. Höchst wurden die 3 Markförster (2 aus dem Gericht, 1 aus dem Umstand oder der Gemeine) vom Centhschultheißen mit Vorwissen des Gerichtes auf je 3 Jahre bestellt, nach deren Ablauf sie über ihre Amtstätigkeit Rechnung abzulegen hatten; es oblag ihnen die Aufsicht über den Zentwald, die Einnahme und Beitreibung der Gelder für verkauftes Holz und die Aushändigung desselben an die Berechtigten (daher auch Holzgeber gen.). F.: Höchst, Justific. appellationis der Z. Höchst ca. die Gemeinde Neustadt pcto der von letzterer zu unrecht prätendierten Mitmärkerschaft zum 3. Teile am Zentwalde v. 11. Mai 1739.

Gebiete der Milizverfassung und der Landespolizei wie als weiterer Kommunalverband, sind die Insassen dieser Vogteien mehr oder weniger auch zur Leistung der Zentabgaben, der Zentfronen, der Zentkosten verbunden, ist den Zentorganen eine direkte oder nur indirekte Einwirkung auf das fremdvogteiliche Zentgebiet gestattet. Während hier der Vogteiherr seine jeweilige Kompetenz durch seine eigenen Organe (Amtmann, Schaffner, Schultheiß, Vogteigericht) ausüben läßt, sind in dem nicht fremdvogteilichen Teile des Zentbezirkes die Funktionen der Zent, die hier als landesherrliche Organisation erscheint, meist einheitlich und im Verhältnisse zu den fremden Vogteien viel weitergehend erhalten geblieben, — soweit sie nicht durch die landesherrliche Behördenorganisation absorbiert wurden.

II. DIE ORGANISATION DER ZENT.

Organe der Zent waren der Zentgraf oder Zentschultheiß, die Zentschöffen, der Zentbüttel und das Zentgericht. Ihre Funktionen sollen hier im einzelnen dargestellt werden.

1. Der Zentgraf oder Zentschultheiß. Wurde die Natur des Zentgrafenamtes im allgemeinen bereits im vorigen Abschnitte geschildert, so sind hier seine Funktionen im einzelnen zu betrachten.

Besaß regelmäßig jede Zent ihren besonderen Zentgrafen[1]), so bekleidete dieser häufig noch ein anderes Amt[2]), und wurde

---

[1]) Dagegen gab es 1657 für die vier breuberg. Zenten zusammen nur einen Zentgrafen, der sich manchen Übergriff hinsichtlich der Zentmarken zuschulden kommen ließ. — Andrerseits war in der Z. Kirchbromb., seitdem sie im 15. Jahrh. zu dreiviertel wertheimisch, später löwensteinisch zu einviertel erbachisch geworden war, von seiten jedes der beiden Mitherren ein besonderer Zentschultheiß bestellt; beide besorgten im 18. Jahrh. die Geschäfte gemeinschaftlich und teilten sich in die dem Zentschultheißen ausgeworfene Besoldung; erst seit 1807 gab es auf Grund Vereinbarung nur noch einen gemeinschaftlichen Zentschultheißen in dieser Zent. (Bericht vom 10. Aug. 1810.)

[2]) z. B. das Amt eines Kammerassessors, Rentmeisters, Stadtschultheißen.

auch die Stelle meist einem Kanzlisten übertragen, so finden sich andrerseits nicht selten Gemeindsleute als Zentschultheißen, welche ihr bürgerliches Gewerbe als Wirt, Handwerker, Bauer daneben weiter betrieben und bisweilen schreibensunkundig waren.

Im allgemeinen war der Zentgraf dem Amte unterstellt, zu welchem die Zent gehörte, in einzelnen Zenten in gewissem Umfange unmittelbar der Regierung in ihrer Eigenschaft als oberster Polizeibehörde. War der Zentgraf auch hinsichtlich seiner „polizeilichen" Funktionen nicht viel mehr als ein Exekutivorgan des Amtes, so besaß er doch im übrigen immerhin noch in gewissem Umfange einen selbständigen Wirkungskreis, in dessen Grenzen das Amt nur Aufsichtsbehörde war. Doch drohte der Zentgraf besonders in der zweiten Hälfte des 18. Jahrhunderts immer mehr ein bloßer Polizeikommissarius oder besserer Amtsbüttel zu werden. Dem Sinken seiner sozialen Stellung entsprach der Verlust des privilegierten Gerichtsstandes und seine Unterstellung unter das Amt als das Gericht erster Instanz[1]).

Der Zentgraf hatte zunächst die Rechte des Zentherrn zu wahren, innerhalb seiner Kompetenz zu handhaben und sich in allen vorfallenden Nöten der Zentuntertanen anzunehmen. Eingriffe in die zentherrlichen Gerechtsame hatte er ev. mit Hilfe der aufgebotenen Zentmannschaft abzuwehren. Deshalb war er Chef der Zentmannschaft, hatte dafür zu sorgen, daß jeder Zentmann mit tüchtigem Ober- und Untergewehr versehen war, er hatte sie wie zur Abwehr von Angriffen, so auch zur Festnahme von Verbrechern aufzubieten, an den Zentgerichtstagen zu mustern und in den Waffen zu üben.

Als Vorsitzender des Zentgerichtes, allerdings „neben" dem Amtmann, übte er ein gewisses Aufsichtsrecht über die Schöffen und den Umstand, über dessen Vollzähligkeit er sich durch Ablesen zu vergewissern hatte; neue Schöffen und Untertanen hatte er zu beeiden; letztere gelobten sowohl ihm durch Berührung seines Stabes wie dem Amtmanne oder Regierungs-

[1]) vgl. hierzu Acta betr. die Unterstellung des Centgrafen H. unter das Jurisdiktionalamt d. a. 1782 in F. Erb. Amt. Cent.

kommissar durch Handschlag an. Er hatte das Gericht zu hegen, wobei er das Vorliegen der vorgeschriebenen Voraussetzungen der Hegung: richtige Besetzung, Tageszeit, Verkündigung des Gerichtes durch die Schöffen ausdrücklich konstatieren lassen mußte[1]). Er „leitete" — unter „Direktion" des Amtmannes — die Gerichtsverhandlung und „publizierte"[2]) das durch die Schöffen gefundene Urteil.

In peinlichen Prozessen hatte er die Festnahme zu bewirken, bei der Untersuchung durch den Amtmann mitzuwirken und als Aktuarius das Protokoll zu führen. Das von der Regierung gefällte Todesurteil hatte er, wenigstens noch in der ersten Hälfte des 18. Jahrhunderts, drei Tage vor der Exekution mit zwei Schöffen dem Verurteilten zu eröffnen, sodann am Exekutionstage in dem von ihm gehegten Zent- und Halsgericht zu publizieren, den Verurteilten dem Scharfrichter, der dieses Amt mit der Wasenmeisterei für die ganze Grafschaft in Erbbestand besaß, zu übergeben, diesem den Frieden wirkend, ihn zur Richtstatt zu geleiten und die Exekution zu überwachen. Bei sonstigen peinlichen Urteilen, die auf Rutenausstreichen, an den Pranger stellen, auf Landesverweisung lauteten, wurde nicht mehr das ganze Zentgericht zusammen gefordert, sondern das Urteil im Beisein einiger Schöffen im Zenthause publiziert.

Ihm oblag die Aufsicht über Maß und Gewicht jeder Art; er hatte dafür zu sorgen, daß das in der Zent herkömmliche Maß und Gewicht nicht durch ausländisches verdrängt, und das einheimische richtig angewendet werde, worüber er sich persönlich, in den Städten unter Zuziehung des Stadtschultheißen, der verpflichteten Brotwieger und Fleischschätzer, durch Visitationen bei den Bäckern, Krämern, Metzgern, Bier- und Weinwirten zu überzeugen hatte; ferner daß nur gutes Fleisch, und dieses, wie auch der Wein und das Bier, zu billigem Preise verkauft werde; wichtigere Veränderungen der öffentlich auszuhängenden Fleischverkaufstaxe bedurften der Genehmigung durch die Regierung. Sodann war ihm die jährliche Besichtigung

[1]) Gemäß Tit. 6 der Zentgerichtsordn. von 1572, in Erb. Ldr. 82.

[2]) vgl. H. Knapp, Zenten des Hochstiftes Würzburg II, 192 f.

der Gebäude im Interesse der Feuerpolizei, die Visitation der Mühlen, die Wirtshauspolizei und die Sorge für die Nachtruhe, die Abhaltung von Streifzügen auf Gesindel und von Wolfsjagden übertragen.

Weiterhin werden als Obliegenheiten des Zentgrafen genannt die Jahrmarktspolizei, die Sorge für die erforderlichen Veranstaltungen gegen Feuer- und Wassersgefahr, gegen Seuchen an Menschen und Vieh, Handhabung des Verbotes des Schießens, Erhaltung der Ordnung in der Kirche, überhaupt „allgemeine Aufsicht und Handhabung der Polizei und der dieserhalb ergehenden Verordnungen", jedoch nicht prinzipaliter, sondern unter Aufsicht und Direktion des Amtes, dessen Befehlen er in dieser Hinsicht unterstellt war [1]).

Sodann war ihm die Sorge für die Instanderhaltung und Anlegung der Zentwege, von Brücken und Chausseen, des Zenthauses, des Hochgerichtes übertragen.

Wir finden den Zentgrafen ferner damit betraut, neben einem besonders hierfür ernannten Kommissar für eine gerechte Verteilung der aus Anlaß von Durchmärschen und Einquartierungen von Truppen entstandenen Lasten innerhalb der einzelnen Zentortschaften zu sorgen.

Er war verpflichtet, alle strafbaren Handlungen, welche aus eigener Wahrnehmung oder durch Anzeige von Schöffen oder Untertanen zu seiner Kenntnis gelangt waren, zu protokollieren und dem Amte zur weiteren Untersuchung und Bestrafung anzuzeigen, auch in dem Falle, daß sich die Parteien untereinander verglichen hätten.

Auch die Insinuation und Bekanntmachung der herrschaftlichen und behördlichen Dekrete und Verordnungen war Sache des Zentgrafen.

Ihm oblag ferner die Aufsicht über das Gefängniswesen, die Ausschreibung und Visitation der Zentwacht, die Aufsicht über die Verpflegung der Inquisiten und die Instanderhaltung des Zentturmes oder sonstigen Zentgefängnisses, die angemessene Beschäftigung der zu Schanzarbeiten Verurteilten mit Wegebauarbeiten.

---

[1]) F. Reichenb. Amt. Zent. Instrukt. d. a. 1743 f.

Wo er Vorstand des Viergerichtes war[1]), hatte er den Steinsetzungen beizuwohnen und die Steinsetzer zu beaufsichtigen; wenn durch deren Vermittlung ein gütlicher Vergleich nicht zustande kam, hatte er die streitigen Parteien ans Amt zu verweisen, ferner über die Verrichtungen der Steinsetzer Protokoll zu führen, und in Güterstreitigkeiten Augenschein einzunehmen.

Endlich gehörte zu seinen Obliegenheiten die Berechnung und Festsetzung der Zentkosten, deren Repartition, die Verwaltung und Verrechnung der eingenommenen Zentgelder, ferner die Erhebung der jährlichen Zentabgaben. Er schließt im Namen der Zent Verträge und vertritt sie vor Gericht, er führt die Zentkasse und verrechnet alle Einnahmen und Ausgaben.

Außer den bisher genannten Funktionen oblag den Zentschultheißen in der Herrschaft Breuberg auch die Handhabung der freiwilligen Gerichtsbarkeit: sie hatten die Inventuren, Teilungen, Versteigerungen vorzunehmen, Hypotheken, Kaufbriefe, Ehepakten, Obligationen auszufertigen u. drgl., Todesfälle zum Zwecke der Theidigung des Besthauptes anzuzeigen und sonstige in der Grafschaft den Ortsschultheißen obliegende Verrichtungen auszuüben. Der Grund lag darin, daß Ortsschultheißen in der Herrschaft Breuberg nur vereinzelt vorhanden waren.

Als Besoldung erhielt z. B. ein Zentgraf der Zent Erbach zu Ausgang des 18. Jahrhunderts 150 fl., 5 Malter Korn, 2 M. Heydekorn; den Zenthaber mit Ausnahme eines Dorfes, den Forsthaber zu Würzberg; die Freiheit von 60 fl. Schatzungskapital; ferner Holz, einige Grundstücke zur Nutzung, endlich zahlreiche Akzidentien und Sporteln für seine einzelnen Dienstverrichtungen auf Kosten der Zent und von Privatpersonen. In andern Zenten verhielt es sich in der Hauptsache ähnlich, doch fehlte nicht selten, insbesondere in der Herrschaft Breuberg, die feste Geldbesoldung.

---

[1]) z. B. in den Zenten Erb. u. Michelst. — Die Kontrole der Zent- und Landesgrenzsteine oblag dem Viergericht des Zenthauptortes, nicht dem jeweiligen Ortsviergerichte; Graf Franz S. 138.

2. Unter und neben dem Zentgrafen standen die Zentschöffen, 8 bis 14 an der Zahl[1]). Sie waren möglichst auf die einzelnen Zentortschaften verteilt und hießen hier bisweilen im Gegensatze zu dem Vogteischultheißen Zentschultheiß.

Die Neubesetzung von durch Tod oder Entsetzung des Inhabers durch die Herrschaft vakant gewordenen Schöffenstellen erfolgte in der Art, daß die übrigen Schöffen nach Aufforderung durch das Amt für jeden fehlenden drei Männer acht Tage vor Abhaltung des Zent- und Landgerichtes schriftlich in Vorschlag zu bringen hatten; über die Tauglichkeit derselben hatte sich der Zentgraf gegenüber dem Amte, dieses gegenüber der Regierung gutachtlich zu äußern; dabei war Unbescholtenheit erforderlich, aber auch genügend, während ehemals auf besondere Tüchtigkeit größerer Wert gelegt werden mußte, als die Besetzung der Gerichte mit Schöffen noch nicht zur bloßen Formalität geworden war. Der von der Regierung Ausersehene wurde bei der Hegung des Zent- und Landgerichtes nach Verneinung der Frage des Zentgrafen nach der ordentlichen Besetzung des Gerichtes vom Amtmanne „gewählt" und aus dem Umstande herausgerufen, vom Zentgrafen vereidigt und den übrigen Schöffen beigesetzt. Erschien von den Vorgeschlagenen keiner geeignet, so wurde die Wahl, erforderlichenfalls zweimal, wiederholt, bei Erfolglosigkeit der dritten Wahl einer von Herrschaftswegen bestellt. Die Übernahme des Schöffenamtes war eine Pflicht, der man sich nicht immer gern unterzog, besonders wenn die Emolumenta nur geringfügig waren[2]). Als Verpflichtungsgebühren hatten die neu angenommenen Zentschöffen 2 fl. halb an die Regierung, halb an den Zentgrafen, ferner 2 fl. 30 Kr. als Stuhlgeld, das dem Gerichte gebührte, zu zahlen[3]).

---

[1]) Gerichtsstab Neustadt, Zent Reichels.: 12, Z. Höchst 11, Z. Lützelb. u. Erbach: 10, Z. Kirchbromb.: 14. Z. Eschau im 17. Jahrh. vor der Vereinigung mit dem Land- oder Untergericht: 8 Zent- u. 12 Landsch., später 12 Zent- und Landschöffen, ebenso zählte die Z. Oberkeinsb. im 18. Jahrh. 12 Zent- und Landgerichtsschöffen. — Für die Grafsch. waren als Höchstzahl im 16. Jahrh. 14, später 12 festgesetzt worden. Erb. Ldr. 78.

[2]) Z. Eschau, Bericht v. 1789.

[3]) Z. Erbach, 1787.

Im Zentgericht fällten sie als Urteilskollegium nach Stimmenmehrheit das Urteil, sie hatten in Kriminalsachen das peinliche Gericht als Urkundspersonen mitzubesetzen, das Eichen von Maß und Gewicht vorzunehmen und Maß, Ellen und Gewicht vierteljährlich zu visitieren, eine Pflicht, die in der Zent Reichelsheim jährlich auf zwei andre Schöffen überging, sie hatten den Bäckern das Brot nachzuwiegen und bei den Metzgern die Fleischpreise zu beaufsichtigen, alle Zentfälle auf die Zent zu schreiben und bei Gericht nochmals zu rügen. Sie hatten die Wachen auf das Schloß zu bestellen, auf Befehl des Zentgrafen das Zentvolk mit Ober- und Untergewehr an Ort und Stelle zu gebieten, den Streifzügen beizuwohnen, den Zentausschlag vom einzelnen Pflichtigen zu erheben und an den Zentgrafen abzuliefern, überhaupt dessen Befehle auszuführen. Endlich hatten sie als „Repräsentanten der Zent" die Zentkostenrechnung zu prüfen und zu genehmigen.

Dafür erfreuten sie sich der Personalfronfreiheit, eines Anteiles an den Strafgeldern, bisweilen auch der Schatzungsfreiheit von 30 fl. Kapital, sie bezogen Sessionsgebühren und sonstige kleinere Sporteln. Zum Zeichen ihrer Würde trugen sie schwarze Mäntel.

In der Herrschaft Breuberg hatten sie außerdem die Gütertaxationen zu fertigen, und in Ortschaften, wo keine Schulzen angestellt waren, die Polizeiaufsicht. Außer der Personalfronfreiheit und herkömmlichen Tagegeldern bezogen sie einige wenige Akzidentien, z. B. bei Gütertaxationen[1]).

3. Die wichtigste Funktion des Zentknechtes (Amts- und Zentknecht, Zentbüttel, Zentdiener) war die Besorgung der Ladungen vor das Amt. Sodann hatte er die Inquisiten in das Gefängnis zu sperren und dort zu versehen, des Landes Verwiesene an die Grenze zu schaffen, und wurde zu Fronbestellungen, Botendiensten und allen möglichen Verrichtungen untergeordneter Art verwendet. Er wurde von der Herrschaft ernannt und mit etwas Geld und Naturalien, von der Zent mit freier Wohnung

[1]) Bericht des gemeinschaftl. Amtes Breuberg an die Großherzogl. Regierung zu Darmstadt von 10. Aug. 1810. F. Kirchbrombach I.

und von jedem Zentmann mit einigen Kreuzern und einem kleinen Quantum Frucht (Zentbüttelhafer) besoldet; außerdem bezog er geringfügige Sporteln [1]).

4. Von verhältnismäßig geringer Bedeutung waren im 18. Jahrhundert die Zentgerichte.

Die zweitinstanzliche Zivilgerichtsbarkeit des Zentgerichtes [2]) war auf die Regierung oder Justizkanzlei übergegangen. Ebenso hatte es jede materielle Bedeutung im peinlichen Verfahren eingebüßt; zwar wurden Zentgraf und Schöffen im peinlichen Prozeß vor Amtmann und Justizkanzlei als Protokollführer und Urkundspersonen zugezogen, und das von der letzteren gefällte Urteil wurde im gebotenen feierlich nach altem Herkommen gehegten Zent- und Halsgerichte vom Zentgrafen publiziert, dem armen Sünder sein Verbrechen nochmals von Punkt zu Punkt vorgehalten, und seine Antwort zu Protokoll genommen [3]); doch war dies eine in der zweiten Hälfte des 18. Jahrhunderts vollends abkommende leere Förmlichkeit. Die Kompetenz der Zent- und Landgerichte beschränkte sich daher auf die wenigstens formell festgehaltene zweitinstanzliche Gerichtsbarkeit in den vor den Untergerichten verhandelten Strafsachen [4]) und außerdem auf eine erstinstanzliche Strafgerichtsbarkeit, beschränkt einerseits auf bestimmte, in den sog. Zentartikeln aufgeführte und

---

[1]) So in der Z. Reichelsh. (Heyl, S. L. B. Reichenb.)

[2]) Statuta der Herrschaft Erpach v. J. 1520 Art. VII § 4 in Erb. Ldr. 69 u. 88. Bei Heyl, S. L. B. Reichenb. p. 186 f. 2 Bsple. aus d. J. 1553 (im Beisein von 2 Amtleuten wird durch 2 der ältesten Zentschöffen in 2 auf die Zent verwiesenen und von dieser angenommenen Zivilsachen erkannt).

[3]) vgl. bes. das sub n. 1. zit. Saal- u. Lagerbuch.

[4]) Grundsätzlich auch gegenüber fremdvogteilichen Untergerichten. Doch wurde diese Befugnis dem Zentherrn meist bestritten oder doch nur beschränkt zugestanden; so war den adeligen Vogteiherren in der Z. Reichelsh. „zugelassen, zwischen den rechthängigen Hintersassen ihrer Untergerichte in der Güte nach gesprochenem Untergerichtsurteil zu handeln u. zu vertragen, wo aber die Gültigkeit bei einem oder anderm Teil nicht statthaben würde, alsdann soll der Appellation ihr freier Lauf gelassen u. keiner davon abgehalten werden". — Über die von seiten Hessen-Darmstadts beanspruchte „Oberhof"-Natur der Zent auch in Zivilstreitigken vgl. auch die oben S. 26 zit. Litt. — Heyl, S. L. B.

bei jedem Zent- und Landgericht verlesene Delikte, meist 12 an der Zahl[1]), andrerseits auf Zivilbestrafung dieser „niederen Zentfrevel" an Geld[2]). Höher zu bestrafende Delikte dieser Art und alle anderen Zentlaster, d. h. peinlich zu bestrafende Verbrechen, waren, wenn sie durch Rüge beim Zent- und Landgericht (daher bisweilen Rugzent) angebracht wurden, von diesem

[1]) Die 12 Zentartikel der Zent Reichelsheim nach der Zent- und Gerichtsordnung von 1549 lauteten: Ob Jemandt Gotteslästerungen und große Schwühr gethan, gesehen oder gehört hätte; ob Jemandt Mord oder heulendt Geschrey gehöret oder dabey gewesen wäre; ob Jemandt Dieb oder Diebstähle wiße; falsche Frucht Maaße Wein oder Ellenmaß oder sonsten unrecht Gewicht gegeben hätte; Marcksteine ausgeraufft oder verrückt hätte: mit ehrenrührigen und hohen Scheltworten angetast oder verletzt worden wäre; gebührliche Wege, Stege oder die Landstraße nit gemacht oder gehalten hätte; Frevel oder Gewalt geübt hätte; sonsten einen anderen geschlagen, geworfen oder verwundet hätte; ob jemandt an diese Centh gebotten, er aber ungehorsam außen blieben und nit erschienen wäre; an den gesetzten Heerhägen große oder kleine Lücken durch, oder zu Schaden gehauen oder sonst ungebührlich oder ungewöhnliche Weege dardurch gemacht hätte; Item da Feindschaft oder Feuersnot vorhanden gewesen, & jemandt denselben wissentlich nit zugeeilet hätte? Heyl, S. L. B. Reichenb. Bl. 196 f. Auch Simon 69. Weitere auf die Zentmark bezügl. Zentfrevel und Zentartikel z. B. in der Zent Höchst.

[2]) Soweit sich sehen ließ, im Höchstbetrage von 10—12 lb. Heller = 5—6 fl. Nach Statuta der Herrsch. Erpach v. 1520 Art. I (im Erb. Ldr. 52) betrug die höchste Buße 30 lb. Aus dem 16. Jahrh. stammende Bestimmung bei Heyl, S. L. B. Reichenb.: „IX: Wann einer auf der Cent u. Landtberg gerügt u. fürbracht wird, es sei durch Schlägerei, Scheltwort oder welcherlei es sei, so auf die Cent gehörig, erkennt ihm der Schöpf 10 lb. Heller m. gnäd. Herrsch., u. soviel er m. gnäd. H. gibt, muß er den Centschöffen halb soviel geben, u. an demselbigen halben Teil hat das Landt- u. Centvolk das dritte Teil. X. Wann einer auf der Cent gerügt oder für kaum, u. von den Centschöffen m. gn. Herrsch. in ihr gebühr. Straf erkannt wird, hätten Ihro Gn. denselbig nach ihrer Gn. Gelegenheit zu strafen an Leib oder Gut, wo er dann an dem Gut gestraft wird, hätten die Centschöffen an demselbigen kein Teil". — Versäumnis des Erscheinens bei Gericht, von Zentfronen usw. wird mit 1 lb. = $^1/_2$ fl. = 15 alb. bestraft: Centbuch d. Cent Erbach 1701 f. (Bürgermeisterei Erbach i. O.) — Von einer weiteren Strafbefugnis (nach Simon 69 Einsperren ins Ortsgefängnis, Turmstrafe) ließ sich für das 18. Jahrh. nach den Protok. kein Beispiel finden.

der Herrschaft heimzuweisen[1]); im übrigen wurden sie ex officio vom Amte und der Regierung untersucht und bestraft[2]), doch unter Zuziehung von einigen Schöffen als Urkundspersonen zu den Examinationen und sonstigen Sessionen; daß der Zentgraf hier wie bei allen anderen Untersuchungshandlungen des Amtmannes oder einer besonderen Regierungsdeputation zur Mitwirkung, in der Hauptsache nur als Aktuarius, berufen war, wurde bereits hervorgehoben.

Die nach der Zentgerichtsordnung von 1572 jährlich zweimal[3]), nach einer späteren Verordnung alle drei Jahre wenigstens einmal (als Rugzent) abzuhaltenden Zent- und Landgerichte wurden im 18. Jahrhundert nur sehr unregelmäßig und in längeren, nicht selten 5 bis 10, auch mehrjährigen Intervallen, in der Zent Höchst dagegen jährlich[4]), in den andern breubergischen Zenten alle zwei Jahre[5]), zum letztenmale in der Zent Eschau 1774, Erbach 1787, Reichelsheim 1803, vor und im Zent- oder Rathause gehegt. Es wurde vom Amtmanne[6]), in Gegenwart eines Regierungskommissars, sehr häufig des Kanzleidirektors selbst, „neben" dem Zentgrafen und nur, wenn die Regierung es für zweckmäßig hielt, abgehalten; dies war

---

[1]) vgl. bes. Erb. Ldr. 84 n.

[2]) Ganz ähnlich war die Strafkompetenz der Zentgerichte in der Grafschaft Wertheim im 16. Jahrh. Vgl. Pütter, Auserles. Rechtsfälle II 1 (1771) S. 94.

[3]) Erb. Ldr. 85.

[4]) LTA XI (Bericht d. a. 1733).

[5]) F. Breub. Centgrafen. Bericht v. 1752.

[6]) Seine Tätigkeit bestand in der Vorbereitung des Gerichtes, insbesondere Begutachtung der zu Schöffen Vorgeschlagenen, Wahl derselben bei Gericht durch Hervorrufung aus dem Umstand u. Anheftung eines Straußes an ihren Rock, Entgegennahme des Handgelöbnisses der neuen Zentmänner und der Beisassen, wo diese nicht zu den Zentmännern gehörten (z. B. Z. Reichelsh.), allgem. Aufsicht, bes. über die Nüchternheit der Schöffen (vgl. Erb. Ldr. 78 n. b. a. E.) und Direktion (1783 Reichelsh.) des Gerichtes, er eröffnet und schließt dasselbe. Sein Platz war rechts neben d. Zentgr. — Der Regierungskommissar führte die Aufsicht und hielt nicht selten eine Rede über die Bedeutung des Zentgerichtes an den Umstand.

der Fall, wenn sich eine genügende Zahl von Strafsachen angesammelt hatte, wenn die Besetzung vakant gewordener Schöffenstellen, die Verpflichtung neuer Zentuntertanen und Beisassen notwendig schien; außerdem waren Waffenübungen der Zentmannschaft, die bei Gericht den Umstand zu bilden und die Rügen vorzubringen hatte, sowie die Verlesung und Einschärfung von Verordnungen der hauptsächlichste Zweck der Abhaltung des Gerichts. Zur Vorbereitung des Gerichtes gehörte insbesondere die Vornahme einer allgemeinen Eichung und Visitation von Maß und Gewicht durch den Zentgrafen und die Schöffen.

Bei Aburteilung[1] der vorgebrachten Rügen entschied Stimmenmehrheit. Gegen das Urteil fand kein Rechtsmittel statt, doch konnte die Zentherrschaft eine Geldstrafe für den Fall der Unbeibringlichkeit in Gefängnis verwandeln; ein Nachlaß der von den Schöffen gewiesenen Buße war nicht zulässig[2].

Von den durch das Zent- und Landgericht verhängten Strafgeldern bezog die Zentherrschaft bald $3/4$[3], bald $2/3$[4], bald $1/2$[5]. Den Rest erhielten entweder die Zentschöffen[3], oder die Zentkasse[6]. Außerdem mußten vom Verurteilten in der Zent Eschau noch von jedem lb Heller, zu dem er verurteilt war, 10 Kr. Theidigungsgebühr, halb dem Regierungsdeputatus, halb dem Amtmanne gezahlt werden[7].

Weil bei der immer selteneren Abhaltung der Zentgerichte

---

[1]) Sie nahm bisweilen mehrere Tage in Anspruch, z. B. Centger. Reichelsh. 1784.

[2]) vgl. außer den Zentgerichtsprotokollen bes. Acta betr. die Aufhebung der Zentgerichte v. J. 1811 in F. Reichenb. Amt. Cent (Bericht v. J. 1811 an die großh. hess. Regierung in Darmst.) und Zentgerichtsordn. in Erb. Ldr. 84f.

[3]) z. B. Zent Höchst. Im J. 1413 : $1/2$.

[4]) z. B. Z. Reichelsheim.

[5]) z. B. Z. Eschau, Erbach; die Zent Michelst. hatte sich in den 1670er Jahren in den Bezug von $2/3$ statt $1/3$ der Strafgelder gesetzt u. bezog sie trotz Widerspruches noch in der 1. Hälfte des 18. Jahrh. LTA I d. a. 1718.

[6]) z. B. Z. Erbach, Eschau, Reichelsh. 2. Hälfte 18. Jahrh.

[7]) F. Wildenst. Amt. Cent (Bericht d. a. 1811).

die Bestrafung der nach den Zentartikeln zu ihrer Zuständigkeit gehörigen Frevel ohne Nachteil nicht aufgeschoben werden konnte, bildete sich die Gewohnheit, daß Delikte dieser Art bei Amte, jedoch in Gegenwart des Zentgrafen und von zwei, bisweilen vier Zentschöffen untersucht und bestraft wurden. Wenngleich nach der Zent- und Landesordnung von 1572 dem Zentgerichte nur von den wirklich beim Zentgericht angesetzten Strafgeldern der dritte oder halbe Teil gebührte, so waren die Ämter doch angewiesen, auch von den neben den gewöhnlichen Zentgerichten abgestraften Zentfällen den dritten bzw. halben Teil der Strafgelder an die Zent zu verweisen; allerdings sollten sie nicht mehr wie bisher in den Beutel der Zentschöffen zu Zechereien usw. fließen, sondern zum Besten der ganzen Zent in die Zentrechnung eingestellt werden, weil bei amtlicher Untersuchung solcher Zentfälle auch die Gebühren von Zentgraf und Schöffen aus der Zentkasse zu bestreiten waren, soweit sie nicht von den Parteien erlangt werden konnten [1]).

Daß sich an die Abhaltung des Zentgerichtes, nicht weniger wie an die der Vogtei-, Land- oder Untergerichte und der Haingerichte, eine Gerichtsmahlzeit [2]) anschloß, ergibt sich z. B. aus der Beschwerde sämtlicher Zentschöffen der Zent Erbach über die Unzulänglichkeit der Zentstrafen zur Bestreitung der hierzu aufzuwendenden Kosten (1681): während die Land- und Untergerichtsschöffen von ihren Währschaftsgebühren und sonstigen Akzidentien die nötigen Mahlzeiten am Gericht vollauf bestreiten, oft auch noch einen Überschuß behalten könnten, müßten die Zentschöffen, welche auf die oft geringfügigen Strafgelder beschränkt wären, nicht selten die herrschaftlichen Bedienten und sich selbst aus ihrem eigenen Beutel traktieren, was dem Ansehen der Zentschöffen keineswegs förderlich sei; ihrer Bitte wurde entsprochen durch die Verordnung, daß die Zent- und die Landgerichtsschöffen brüderlich leben und sich vereinigen,

[1]) vgl. Entscheidung der grfl. erb.-erb. Regierung v. 4. Mai 1786 für die Zent Reichelsheim in F. Reichenberg, Amt, Cent I. Ebenso in den Zenten Erbach und Eschau.

[2]) Über deren Bedeutung vgl. H. Knapp, Würzburg. Zenten II 755f.

und die letzteren den Überschuß des Landgerichtstages[1]) den Zentschöffen zugute kommen lassen sollten[2]).

III. DIE IN DER ZENT BEGRÜNDETEN WIRTSCHAFTLICHEN LASTEN.

Die Zentuntertanen der erbachischen und breubergischen Zenten trafen zunächst gewisse Rekognitionspflichten. Ferner waren sie dem Zentherrn wehr- und gerichtspflichtig, und sodann hatten sie die Zentabgaben, die Zentfronen und die Zentausschläge zu leisten.

Die in recognitionem centenae zu erfüllenden Obliegenheiten bestanden in der Ableistung des Zenteides oder der sog. Zentpflicht und der Lieferung des Zenthafers.

Jeder Zentuntertan mußte, sobald er bei dem Unter- oder Vogteigericht die Erbhuldigung geleistet hatte[3]), beim nächsten Zent- und Landgericht „zur Zent schwören", durch Berührung des Stabes des Zentgrafen und durch Handgelöbnis gegenüber dem Amtmanne oder dem Regierungskommissar. Im Zentverwandteneide[4]) gelobte der Zentmann die gewissenhafte Erfüllung der ihm als solchem obliegenden Pflichten. Für seine Verpflichtung mußte jeder eine bestimmte Gebühr entrichten[5]). Von jenem Zeitpunkte an, jedoch nicht vor Begründung eines eigenen Haushaltes, falls der Untertan schon mit 17 Jahren den Eid

[1]) Land- und Centgericht wurden hier und sonst meist an zwei aufeinanderfolgenden Tagen abgehalten.

[2]) Ebenso vgl. Acta, die Beschw. sämtl. Centschöffen Amts Freienstein über die Unzulänglichkeit der Centstrafen zur Bestreitung der aufzuwendenden Kosten betr. d. a. 1681. 1715. F. Freienst. Amt. Cent I.

[3]) Als andere Zeitpunkte für die Ableistung dieser sog. Zentpflicht werden vereinzelt erwähnt: Verehelichung, Begründung eines selbständigen Haushaltes, Erreichung des 17. Lebensjahres, Erwerb des Bürger- bzw. Beisassenrechtes.

[4]) vgl. Erb. Ldr. 94.

[5]) Beim Zentgericht zu Erbach 1787 hatte als Verpflichtungsgebühr jeder neue Zentuntertan (Bürger, Bauer, Beisaß) an Kanzleitaxe 15 Kr., dem Amtmann 15 Kr., dem Zentgrafen 10 Kr., zus. 40 Kr. zu bezahlen (1755 zahlten Beisassen nur 20 Kr.). Andrerseits erhielt er von seiten der Herrschaft 1 Maas Wein und für 2 Kr. Brot.

abgelegt hatte, wurde er nunmehr zur Erfüllung aller Zentpflichten herangezogen[1]).

Wo Beisassen nicht zu Zentmännern angenommen wurden, mußten sie gleichwohl, nach der Verpflichtung der neuen Untertanen aus dem Umstande herausgerufen, nach Erklärung ihrer Pflichten dem Amtmanne Handtreue an Eidesstatt geben[2]).

Die jährlich an Martini fällige Rekognitionsabgabe war der in einem kleinen Quantum[3]) Hafer bestehende Zent- oder Rauchhafer, auch Zentgrafen- oder Zentbüttelhafer genannt, da er regelmäßig diesen Beamten seitens der Herrschaft in partem salarii überlassen war und von ihnen eingezogen wurde. Im allgemeinen mußte den Hafer, auch wer selbst keinen baute[4]), in natura leisten. Pflichtig war jeder Zentmann, der „eigen Feuer oder Rauchfang“ hatte; befreit waren Schloßsoldaten, Gemeindehirten, Zentschöffen[5]), häufig auch die Auszugsmänner[6]), in der Zent Erbach auch die Zentverwandten der Stadt und Vorstadt Erbach; bei eintretender dauernder Erwerbsunfähigkeit wurde er der Regel nach erlassen; auch Armuts halber wurden Befreiungen gewährt. Der Zenthaber galt stets als onus personale[7]).

Die sonstigen Pflichten der Zentuntertanen hatten ihre rechtliche Grundlage in der allgemeinen Pflicht der Folge, und je nach dem Gegenstande der auf Grund des jus sequelae geforderten Dienste unterschied man ein jus sequelae militaris, judicialis und territorialis: die Verpflichtung zu Kriegsdiensten

[1]) Der Zenteid wurde streng unterschieden von der dem Vogteiherrn zu leistenden Erbhuldigung, dem homagium, in welch letzterer man ein wichtiges Kriterium der Landeshoheit des unmittelbaren Vogteiherrn erblickte, häufig im Widerspruche mit dem Zentherrn, welcher im Zenteide das homagium sah und auch hierauf seine Ansprüche auf die Landeshoheit seinerseits stützte. Vgl. die oben S. 25 zit. Literatur. Graf Franz S. 138.

[2]) Zentgericht Reichelsh. 1784.

[3]) 1 Simmer = 3 Molzer = 1/4 Malter.

[4]) In der Z. Lützelbach zahlten solche Zentunteranen 6 albus dafür.

[5]) In der Zent Lützelb. hatten sie den geringeren Betrag von 4 Sestern zu prästieren (1752).

[6]) z. B. Z. Lützelb., Beerfelden, bis Ausgang 18. Jahrh. auch Z. Erbach.

[7]) F. Amt Erb., Zent; Rauch-, Forsthaber. LTA I. u. a.

Heerzug, Reiß, Musterung), zu Gerichtsdiensten (Dingpflicht) und zu Diensten landespolizeilicher Art.

Allein beschränkte sich schon im späteren Mittelalter die Pflicht der Zentuntertanen nicht ausschließlich auf persönliche Dienstleistungen, wurden schon damals auch andere Leistungen von Vermögenswert gefordert, so wurden seit Beginn der neueren Zeit einerseits den Zenten neue Geldleistungen auferlegt, andrerseits eine Reihe von bisher in natura geleisteten Diensten in Geldabgaben und Steuern umgewandelt. Dienste wie Abgaben aber erscheinen teils als von der Herrschaft von vornherein für den einzelnen Pflichtigen fest fixiert, teils aber als der Zent als solcher obliegende Lasten, deren Repartierung auf die einzelnen Sache der Zentorgane, des Zentgrafen und der Schöffen, war. Daraus erklärt es sich, wenn nach der Praxis der Grafschaft Erbach im 18. Jahrh. die Pflichten der Zentuntertanen in der Leistung teils bestimmter Abgaben, teils der Zentfronen, teils der Zentausschläge bestanden, neben welchen die eigentliche Dingpflicht und die Pflicht zu persönlichen militärischen Diensten eine selbständige Stellung bewahrten.

Alle waffenfähigen Zentuntertanen waren ähnlich wie in dem benachbarten Hessen-Darmstadt und Kurmainz „auf eine der militärischen Organisation näher kommende Weise“[1]) in Zentmilizkompagnieen abgeteilt unter dem Befehle des Zentgrafen und mit den Zent- und Landschöffen wie Schultheißen entnommenen Lieutenants, Korporalen oder Unterofficiers, einem

[1]) Graf Franz S. 141. — Bereits 1621 wird Lenchen Heist dem Zentvolk „zum Leuttenant“ bis auf fernere Verordnung vorgestellt mit dem Beifügen, „daß er sich mit einem pfertt und seiner soldatischen Kleidung gefast machen solle“. — 1799 erfolgte ein Aufgebot der Zentkompagnieen gegen den Reichsfeind im Anschlusse an die mainzischen Zentkompagnieen unter Frhr. v. Albini. — Eine Konskription der Leute zwischen dem 18. und 30. Jahre nebst Auswanderungsverbot für dieselben erfolgte 1734 gemäß Beschluß des fränk. Kreises, einen Landausschuß zur Sicherheit aufzurichten. — Wirkliche Rekrutenaushebung fand nicht statt, das wenige reguläre Militär wurde durch Freiwillige aufgebracht. — Über Zentfahnen vgl. F. Beck in Quartalblätter d. histor. Ver. f. d. Großh. Hessen N. F. I (1899) 609.

Fähndrich und Feldwaibel, auch mit Fahnen, Trommeln und Pfeifen versehen. Die Zentwehr bestand in Ober- und Untergewehr, die sich im allgemeinen jeder selbst zu beschaffen hatte. Die kriegerische Tätigkeit beschränkte sich jedoch auf einige an den Zentgerichtstagen bei gutem Wetter abgehaltene Exerzierübungen und Musterungen, sowie auf Einfälle in fremdvogteiliche Distrikte zur Geltendmachung herrschaftlicher Gerechtsame gegen sich weigernde Vogteiuntertanen, endlich auf Wachtdienste in Kriegszeiten; wurden auf dem Schlosse drei Schüsse abgegeben, so hatte sich jeder Zentmann alsbald bewaffnet einzufinden[1]).

Die eigentliche Dingpflicht, die Zentfolge im engern Sinne, involvierte die Verpflichtung zum Erscheinen bei der Abhaltung der ungebotenen Zent- wie der gebotenen Zent- und Halsgerichte, die Pflicht zur Übernahme des Zentschöffenamtes, die jedem obliegende Rügepflicht. Im Falle eines Zentgeschreies hatte jeder zentbare Untertan nachzufolgen, Verbrecher festzunehmen und nebst dem Zentbüttel ins Gefängnis zu bringen.

Landespolizeilicher Natur war die Bestimmung, daß „alle Würth, Metzger, Becker, Duchgewandter, oder was mit Maas, Elen oder Gewicht umgehet, es sey welcherley es wolle, auf der Zent holen mußten um ihre gebührende Belohnung und nicht weiter, dsgl. wo etwas am Gewicht, Maas oder anderes fehlt, muß es die Zent auf ihre Kosten holen an den Orten, da es sich gebührt[1]).“

Von Zentfronen sprach man, soweit zur Durchführung der der Zent obliegenden Aufgaben jeder Zentmann als solcher seine persönliche Arbeitskraft oder diejenige eines brauchbaren Vertreters und, falls er Anspann besaß, erforderlichenfalls auch diesen zur Verfügung zu stellen hatte. Die Zentfronen waren eine rein persönliche Last; insbesondere galten die Spanndienste nicht als dingliche Last der Hub- und sonstigen Bauerngüter; vielmehr mußte jeder Zentuntertan, welcher „mit einem Anspann seine Nahrung betrieb“, Spanndienste leisten. Befreiung von Kameralfronen oder Verwandlung derselben in ein Frongeld erstreckte sich nicht ohne besonderes Privileg auf die Zentfronen.

[1]) Heyl, SLB. Reichenb.

Ihrer Natur nach waren sie ungemessen, das Maß, in welchem sie verlangt wurden, richtete sich lediglich nach dem Bedarf, die einzelnen Pflichtigen wurden auf Geheiß des Zentgrafen durch die Zentschöffen und den Zentknecht aufgeboten, nicht durch die Kameralfrongebieter. Trat schon hierdurch die Verschiedenheit der Zent- und Kameralfronen äußerlich in Erscheinung, so war eine Vermischung beider Arten von Fronen auch deshalb nicht möglich, weil durch Ausdehnung der Zentfronen einerseits die Untertanen fremder Vogteiherrschaften, andrerseits die von Kameralfronen befreiten Bürger der Städte Erbach und Michelstadt, durch Einschränkung der Zentfronen dagegen die eigenen kameralfronpflichtigen Untertanen benachteiligt worden wären, und deshalb alle Beteiligten streng auf dem Herkommen beharrten, wenngleich die Tendenz der fremden Vogteiherren auf Einschränkung der zentherrlichen Rechte häufig auch hinsichtlich der Zentfronen erfolgreich war.

Zentfronen wurden im 18. Jahrhundert geleistet zur Anlegung und Unterhaltung der Zentwege, von Chausseen und Brücken, zur Reinigung von Bächen, zu Streifzügen auf umherstreifendes Gesindel, zu Wolfsjagden, zu Kriminal- und Schloßwachtdiensten, zur Erbauung und Unterhaltung der Ringmauern der herrschaftlichen Burgen, in welche die Untertanen in Kriegszeiten ihre bewegliche Habe flüchteten. Andere Dienste, wie die Errichtung der Hochgerichte oder der Zenthäuser, suchte man möglichst durch die Handwerkerzünfte ausführen, die Schloßwachtdienste möglichst durch ständige Wachmannschaften, die Streifzüge durch einen besonderen ständigen Landreuther oder Zentwachtmeister versehen zu lassen, teils im Interesse der Untertanen, welche besonders bei den Schloßwachtdiensten selbst häufig den Anstoß zur Ablösung in Geld gaben, teils im Interesse der Sache. Diese Dienste wurden teils in bestimmte jährliche Abgaben abgelöst, teils als Zentkosten repartiert, ohne daß dabei in den einzelnen Zenten Gleichheit beobachtet worden wäre.

Befreiung von den Zentfronen genossen außer den Zentschöffen und herrschaftlichen Dienern, auch wenn sie in bürgerlichen Verhältnissen standen, neu aufgenommene Zentuntertanen während eines Jahres nach ihrer Annahme und Männer von Wöchnerinnen[1]). Ihrem Gegenstande nach waren demnach die Zentfronen unsres Gebietes dasselbe wie in anderen Territorien die Landesfronen[2]). Doch findet sich der letztere Ausdruck nicht, da die Dienste herkömmlich der Zent, nicht dem ganzen Territorium, und von einem Teile der Zentmänner nicht dem Landes- oder unmittelbaren Vogteiherrn, sondern dem davon verschiedenen Zentherrn geleistet wurden.

Die bedeutendste der jährlich wiederkehrenden, für den einzelnen von vornherein festbestimmten Abgaben, war das Wachtgeld, welches in einzelnen Zenten[3]) als Ablösung der bisher in natura geleisteten Wachtdienste eingeführt war. Es betrug 1 oder 2 fl., Beisassen waren teils befreit, teils entrichteten sie nur die Hälfte. Sodann sind zu erwähnen der zur Bestattung des Scharfrichters bestimmte Henkerskreuzer und einige geringe jährliche Leistungen zur Besoldung des Zentknechtes, in einigen Kreuzern und geringen Quantitäten Korn und Hafer bestehend[4]).

Endlich hatten die Zentmänner die vom Zentgrafen und den Schöffen auf sie repartierte Quote der sog. Zentkosten zu tragen. Die Zentkosten waren die den einzelnen Zenten als solchen kraft öffentlichen und privaten Rechtes obliegenden Geldausgaben. Sie lassen sich in ständige und unständige teilen.

Erstere waren geringfügig und nicht in allen Zenten gleichartig vorhanden[5]). Dagegen waren die unständigen Ausgaben ungleich erheblicher.

---

[1]) vgl. Zentbuch der Zent Erbach d. a. 1701 ff. (Bürgermeisterei zu Erbach i. O.).

[2]) vgl. Th. Knapp, Beiträge 131 f., 418, 441.

[3]) Zenten Erbach, Michelstadt, Herrsch. Breuberg (seit 1752). — Graf Franz S. 140.

[4]) In der Zent Reichelsheim wurde auch das Landreuthergeld als Zentabgabe behandelt, jedoch im Widerspruche mit den fremdherrlichen Untertanen und deren Vogteiherrschaften.

[5]) In der Zent Eschau z. B. wurden (1811) hierher gerechnet einige feste Bezüge, welche der Zentgraf, der Zenttambour, der Zentknecht als Besoldungsteil erhielten (Holzgeld, Rechnungsstell- und Abhörgebühren, Vergütungen für Schreibmaterialien, 1½ fl. für die schriftliche Mitteilung

Einen beträchtlichen Teil derselben bildeten regelmäßig die aus Anlaß eines peinlichen Prozesses entstandenen Inquisitionskosten im weitesten Sinne. Längst war auch hier das Prinzip verlassen, nach welchem in peinlichen Fällen der Kläger für Verurteilung und Richtung eines schädlichen Mannes auch hinsichtlich der Kosten zu sorgen hatte; bereits im 16. Jahrhundert war es Grundsatz, daß die ganze Zent, und jeder Zentmann zu seinem gebührenden Teil, zur Tragung der Kosten verbunden sei[1]).

---

der Brot- und Viktualientaxe und deren Abänderungen für den Stadtschultheißen von Klingenberg, 6 fl. Zeitungsgelder). In der Zent Kirchbrombach bestanden die aus der Zentkasse jährlich zu bestreitenden ständigen Ausgaben in 3½ fl. und 2 Klafter Buchenholz an den Pfarrer, 6 fl. an den Schullehrer zu Kirchbrombach für Führung der Zentrechnung und anderer schriftlicher Arbeiten, in den Kosten zur Anschaffung und Instanderhaltung der erforderlichen Leichengerätschaften und des Grabgeschirrs, für deren Aufbewahrung der Kirchenpfleger 1½ Kl. Buchenholz von der Zent erhielt, endlich die herrschaftliche Schatzung vom Zentwalde, außerdem ein Teil der Besoldung des Zentdieners.

[1]) Jedenfalls in Offizialsachen, und wenn der Kläger ein (einheimischer) Zentmann war; vgl. die bei Heyl, SLB. Reichenb. aufgenommene, aus einem Zentbuche der Zent Reichelsh. aus dem 16. Jahrh. stammende Bestimmung: V. Wann ein Übeltäter auf der Zent und Landtberg fürgestellt wird, es werd gericht oder nicht, so von keinem ist angeschrieen worden, oder von Niemandt auf Recht ist niedergeworfen worden, ist die ganze Zent denselbigen Kosten wie der uf ist gangen zu geben schuldig es sey wie es wolle, einem jeden Zentmann sein gebührenden Teil, doch wann einer von einem so kein Zentmann ist angeschrieen oder auf Recht niedergeworffen wird, ist solcher allen Kosten zu geben schuldig. — Vgl. H. Knapp, Würzburg. Zenten II 462, 752 f. — Hierher gehörten die zahlreichen Gebühren, welche aus Anlaß der Durchführung des peinl. Prozesses, der Verhaftung, Untersuchungshaft, Strafvollstreckung den damit Betrauten und von diesen Zugezogenen (Amtmann, Zentgraf, Schöffen, Zentphysikus und Chirurgus, Zentknecht, Scharfrichter, einzelne Zentmänner) zukamen und sonstige Unkosten, z. B. für Transmission der Akten an auswärtige Fakultäten, Einholung der Responsen in wichtigen Zentfällen, Defensionsschriften, Verpflegung der Inquisiten, Reisen usw. Nach Erledigung eines Inquisitionsprozesses hatte der Zentgraf alle hierdurch verursachten Kosten in eine Designation zu bringen und unverzüglich der Regieruug zur Ratifikation einzugeben.

Auf Kosten der Zent erfolgte sodann die Anschaffung und Erhaltung der Tortur- und Exekutionsgegenstände, die Erbauung und Reparatur des Galgens, des Gefängnisses (Zentturmes), des Rathauses und sonstiger Zentgebäude, insbesondere wenn die hierzu erforderlichen Arbeiten nicht durch Zentfronen geleistet, sondern wie auch die Lieferung des Materials an Handwerker vergeben wurden. Weiterhin hatte die Zent alle zur Anlegung bzw. Erhaltung der Zentwege, Chausseen und Brücken erforderlichen Kosten aufzubringen, ebenso die Ausgaben zur Setzung der Zentgrenzsteine; ferner die Kosten, welche aus Anlaß der Visitation der Zentarmatur, von Maß und Gewicht, von Mühlen und Feuerstellen, bei Taxation der Lebensmittel, bei Streifzügen, Wolfsjagden und anderen sicherheitspolizeilichen Unternehmungen entstanden, ebenso die zur Bekämpfung von Viehseuchen benötigten Gelder. Auch Militärtransportleistungen, Fourage- und Servicegelder, Durchmarschkosten und Naturallieferungen erscheinen bisweilen als Zentsache. Endlich hatten die Zenten die von ihnen aufgenommenen Kapitalien zu verzinsen und zurückzuzahlen.

Unter den Einnahmen der Zentkassenrechnungen erscheinen zunächst die Inquisitionskosten, soweit sie vom Verurteilten oder dessen Erben erlangt werden konnten; sodann der nicht herrschaftliche Anteil an den Geldstrafen [1]), die von dem Zent- und Landgerichte oder an dessen Stelle bei der oft allzu langen Hinausschiebung der Abhaltung jenes Gerichtes vom Amte unter Zuziehung des Zentgrafen und von 2 oder 4 Schöffen für Übertretung der Zentartikel und bestimmter [2]) Polizeiverordnungen verhängt wurden.

[1]) In einigen Zenten gebührten diese Strafgelder jedoch noch den Schöffen als Diäten. — In der Zent Eschau gehörten auch die nicht unbedeutenden Währschaftsgebühren unter die Einnahmen der Zentkasse.

[2]) a) Wer nicht alsbald das Fehlen eines Gütergrenzsteines dem nächsten Landschöffen anzeigt, hat 30 Kr. Strafe in die Zentkasse zu zahlen. b) Jeder Zentuntertan hat jährlich 6 Spatzenköpfe an den Zentgrafen zu liefern oder für jeden fehlenden 6 Kr. in die Zentkasse zu zahlen. — Beim Zent- u. Landgericht in Erbach u. Reichelsheim v. 1787 publizierte Polizeiverordnungen.

Weitere Einnahmen kamen in den Zenten mit Zentallmenden hinzu, sei es durch Veräußerung einzelner Stücke der Mark: von Wald, Feld, einzelnen Plätzen, des Zenthauses, oder durch Verpachtung von abgeholzten Waldstücken, z. B. auf 12 Jahre, oder durch Verkauf, sei es des jährlichen Losholzes an die Zentgenossen, sei es des durch außerordentliche Holzhiebe[1]) gewonnenen Holzes, das gewöhnliche Aushilfsmittel auch der Landgemeinden in größeren Geldverlegenheiten[2]), ferner gehören die Zentwaldrügegelder hierher. Sodann verschafften sich die Zenten nicht selten durch Aufnahme von Darlehen die erforderlichen Mittel.

Der Betrag, um welchen die Ausgaben die genannten Einnahmen überstiegen, mußte durch sog. Zentausschläge aufgebracht werden. Zentausschläge erfolgten, so oft die Zentkosten einen angemessenen Betrag erreicht hatten, und trotz mehrfacher Abänderungsvorschläge blieb es bei dem hergebrachten Systeme außerordentlicher, an keine Wirtschaftsperiode gebundenen, nach Ermessen und Bedarf erhobenen Umlagen.

Der Maßstab der Repartition auf die einzelnen Zentmänner stimmte überall darin überein, daß sie nicht nach dem Schatzungsfuße, sondern nach der Mannschaft oder nach Köpfen beitragspflichtig waren[3]). Im übrigen findet sich der Hauptunterschied, daß bald alle Zentmänner in absolut gleichem Maße, bald nur nach einer bestimmten geringeren Einheit abgestuft herangezogen wurden[4]).

---

[1]) Holzhiebe waren nur mit Bewilligung der Regierung und nach Anweisung des von dieser beauftragten Forstmeisters zulässig. Vgl. F. Kirchbr. u. g.

[2]) Auch Dietrich, Mitteil. aus Königer Gültbüchern usw. in Hess. Bl. f. Volksk. II 35.

[3]) Über einen Streit, ob nach Köpfen oder nach Herdstätten die Zentkosten auszuschlagen seien, vgl. W. Diehl, Reichenbacher Chronik (1904) 52. (Zent Heppenheim, 16. Jahrh.).

[4]) Gleiches Maß für alle galt in der Z. Reichelsheim und in den breubergischen Zenten, jedoch auch hier dadurch modifiziert, daß in ersterer wenigstens die Witwen in geringerem Umfange, in letzteren die Witwen und Leibgedingsmänner nur zur Hälfte des auf einen Zentmann

Von den Zentkosten befreit waren, abgesehen von den den Waldmarksbesitzern und den Erb- und Temporalbeständern herrschaftlicher und sonstiger schatzungsfreier Höfe häufig erteilten besonderen Privilegien, die Zentschöffen, Kontingentssoldaten, Zenttambour und Zentpfeifer, alle herrschaftlichen Diener, auch wenn sie in bürgerlichen Verhältnissen standen, die Ratsglieder der Städte, alle Zentoffiziere [1]).

Der Zentausschlag wurde durch die Zentschöffen [2]) von den einzelnen erhoben und an den Zentgrafen abgeliefert, welcher „von 100 fl. Zentgeld, so auf Zentkosten erhoben“ wurde, 1 bis 3 fl. Zahlgebühr erhielt.

Die Höhe der Zentkosten war je nach der Zahl und Dauer der Inquisitionsprozesse und nach dem größeren oder geringeren Umfange der übrigen an die Zent gestellten Anforderungen in den einzelnen Jahren oft sehr verschieden. Meist wurden alle 2 bis 4 Jahre 400 bis 600 fl. repartiert, doch waren gegen Ende des 18. Jahrhunderts höhere Ausschläge nicht selten [3]).

---

entfallenden Betrages herangezogen wurden. Dagegen wurde zwischen den Besitzern von Bauerngütern und den einläufigen Untertanen trotz mehrfacher Klagen seitens der letzteren kein Unterschied gemacht, weil nach der Gemeindeverfassung jener Zenten alle Zentmänner als Gemeindsleute auch gleiche Gemeindenutzungen erhielten, also auch die Gemeindelasten in gleichem Maße tragen müßten. — In andern Zenten dagegen, z. B. Erbach, Beerfelden, wo grundsätzlich nur Hübner zu Gemeindsleuten rezipiert wurden, kontribuierten nur diese als sog. ganze Zentmänner, die wenigen einlezzigen Untertanen, die Erbschutzverwandten und die Beisassen dagegen nach nicht näher angegebenen Merkmalen nur als halbe, Viertel-, Sechstel-, Achtel-Zentmänner. — Vgl. Amtsbericht v. 1773 in Erb. Amt. Recept. Beisaß- u. Erbschutzgeld.

[1]) So in der Zent Michelstadt; hier wurden, als sich die Zentkosten durch Chaussee- und Brückenbauten gegen früher erheblich vermehrten, obige Befreiungen dadurch umgangen, daß alle den in Michelst. ansässigen Zentmännern zurepartierten Zentkosten seit 1783 aus der Stadtkasse bezahlt wurden, sodaß jetzt schlechthin alle, welche bürgerliche Nutzungen zogen, mediate auch zur Zent kontribuierten.

[2]) in der Zent Kirchbrombach durch die Bürgermeister.

[3]) z. B. 1798 Zent Michelst. 2000 fl. — Die Freiensteiner Amts Centrechnung für 1791—1794 schließt ab mit 494 fl. Einnahme, 624 fl. Ausgabe, für 1795—1797 mit 1127 fl. Einn., 985 fl. Ausg.

Als Organisation auf dem Gebiete der Gerichtsverfassung wurden die Zenten als überflüssig und hinsichtlich ihrer verschiedenen Funktionen unverträglich mit der neuen Staatsverfassung aufgehoben durch Beschluß der großherzogl. hessischen für das Fürstentum Starkenburg angeordneten Regierung vom 27. April 1811[1]); soweit sie dagegen als „Vereinigungen mehrerer Gemeinden sich auf Gemeindezwecke bezogen", durch Art. 9 des großherzogl. hessischen Gesetzes, die Gemeindeordnung betr., vom 9. Juli 1821[2]), nachdem bereits durch Großherzogl. Verfügung vom 27. April 1821 die Aufhebung der Amts- und Zentkassen verordnet worden war[3]).

Als Zentherren besaßen die Grafen zu Erbach überall den Wildbann und die forstliche Hoheit wie die Fischerei, in fremdvogteilichen Distrikten jedoch meist nur in beschränktem Umfange[4]).

C.

DIE VOGTEI.

I. BEGRIFF DER VOGTEI.

Mit Vogtei verband man in Franken insbesondere[5]) einen doppelten Begriff. Zunächst verstand man darunter die Vogtei über die Gerichtsherrschaften der geistlichen Stifter und Klöster.

[1]) Die Zent Eschau im Spessart gemäß Reskript des Präfekten des Departements Aschaffenburg v. 22. Juli 1812.

[2]) Archiv d. großh. hess. Gesetze u. Verordn. III (1835) S. 363.

[3]) vgl. Erbach (Amt) Cent; die Passiva und etwaige Aktiva waren auf die Orte zu verteilen, welche zu der betr. Kasse bis dahin beitragspflichtig waren.

[4]) Über hohe u. niedere Jagd und Fischerei in unserem Gebiete Simon 30. — „Jagdrecht von Centrechtswegen": Archiv f. hess. Gesch. u. Altert. XI 604. („Zentobrigkeit an den Bergwerken": Schneider, Erbachische Historie (1736) Urk. S. 559). — Anf. 18. Jahrh. wird von Seiten der Gr. v. Ingelheim als Vogteiherrn von Würzburg bestritten, „daß die Cent das hohe Jagdwesen nach sich ziehe"; F. Rubr.: Adel. — Früher Echter-, später Ingelheimsches Lehen zu Würzberg (Fürstl. Leining. Archiv zu Amorbach).

[5]) Über die sonstigen zahlreichen Bedeutungen von Vogtei vgl. z. B. Ertel bei Schneidt, Thes. jur. francon. I, 3267 f. Die Bezeichnung des Zent-

Regelmäßig nicht auf Grund ihrer Immunität, wohl aber durch Verleihung, käuflichen und sonstigen Erwerb von Grafschaften und einzelnen Zenten, bisweilen auch durch Verleihung und Erwerb des Blutbannes für alle oder einzelne Teile ihres Niedergerichtsgebietes (exempte Halsgerichte, als solche auch später regelmäßig den Zenten gegenübergestellt), hatten im Laufe des späteren Mittelalters nicht wenige Stifter und Klöster Hochgerichtsbarkeit erlangt, und soweit sie noch bevogtet waren, gab es auch späterhin eine Reihe von hohen Vogteien. Meist aber besaßen sie nur die niedere Gerichtsbarkeit, und mit Rücksicht auf die überwiegende Mehrzahl der Fälle und die überragende wirtschaftliche Bedeutung wie der Niedergerichtsherrschaft so auch der Niedervogtei kommt die letztere hier hauptsächlich in Betracht.

Im späteren Mittelalter war diese Vogtei ein Inbegriff von bestimmten, den Gerechtsamen der bevogteten Gerichtsherrschaft und deren Organen gegenüber fest abgegrenzten Rechten und Pflichten, deren Umfang im einzelnen allerdings häufig sehr verschieden war, je nach dem Umfange der Gerechtsame, welche die bevogtete Gerichtsherrschaft selbst besaß, und je nach den Abmachungen zwischen dieser und ihrem Vogte. Zum Inhalte der Niedervogtei gehörte regelmäßig ein bestimmter Teil der niederen Gerichtsbarkeit, sowie gewisse Einnahmen, bestehend in den Gerichtsgeldern oder wenigstens einem Teile derselben, ferner im Servitium an den Dingtagen und endlich in festen Bezügen, welche der Niedervogt von seiten der Niedergerichtsherrschaft oder der Niedergerichtsuntertanen empfing. Die Niedervogtei als ein der jeweiligen Gerichtsherrschaft gegenüber fest abgegrenzter Inbegriff von Rechten und Pflichten

herrn als des „obersten Faudts" auch gegenüber unmittelbaren Vogteien in den hessen-darmstädt. u. a. Zentweistümern wurde als wichtiges Argument zugunsten der Landeshoheit der Zentherrn verwertet: Hallwachs, de cent. illimit. (1746) 17, 72; Hesse, de cent. sublimi (1746) 43f. Gutachten bei Hertius, Consilia et responsa I (1729) 143f. v. Epplen, Gesch. d. Landeshoheitsstreitigk. (1795) 123, 146. — Schröder, D. Rechtsgeschichte (1902) 566, 604f. F. Varrentrapp, Rechtsgeschichte und Recht der gemeinen Marken in Hessen I (1909) 28f.; das. weitere Litt.

wurde, so verschiedenartig sie im einzelnen war, als nutzbares Recht behandelt, man hatte an ihr eine Gewehre; sie wirkte als eine auf dem betr. Grund-, besser Gerichtseigentum ruhende Last, wurde geteilt, vererbt, verkauft, abgelöst; sie blieb auch dann bestehen, wenn geistliches Gut in die Hände von Laien kam. Gerichtsherrschaft und Vogtei stehen als besondere Gewalten im späteren Mittelalter nebeneinander[1]).

Die wirtschaftliche Bedeutung dieser Niedervogtei erblickt Grosch, dessen auf den Grundgedanken von Seliger beruhenden Ausführungen wir bisher gefolgt sind, in zwei Momenten. Zunächst gehörte die Niedervogtei, ebenso wie die Gerichtsherrschaft selbst, zu den mannigfachen Berechtigungen und Einnahmequellen, auf welche sich die Existenz der zahlreichen Ministerialen gründete, deren die Landesherren für die Zwecke der Kriegführung und Verwaltung bedurften[2]), wie dies die Weiterbelehnung der Vogteien von fürstlichen Personen auf Ministerialen bezeugt[3]).

Außerdem erblickt Grosch gerade in der Niedervogtei „das hauptsächlichste Moment, welches verhinderte, daß die Bauern in völlige Abhängigkeit von der Grundherrschaft gerieten, da die Niedervogtei eine Verschmelzung von Niedergerichts- und Grundherrschaft unmöglich machte". „Wie ein Keil schob sich im spätern Mittelalter die Niedervogtei zwischen Niedergerichts- und Grundherrschaft einerseits und den Untertanen andrerseits ein. Wie die Herrschaft, so erlaubte sich auch der Niedervogt Übergriffe, indessen gerade dadurch, daß beide mit einander rivalisierten, gerieten sie immer und immer in gegenseitigen Zwist, und dann berief sich jede der beiden Gewalten auf das herkömmliche Recht und versprach, es in Zukunft streng ein-

---

[1]) G. Grosch, Niedergericht des späteren Mittelalters im Gebiete des Mittelrheins (1906) 59 f., 62, 65, 76. G. Seliger, Bedeutung der Grundherrschaft (1903) 166. Für Franken z. B. Grimm, Weist. III 544, 564 f.

[2]) v. Below, Territorium und Stadt 34. v. Wyss, Abh. z. Gesch. d. schweiz. öffentl. Rechts (1892) 329 f. Fellner, Gesch. d. fränk. Rittersch. 61. 65.

[3]) Grosch a. a. O. 64.

zuhalten, dasselbe auch vom Gegner fordernd. Den Vorteil hatten die Bauern"[1]).

Derartige Vogteien erhielten sich nicht selten bis weit in die neuere Zeit[2]), häufig aber trat eine Vereinigung von Vogtei und Niedergerichtsherrschaft ein; in den meisten Fällen erlangte der Vogt die volle Niedergerichtsherrschaft[3]), seltener der Niedergerichtsherr die Vogtei[4]).

Eine solche Vereinigung von Niedergerichtsherrschaft und Vogtei in einer Hand bestand, soweit sich sehen ließ, im gesamten Gebiete der Grafschaft Erbach und der Herrschaft Breuberg seit mindestens dem 15. Jahrhundert[5]). Eine Beeinflussung der Lage der ländlichen Bevölkerung durch die Rivalität von Vogtei- und Niedergerichtsherren fand daher seitdem in unsern Gebieten nicht mehr statt; in welchem Umfange und für einen wie großen Teil der Bevölkerung jener Umstand in früherer Zeit von Bedeutung war, entzog sich der Feststellung.

Die auf die geschilderte Weise in ihrem ganzen Umfange in einer Hand vereinigte Niedergerichtsherrschaft wurde in Franken häufig durch die Formel „fautie und gericht"[6]), seit

[1]) Grosch a. a. O. 60. [2]) Grosch a. a. O. 64.
[3]) Grosch 60. [4]) Grosch 64.

[5]) Die Vogtei der Herren v. Crumpach als kurpfälzischer Lehnsträger über den sieben Dörfer umfassenden Niedergerichtsbezirk des Klosters Höchst in der Zent Höchst hatte das Kloster in der ersten Hälfte des 14. Jhdts. käuflich erworben und blieb bis zur Säkularisation im vollen Besitze der niederen Gerichtsherrschaft (Simon 217 f., Urk. S. 14, 295 f. d. a. 1310, 1314, 1332, 1341). — In Hesselbach wird 1443 Schenk Philipp III. zwar von Kurpfalz mit vogtie und gerichte sinen teil belehnt (Simon Urk. S. 248), doch ergibt sich aus dem Weistum von 1446 (Simon Urk. S. 258), daß die Herren von und zu Erbach und der Abt des Klosters Amorbach je zur Hälfte Gerichtsherren waren, ohne daß eines Vogteiverhältnisses Erwähnung geschieht. — Nur hinsichtlich der Vogtei der Herren zu Erbach über das Kloster Steinbach fand eine Vereinigung derselben mit der Niedergerichtsherrschaft dieses Klosters möglicherweise erst im 16. Jahrh. bei der Säkularisation statt, vorausgesetzt, daß es sich überhaupt im Besitze der Niedergerichtsbarkeit befand, was nicht festzustellen war (vgl. Simon 74 f., Urk. S. 3 d. a. 1113, S. 289 d. a. 1542).

[6]) z. B. Simon, Urk. S. 245 f., Lehenbriefe d. a. 1443 f. — Eine Urk. v. 1360 (Simon Urk. S. 70) unterscheidet fauthafte und freie Höfe in dem

dem 15. und 16. Jahrhundert die Niedergerichtsherrschaft überhaupt mit Vogtei bezeichnet, ohne Unterschied, ob sie sich im Besitze von geistlichen Korporationen oder weltlichen Herren befand[1]).

Damit haben wir die zweite Bedeutung des Wortes Vogtei in Franken angedeutet. Während Vogtei im späteren Mittelalter insbesondere nur einen bestimmten aus der Niedergerichtsherrschaft abgeleiteten fest begrenzten Teil derselben bezeichnet, ist seit etwa dem 15. und 16. Jahrhundert Vogtei in Franken ganz allgemein die Bezeichnung für die volle Niedergerichtsherrschaft im Gegensatze zur Zentherrschaft.

II. DIE ORGANE DER VOGTEIHERRSCHAFT.

Während das räumliche Substrat der Vogtei bereits früher betrachtet wurde, ist an dieser Stelle ein kurzer Überblick über die Untergerichtsorganisation erforderlich.

1. Regelmäßig waren die sämtlichen unmittelbaren Zentuntertanen einer Zent, d. h. die der Zentherrschaft auch hinsichtlich der Vogtei unterworfenen Zentmänner, zu einem einheitlichen Untergericht, dem sog. Landgericht, zusammengefaßt[2]). Neben diesem herrschaftlichen Landgericht, dessen Sitz mit dem des Zentgerichtes zusammenfiel, und welches regelmäßig am Tage vor dem Zentgericht abgehalten wurde, bestanden die Vogteigerichte der fremden Vogteiherrschaften, welche innerhalb des Zentbezirkes Vogteiuntertanen besaßen. Ebenso bildeten die in fremden Zenten gelegenen erbachischen und breubergischen Vogteiorte besondere Vogteigerichtsbezirke, welche bald ein Dorf,

ehem. z. t. erb. Amt Habitzheim: erstere sollen auch fernerhin fauthaft sein mit Diensten und Atzungen nach faudie recht, letztere soll man bei ihrer Freiheit lassen. — Vgl. Hallwachs, de cent. illim. (1746) 60.

[1]) v. Epplen, Gesch. d. Landeshoheitsstreitigk. 18. Ertel, Praxis aurea (1722) 2f. Schneidt, Thes. jur. franc. I, 3273 u. a.

[2]) So auch im 18. Jahrh. in der Zent Reichelsheim, während hier im 16. Jahrh. vier besondere erbachische Untergerichte bestanden. Dagegen gab es im 18. Jahrh. in der Zent Michelstadt zwei erbachische Untergerichte. Heyl, SLB. — LTA.

bald mehrere umfaßten, bald allein dem Hause Erbach, bald diesem in Gemeinschaft mit anderen Herrschaften gehörten.

Seitdem sich im 16. und in der ersten Hälfte des 17. Jahrhunderts das Amt zum ordentlichen Gericht erster Instanz in Zivilstreitigkeiten ausgebildet hatte und insoweit an die Stelle der Unter-, Land-, Herren- oder Vogteigerichte getreten war, beschränkte sich deren jurisdiktionelle Kompetenz auf die Verhängung von geringen Geldstrafen in niederen Strafsachen, soweit dieselben nicht zu den sog. Zentartikeln oder zur Zuständigkeit der gemeindlichen Haingerichte gehörten[1]. Außerdem wurden die vakant gewordenen Schöffenstellen wieder besetzt, die neuen

[1] Angegeben werden regelmäßig: geringe Frevel, soweit das Haingericht nicht zuständig, Scheltworte, auch wenn einer den andern Lügen geheißet, und Schläge, so nicht blutrünstig mit ungebeßerter Hand, Hausstreitigkeiten und Feuersgefahrsachen, Einweiden (1 lb Heller), über die Marksteine zackern (1 lb), Beschuldigung, daß einer einen Markstein weggetan (2 lb), Kirschenbaum abschlagen (1 lb), wer etwas rugbares verschwiegen (5 fl.): Landger. Reichelsh. 1784. — In den Untergerichten der Zent Reichelsh. Geldstrafen bis zu 3 lb Heller, während die fremden Vogteiherren bis zu 10 lb strafen wollten. Heyl, SLB. — Brensbach: Zänkereien, Real- et Verbalinjurien und Feldfrevel. Heyl, SLB. — Landg. Erbach 1712: bis zu 6 lb Heller, Ldg. Eschau (2. Hälfte 17. Jahrh.): bis zu 10 lb. H. Landgerichtsprotokolle der betr. Ämter. — Als Ausnahme von dem sonst anerkannten Satze ne bis in idem (vgl. Knapp, Würzburg. Zenten II (1907) 287) findet sich in Mömmlingen die Befugnis der Vogteiherrschaft Breuberg, „daß alle Bueßen, so zu Ostheimb an der mainzischen Cent vorbracht, auch am breuberg. Dorfgericht zu Mömml. wiederum zu ruegen und zu bueßen“ seien (1617). — Mit Rücksicht auch auf die Abgrenzung der örtlichen Zuständigkeit von Zent- und Vogteigericht vgl. folg. Auszug aus dem Vertrage zwischen Kurmainz und Erbach, der Centartikul halben, v. 20. III. 1607 (als Interpretation des Heppenheimer Zentweistumes von 1430 art. 4—6, bei Grimm, Weist. I, 464f.): „Weil das bekannte Weißthumb v. 1430 außerhalb der Bannzäune alle Mißhandlungen, auch geringe schlägereyen und schmähungen ohne Unterschied der oberen oder anderen Dörfer der Centh zu richten und schlichten ausdrücklich heimspricht, so ist es allerdings dabei gelassen, in den Fällen aber, welche inwendig der Bannzäune, wie sie jetzt stehen, und weiters nicht extendiert noch verstanden werden sollen, sich zutragen, soll es hinfüro mit denselben folgendergestalt gehalten werden: daß alle die Fäll, so nach der pfälzischen Malefizordnung für malefizisch und strafbar gehalten, wie

Untertanen, die Landsiedel[1]), sowie die Beisassen und Juden verpflichtet[2]).

Weiterhin wurden die Wehrschaften (Auflassungen)[3]) über Veräußerungen der liegenden bürgerlichen wie herrschaftlichen und sonstigen schatzungsfreien Güter erteilt, weshalb bei allen Kontrakten über Immobilien Gerichtsschöffen zugezogen werden mußten. Endlich wurden die Brotwieger, Fleischschätzer, Brunnenmeister und sonstige Aufseher bestellt und verpflichtet. Die Funktionen dieser Untergerichte waren daher nicht nur jurisdiktioneller, sondern auch verwaltungsrechtlicher Natur.

Die Unter- und Vogteigerichte, ehemals jährlich mehrmals[4]), im 18. Jahrhundert nur alle 2 bis 4, andere nur alle 15 bis 20 Jahre einmal zusammentretend, waren 3 Tage vorher zu verkünden, während für das Zentgericht 8 Tage erfordert wurden.

---

auch nit weniger diejenige, da einer den andern unversehener oder unverwarneter fürsetzlicher weiß überfällt, angreift, schlägt, sticht oder wirft, uff die Centh gehörig und für derselben erörtert; — aber alle andere schlägereien, stich, würff und bluthristen, darauf kein Todesfall entstanden, sie geschehen mit gebesserter Hand oder nicht, für civil geachtet und durch die ordentliche gerichten gestraft und geschlichtet werden, und also damit der 4., 5. und 6. Artikul des Centhweißthumbs erklärt und erläutert seyn soll. — publicirt vffen Landtberg bey gehaltener ordinari Rueg Centh." — F. Schönberg, (Amt-)Cent.

[1]) Landsiedel nannte man diejenigen Auswärtigen, welche in dem Gerichtsbezirk Immobilien besaßen; sie wurden, wenn sie zum erstenmale gewehrt wurden, vorgelesen, und hatten Handtreue zu geben, daß sie in allen Stücken getreu und gehorsam sein wollten, wofür jeder dem Beamten 20 Kr. zahlen mußte. Heyl SLB. Brensb. u. Keinsb. Es handelte sich lediglich um eine besondere Bezeichnung für Ausmärker oder Forensen, nicht um ein Besitzrecht.

[2]) Die Angelobgebühr neuer Untertanen betrug beim Ldger. Reichelsh. 1784: 20 Kr. dem Amte.

[3]) vgl. Erb. Ldr. 94. 380. Maurer, Gesch. d. Frohnhöfe IV 144. — Die Währschaftsgebühren betrugen z. B. beim Ldger. Reichelsh. bis ca. 1750 ¼ Wein und 4 Zapfen Weck, seitdem 8 Batzen; beim Zent- u. Ldger. Eschau waren sie abgestuft derart, daß bei Immob. im Werte v. 5—10 fl.: 10 Kr., v. 10—25 fl.: 15 Kr., 25—50: 20, u. s. f. bis 100 fl. und mehr: 1 fl. zu entrichten waren, außerdem für den vom Zentgrafen bzw. Schulth. zu reichenden grünen Zweig 4 Kr.

[4]) z. B. Landgericht Beerfelden 4 mal jährlich. LTA XI.

Gehegt wurde es vom (Gerichts-)Schultheißen; den Vorsitz führte regelmäßig der Amtmann selbst. Hegung, Besetzung, durch meist 12 Land- oder Gerichtsschöffen, deren Wahl und Verpflichtung, das Rügeverfahren durch den ganzen Umstand, der von jeden Ortes Schultheißen, bisweilen dem Bürgermeister zur Feststellung der Vollzähligkeit abzulesen war, entsprachen den gleichen Vorgängen im Zentgericht. Rügen, welche die Zuständigkeit des Untergerichtes überschritten, wurden auf die Zent verwiesen, wie auch gegen ein Untergerichtsurteil an die Zent appelliert werden konnte.

Als weitere Funktionen der Gerichte werden erwähnt[1]): Die Aufsicht über Ackerbau und Viehzucht, Feld- und Flurwege, Wehre und Wässerung, worin die Untergerichte mit den Viergerichten konkurrierten, weshalb die Mitglieder der letzteren durchgängig auch Gerichtsschöffen waren; bei Güterstreitigkeiten wurden sie mit Augenscheinseinnahmen und Erteilung von Gutachten beauftragt, sie hatten die häufig erforderlichen Taxationen zu verrichten, weshalb auch Handwerksleute zu Mitgliedern des Gerichtes genommen wurden. Einzelne Untergerichte (Kirchbeerfurth, Niederkeinsbach) stellen auch Hypotheken aus, für welche sie dem Gläubiger haften mußten, doch war die Bestätigung durch das Amt erforderlich.

In gemeinschaftlichen Untergerichten wurde in der Hegung und im Vorsitz von den beiderseitigen Schultheißen und Amtleuten entweder alterniert[2]), oder es war die eine von beiden Herrschaften nur durch einen schweigenden Schultheißen vertreten[3]). Die gerichtsherrlichen Rechte und Einkünfte wurden geteilt, doch kamen Schatzung und Fronen jeder Herrschaft über „ihre Untertanen", d. h. Grundholden, allein zu. Grundherrliche Beziehungen waren fernerhin maßgebend bei Besetzung des Schöffenstuhles[4]) und bei Bestimmung des allgemeinen Ge-

---

[1]) vgl. Amtsbericht v. 10. 8. 1810 in F.: Reichenb. (Amt) Cent.

[2]) z. B. Brensbach, Kirchbeerfurth, Laudenau.

[3]) z. B. Wersau (v. Fechenbach).

[4]) So setzte sich in Brensbach der Schöffenstuhl aus 6 hess.-darmstädtischen und 6 erbachischen „Untertanen" zusammen.

richtsstandes in Zivilstreitigkeiten[1]). Die Akte der freiwilligen Gerichtsbarkeit und sonstige Maßnahmen wurden durch die beiderseitigen Schultheißen und Beamten im allgemeinen gemeinsam vorgenommen.

Das Nebeneinander von Zent- und Untergerichten, welche sich im 18. Jahrhundert ihrer Kompetenz nach nur noch wenig unterschieden, blieb teils aus Tradition, teils mit Rücksicht auf die fremdvogteilichen Untertanen im allgemeinen bestehen[2]).

2. Von größerer Bedeutung als das Untergericht war der Schultheiß, das von der Vogteiherrschaft für den Untergerichtsbezirk bestellte Organ, unter welchem wiederum die Gerichts- oder Landschöffen standen. Im 18. Jahrhundert jedoch finden sich außer dem Gerichtsschultheiß, der das Untergericht zu hegen hatte, in den meisten Gemeinden besondere Ortsschultheißen, und man strebte dahin, möglichst jeder Gemeinde einen besonderen Schultheißen vorzusetzen[3]); Schultheißereien, die

---

[1]) So galt in Brensbach das Amt derjenigen Mitherrschaft als zuständig, welcher die Grundherrschaft über das Haus (wegen der in Brensbach herrschenden Güterzersplitterung) des Beklagten zustand; wer also in einem erbach. Hause wohnte, mußte, gleichviel, ob er daneben auch hess.-darmstädt. Güter besaß, beim erbach. Amte Reichenb. verklagt w. u. umgekehrt beim hess. Amte Lichtenberg; war jedoch jemand Schulden halber beim Amte Reichenb. verklagt und zum Verkaufe seiner etw. darmstädt. Güter genötigt, so war dies dem hess. Amte Lichtenberg bekannt zu machen; ebenso umgekehrt. Heyl, SLB.

[2]) Dagegen fand in den Zenten Eschau und Keinsbach (1714), woselbst eine Durchkreuzung von Zent und Vogtei nicht mehr bestand, in der ersten Hälfte des 18. Jahrhunderts eine Vereinigung beider Arten von Gerichten zu einem einheitlichen Zent- und Landgericht statt, welches die Funktionen beider sonst getrennten Gerichte ausübte; daher war in Keinsbach der Zentschultheiß zugleich Vogteischultheiß, die Zentschöffen gleichzeitig Landschöffen, und während in der Zent Eschau noch in der 2. Hälfte des 17. Jahrhunderts das Landgericht mit 12 Landschöffen, das Zentgericht aber nur mit 8 Zentschöffen besetzt war, gab es seit dem 18. Jahrhundert nur noch ein Zent- und Landgericht mit 12 Zent- und Landschöffen. F. Eschau, Amt (Zent); Heyl, SLB. (Keinsbach).

[3]) Noch im 18. Jahrh. waren mehrere Gemeinden der Ämter Erb., Freienst., Reichenb. besondere Schultheißen vorgesetzt LTA X (1733), Heyl, SLB. u. a. Über den Eintritt der herrschaftlichen Schultheißen in die Ge-

mehrere Gemeinden umfaßten, waren nur noch selten. Häufig waren die Ortsschultheißen gleichzeitig Landschöffen ihres Untergerichtes und Kirchenälteste. Stand ein Vogteigericht mehreren Untergerichtsherren zu, so bestellte jede Herrschaft einen besonderen Schultheißen. Er wurde aus den Gemeindsleuten auf Vorschlag des Amtes von der Herrschaft angenommen, von der Regierung eidlich verpflichtet und vom Amtmann der Gemeinde vorgestellt, wobei ihm durch Handschlag Gehorsam angelobt wurde[1].

Der Schultheiß erscheint vor allem als Hilfsorgan der landesherrlichen Regierung, insbesondere des Amtes, und als herrschaftliches Aufsichtsorgan über die Gemeinde, welcher er vorgesetzt war.

Dies tritt zunächst, abgesehen davon, daß der Schultheiß des Ortes, in welchem das Land-, Unter-, Vogtei- oder Herrengericht zusammentrat, dieses zu hegen hatte als Gerichtsschultheiß, darin zutage, daß dieser wie alle andern Ortsschultheißen die Schatzungen und Monatsgelder wie die Kriegsbeiträge[2], aber auch die Herrengelder[3] einzutreiben und zu liefern, über die Fronen ein Register zu führen, sie auf Verlangen der Kellerei zu gebieten und nichterschienene Pflichtige zur Bestrafung anzuzeigen hatte[4]. Auch mit der Erhebung und Einlieferung des Blut- und Nußzehnten und der Aufsicht über den herrschaftlichen großen Zehnten, falls er in natura eingezogen wurde, finden wir sie betraut[5]. Die Schultheißen, und wo es keine gab, die Land- oder Zentschöffen, hatten die Todesfälle anzuzeigen bei Amte, damit das Besthaupt geteidigt werden konnte[6].

---

meinde der deutsch-fränk. Gebiete im 15. u. 16. Jahrh., vgl. E. Mayer, Deutsche und französ. Verfassungsgesch. I (1899) 487 n. 6, 515.

[1]) Vgl. Heyl, SLB. 1750 f.

[2]) LTA XI p. 143. (A. Erbach d. a. 1732).

[3]) F. A. Wildenst. Cent, Bericht d. a. 1649. Ebenso in A. Reichenb. seit 1747, als das Amt des Rentmeisters vakant war, aber beibehalten auch nach dessen Wiederbesetzung. F. A. Reich. Polizeis.

[4]) Instruktion des Stadtschulth. v. Beerf. 1699. F. Freienst. A. Cent I.

[5]) F. Amt Reich. Polizeis. (d. a. 1820).

[6]) F. Erb. A. Cent d. a. 1784.

alle Amtsbefehle und Zitationen zu vollziehen, für Festnahme von Delinquenten zu sorgen und schließlich allgemein darauf zu sehen, daß den herrschaftlichen Gerechtsamen innerhalb ihres Bezirkes nicht zuwidergehandelt werde.

Sodann war dem Schultheißen die Aufsicht über die Dorfspolizei, die Verwaltung des Gemeindevermögens, die Vertretung der Gemeinde in Rechtsstreitigkeiten übertragen. Außerdem gehörte die Aufnahme von Kontrakten, insbesondere der Eheberedungen und Gutsübergabeverträge, von Viehhändeln und andern Akten der freiwilligen Gerichtsbarkeit, zu seinen Obliegenheiten.

Als Vergütung genossen sie Befreiung von meist 30 fl. Schatzungskapital, oft vom kleinen, Blut- und Nußzehnten, von Fronen, bisweilen auch von Leibsbeeth und Martinigülten; für die Aufsetzung der Kaufbriefe usw. bezogen sie Sporteln; eine Besoldung in Geld oder Naturalien erhielten sie regelmäßig nicht.

Eine ähnliche Stellung besaßen die Ortsschultheißen in der Herrschaft Breuberg[1]. Nur bestand hier der große Nachteil, daß von den etwa 40 breubergischen Gemeinden bloß 8—10 mit Ortsschultheißen versehen waren, während deren Funktionen in den übrigen Dörfern von den Zentschultheißen und den Zentschöffen wahrgenommen wurden, was für eine ordnungsmäßige lokale Verwaltung nicht genügte. Die Zentdistrikte waren zu groß; die Ortschaften, an welchen nicht ein Zentschultheiß seinen Sitz hatte, waren fast ohne Aufsicht; die Polizei lag hier darnieder; die gröbsten Exzesse blieben nicht selten ohne Ahndung. Im Rechnungswesen der Gemeinden kamen allerhand Unterschleife vor, und häufig waren die jährlich wechselnden Bürgermeister zur Aufstellung der Rechnungen nicht imstande; es fehlte an einer genügenden Aufsicht über die Verwaltung des Gemeindevermögens. Die Insinuation und Vollziehung der Re-

[1]) Hier waren sie in Angelegenheiten, welche die ganze Zent angingen, dem Zentschultheißen, in Dingen, welche lediglich die ihnen unterstellten einzelnen Ortschaften betrafen, unmittelbar dem Amte untergeben. Vgl. Bericht des gemeinschaftl. Amtes Breuberg an die Großh. hess. Regierung v. 10. Aug. 1810 in F. Kirchbromb. I.

gierungs- und Amtsverordnungen, die Geschäfte der freiwilligen Gerichtsbarkeit waren in solchen Orten mit vielen Kosten und Verzögerungen verbunden. Die Gemeinden entbehrten eines ständigen und brauchbaren Vertreters in gerichtlichen und außergerichtlichen Geschäften, bedienten sich vielmehr in den geringfügigsten Angelegenheiten nicht selten zahlreicher sich aufdrängender Deputierten, welche mit Diäten und Zechereien unverhältnismäßig viel kosteten und dazu beständig wechselten. Endlich war es den Behörden angenehmer, mit besonders verpflichteten Vorstehern zu tun zu haben als mit den „zu Sprechern meistenteils sich aufwerfenden rohen, frechen, unbiegsamen und unerfahrenen Gemeindsmitgliedern". Aus diesen Gründen wurde bereits seit Mitte des 18. Jahrhunderts vorgeschlagen, für jeden größeren und mehrere kleinere Orte einen besonderen Ortsschultheißen zu bestellen, doch gelangte der Plan nicht zur Ausführung[1]).

3. Als Beisitzer bei Gericht, im übrigen als Hilfsorgane des Amtes besonders in polizeilicher Hinsicht erscheinen die bei größeren Untergerichtsbezirken ebenfalls auf die einzelnen Ortschaften verteilten Land- oder Gerichtsschöffen.

III. DIE UNTERTANEN[2]).

1. Ihre wirtschaftlich-soziale Gliederung.

In den odenwäldischen Ämtern der Grafschaft bewirkte die Aufrechterhaltung der rechtlichen Geschlossenheit und der beschränkten Teilbarkeit der Hubgüter die Scheidung der ländlichen Bevölkerung in zwei wirtschaftlich-sozial scharf geschiedene Klassen: in Personen, welche ein Hubgut oder einen Teil eines solchen besaßen (Hübner) und in sonstige Personen.

[1]) Vgl. F. Breub. Cent. u. Meliorat. Berichte v. 1782, 1790 usw.

[2]) F. Erb. Amt. Receptionen, Beisaß- u. Erbschutzgeld. Heyl, SLB. — LTA. XI. — F. Breuberg, Meliorationen Spec. u. a. — H. Rehm, der Erwerb von Staats- und Gemeindeangehörigkeit in geschichtlicher Entwicklung, Annalen des Deutschen Reiches 1892 S. 137 ff., bes. 193 ff., 231 f. Bazille u. Köstlin, Das Recht der Staatsangehörigkeit mit besonderer Berücksichtigung Würtembergs (1902) 127 f. Th. Knapp, Beiträge 38 f., 158 f.

Unter den Hübnern wurden nach der Größe ihres Besitzes ganze, halbe, Drittels-, Viertels-Hübner unterschieden. Sie bildeten den eigentlichen Bauernstand, sie waren stets Untertanen und Gemeindsleute.

Im übrigen läßt sich die ländliche Bevölkerung in folgende Gruppen teilen:

a) die von den Hübnern in ihre Wohnung aufgenommenen oder in einem Nebengebäude untergebrachten, gewöhnlich verheirateten Knechte, welchen die Hübner lebenslänglich Unterkunft und den Genuß einiger Grundstücke gegen Leistung ihrer Dienste einräumten.

b) Diejenigen unbegüterten Leute, welchen von der Gemeinde ein Stück Allmend mit der Erlaubnis, sich ein Haus darauf zu bauen, in Erbbestand oder verkäuflich abgetreten hatte; außerdem gehörte etwas Gartenland und vielleicht ein Kartoffelstück dazu; im übrigen arbeiteten sie im Tagelohn.

c) Wie die Gemeinden auf ihrer Allmend, so siedelte in einigen Gemarkungen auch die Herrschaft einige Leute, bisweilen in größerer Anzahl, auf herrschaftlicher Waldmark oder auf herrschaftlichen Wiesen in derselben Weise an.

d) Häufig bauten Hübner mit herrschaftlicher Erlaubnis einem ihrer jüngeren Kinder ein Häuschen auf die Hube und traten ihm einige Güterstücke eigentümlich ab.

e) In einer Reihe von Gemarkungen gab es Hofstätten und Häuser, welche nicht zu geschlossenen Gütern gehörten; dazu konnte ein Baum- und Grasgarten, auch sonstiges Land, z. B. soviel Feld, daß es einer Viertelshube gleichkam, gehören. Im übrigen waren die Eigentümer regelmäßig Handwerker, Tagelöhner, Wirte, Müller.

Eine besondere, in sich nicht einheitliche Gruppe der ländlichen Bevölkerung bildeten die Besitzer der herrschaftlichen und sonstigen Freihöfe. Sie standen teils den Hübnern gleich, soweit sie Erbbeständer waren, teils nahmen sie eine bevorzugte Stellung ein, als Hofbauern im herrschaftlichen Dienste, als Pächter, vereinzelt als ehemalige herrschaftliche Beamte oder Nachkommen von solchen, deren Hubgütern erblich Hofesfreiheit erteilt worden war. Ihr Hof berechtigte sie zur Teilnahme an den Allmendnutzungen, ihre Hofesfreiheit aber befreite sie von den kommunalen und vielen sonstigen Lasten.

In der Herrschaft Breuberg und im Amte Wildenstein bestand, von der letztgenannten Gruppe abgesehen, jene Scheidung nicht, da hier geschlossene Bauerngüter nicht mehr vorhanden waren. Hier gab es lediglich den allgemeinen Unterschied zwischen reich und arm. Wer die Mittel hatte, konnte sich soviel Land zusammenkaufen, daß er eigenen Anspann zu halten vermochte; kleinere Leute ohne Anspann ließen ihre Äcker häufig von Spannfähigen um eine Quote des Ertrages mitbebauen, im übrigen lebten sie als Tagelöhner oder Handwerker.

Soweit die vorbezeichneten Personen kraft Dienstvertrages als Landarbeiter, nicht als Fröner oder Gesinde, auf herrschaftlichen oder Bauerngütern sich ernährten, war der Inhalt ihres Dienstverhältnisses im einzelnen nicht zu ermitteln. Immerhin läßt sich im allgemeinen ihre wirtschaftliche und soziale Lage mit derjenigen der niedersächsischen Häusler und Büdner, Brinksitzer und Angerleute, zum Teil aber, nämlich soweit sie mit ihren Familien auf Reihenhufen und herrschaftlichen Einzelhöfen in Nebenhäuschen lebten, bis zu einem gewissen Grade mit derjenigen der westfälischen Heuerlinge vergleichen. Die Klasse dieser Landarbeiter war arm, aber keineswegs proletarisch. Auch bildeten sie als solche keine „soziale Frage"; sie gehörten zwar derjenigen Klasse an, auf welche sich die soziale Frage unsrer Gebiete im 18. Jahrhundert bezog: den Beisassen; allein die soziale Frage der Beisassen betraf lediglich den Umfang ihrer Heranziehung zu den herrschaftlichen und kommunalen Lasten und der Zulassung zu den Gemeindenutzungen, indem es sich um im allgemeinen arme Leute handelte; sie erstreckte sich aber nicht auf die Lage der einzelnen ökonomisch-verschiedenen Beisassengruppen: der kleinen Handwerker und der Landarbeiter. Nicht als solche, sondern lediglich als arme Leute, als „Beisassen", waren die Landarbeiter Gegenstand sozialer Betrachtung.

Diese wirtschaftlich-soziale Gliederung hatte auf die rechtliche Gestaltung der Untertanenverhältnisse entscheidenden Einfluß.

2. Die rechtliche Gestaltung der Untertanenverhältnisse.

Der Begriff Untertan wurde in einem engeren Sinne gebraucht; nicht alle der erbachischen Territorialgewalt unterworfenen Personen, aber auch nicht alle Territorialangehörigen wurden als Untertanen bezeichnet, sondern nur diejenigen der letzteren, welche Mitglieder einer Stadt- oder Landgemeinde, Bürger oder Gemeindsleute, waren.

Ihnen standen, soweit die ländliche Bevölkerung in Betracht kommt, die Beisassen oder Schutzverwandten gegenüber. Von wenigen Ausnahmen abgesehen [1]), gehörten sie alle zwar einer bestimmten Gemeinde an [2]), besaßen jedoch keinen rechtlichen Anspruch auf Mitgenuß an den Gemeindenutzungen, noch ein Stimmrecht in der Gemeindeversammlung, waren aber andrerseits von den Gemeindelasten befreit; nur hatten sie für Mitbenutzung der Gemeindeanlagen und die ihnen precario überlassenen Nutzungen (Brennholz, Streulaub, Gras für das Vieh), ohne welche sie wirtschaftlich nicht hätten existieren können, jährlich 1 bis 2 fl. an die Gemeindekasse zu entrichten.

Dieses allen Beisassen gemeinsame Merkmal bezog sich auf ihre rechtliche Stellung zur Gemeinde.

Staatsrechtlich, d. h. der Herrschaft gegenüber, teilten sich die Beisassen dagegen in zwei Gruppen: in Territorialangehörige und in Fremde. Dieser Gegensatz trat wohl am schärfsten zutage im Amte Erbach, dadurch, daß die ersteren hier als sog.

---

[1]) Dagegen bildete z. B. der Ort Roßbach nach Verwandlung in ein herrschaftliches Hofgut (1690 f.) keine Gemeinde mehr; die wenigen Tagelöhner wohnten auf herrschaftlichem Eigentum, zahlten einen jährlichen Temporalgrundzins von 1½ fl. und „waren als Beisassen dahin rezipiert". F. Erb. Amt. Leibeig. II 2 b d. a. 1827 f.

[2]) Auf der Gemeindeangehörigkeit beruhte das Recht auf Armenunterstützung, zu deren Gewährung die Gemeinden reichsgesetzlich verpflichtet waren. Rehm a. a. O. 182 f. Meyer-Anschütz, Lehrb. d. d. Staatsrechtes (1905) S. 706.

Erbschutzverwandte den letzteren als den bloßen Beisitzern gegenübergestellt wurden [1]).

Trotz häufig wirtschaftlich-sozialer Gleichheit zwischen diesen Erbschutzverwandten und sonstigen Beisassen blieb rechtlich der erhebliche Unterschied bestehen, daß die Beisitzer nur als subditi temporarii galten. Ihr Aufenthalt war obrigkeitlich nicht als dauernder anerkannt, sie besaßen daher kein Domizil im öffentlich-rechtlichen Sinne des 18. Jahrhunderts, und die Niederlassung zu bloßem Beisassenrechte begründete zwar Gemeinde-, aber keine Territorialangehörigkeit. Während den Gemeindsleuten und Erbschutzverwandten das Bürgerrecht oder der Schutz seitens der Herrschaft nur aus bestimmten rechtlichen Gründen aufgekündigt werden konnte [2]), konnten die Beisitzer jederzeit nach Ermessen ausgewiesen werden [3]).

Andrerseits findet sich in andern Ämtern der Gegensatz zwischen einheimischen und fremden Beisassen nicht so scharf ausgeprägt, vielmehr werden die Beisassen schlechthin als subditi temporarii den Gemeindsleuten als den mit obrigkeitlicher Erlaubnis domizilierten, den sog. „wirklichen Untertanen", entgegengesetzt [4]).

[1]) Seit Einführung des an die Herrschaft zu entrichtenden Beisaßgeldes (1706) unterschied man in den Rentamtsrechnungen des Amtes Erbach die Rubriken: Erbschutzgeld und Beisaßgeld. Ersteres hatten „derer leibeigenen wirklichen Untertanen verheiratete Söhne und Landeskinder, welche ihre besondere menages haben", zu entrichten, letzteres „die Beisitzer, die nicht im Amt geboren sind, sondern Fremde und aus andern Ämtern und Dorfschaften im Amte sich aufhalten und immer von der einen Herrschaft zu der andern migrieren, öfters auch widriger religione sind".

[2]) Die rechtmäßigen und erheblichen Ursachen, aus welchen das Burgerrecht oder der Schutz wieder aufgekündigt werden konnte, sind aufgezählt bei J. J. Beck, De jurisdict. vogt. (1738) p. 225 f.

[3]) So ausdrückl. nach Bericht v. 1806. F. Erb. Amt, Beisitz- und Erbschutzgeld.

[4]) So heißt es in einem Bericht über das Amt Wildenstein v. J. 1732: Die Zahl der Beisassen im Amte betrug 1723—1731 durchschnittlich 5; jeder muß jährlich 1 Reichsthlr. Beisaßgeld entrichten, anbei alle Bottengäng und Handfrohndienste verrichten. „Inzwischen kann man hierbei nicht bergen, daß die Beisassen gnädiger Herrschaft keinen sonder-

Die Territorialangehörigkeit wurde erworben durch Begründung des Domizils, jedoch bereits in der zweiten Hälfte des 16. Jahrhunderts[1]) nur dann, falls es obrigkeitlich genehmigt war. Da aber jede Person, welche sich in einem Gemeindebezirk mit selbständigem Haushalte niederließ, bei der Gemeinde sei es als Gemeindsmann oder als Beisaß sich einlassen mußte, der Niederlassung zu bloßem Beisassenrechte aber obrigkeitlich das Moment der Dauer nicht zuerkannt war, so wurde die Territorialangehörigkeit nur bei Niederlassung zu Bürgerrecht, sog. Einzug in die Gemeinde, von Ausländern erworben. Das Recht der obrigkeitlichen Genehmigung des Einzugs Fremder äußerte sich in dem an die Gemeinden ergangenen Verbote, Jemanden ohne Vorwissen und Verwilligung der Herrschaft anzunehmen[2]), und diese Erlaubnis wurde in Form der Ausstellung eines Rezeptionsdekretes durch das Amt, seit der zweiten Hälfte des 18. Jahrhunderts allgemein durch die Regierung nur erteilt, wenn 3 Vorbedingungen beim Bewerber erfüllt waren: Freiheit von

---

lichen Nutzen bringen, dahero auch verschiedene, zumalen die widriger Religion sind, bishero weggewiesen und nur diejenige beibehalten, so bereits geraume Jahre sich dahier aufgehalten, auch mehrenteils Landeskinder und evangelischer Religion zugetan sind, als welche bei jetziger Zeit da ohnedem viele exulante herumgehen und die hiesige ganze Nachbarschaft katholisch ist, zu vertreiben Bedenken getragen". LTA. XI p. 159 f. — Und als Kurpfalz als Zentherrschaft der erbachischen Vogteiorte Untersensbach und Hebstahl von den dortigen Beisassen, da sie als Handwerker und Besitzer einiger kleiner Grundstücke als Untertanen zu betrachten seien, die Ableistung des Zenteides und die Kontribution zu den Zentanlagen forderte, widersprach Erbach-Fürstenau mit der Begründung, daß es sich lediglich um von der Vogteiherrschaft in den Schutz aufgenommene Leute handele, welche als subditi temporarii nicht Zentmänner zu werden brauchten, ohne Unterschied, ob es Landeskinder oder Fremde wären. Untersensb. d. a. 1773. Daß jedoch im Amte Erbach auch die Beisassen Zentmänner werden mußten, wurde bereits früher hervorgehoben.

[1]) RKGerichtsprozeßakten gegen Hessen d. a. 1616 (Amt Seeheim): „wann Jemandt sich in gen. erbachischen Flecken und Dörfern häuslich niederzuschlagen gemeint, daß derselbe jederzeit bei der Herrschaft Erbach darumb Ansuchung thun müssen". Vgl. S. 140 n. 1.

[2]) Kanzleiprotokoll v. 1618 bei Heyl, SLB. Reichenb.

fremder Leibeigenschaft, Nachweis eines bestimmten Vermögens (150 fl. für den Mann, 100 fl. für das Weib) oder sonstiger wirtschaftlicher Voraussetzungen (s. u.), Entrichtung des Einzugsgeldes.

Allein die Herrschaft besaß nicht nur das Recht, den Gemeinden die Aufnahme neuer Mitglieder zu untersagen, sondern auch die Befugnis, nach Ermessen das Bürgerrecht gegen den Willen der Gemeinden zu erteilen, auch in denjenigen Orten, wo das Gemeinderecht als veräußerliches und vererbliches Recht behandelt wurde[1]).

Aber auch Inländer bedurften besonderer Aufnahme als Gemeindsleute und Untertanen oder als Beisassen. Auch sie hatten sich per Memoriale bei Amte zu melden unter Nachweis des Vorliegens der auch für sie verlangten Bedingungen, die Erteilung des Rezeptionsdekretes abzuwarten und ein Einzugsgeld zu zahlen. Ein Anspruch auf Erteilung des Gemeinderechts wurde auch ihnen im allgemeinen nicht zuerkannt, abgesehen von den Gemeinden, in welchen das Gemeinderecht als Gegenstand des Privatrechtsverkehrs behandelt wurde.

Abkauf von fremder Leibeigenschaft findet sich als Bedingung anch für die Inländer. In wirtschaftlicher Beziehung dagegen bestanden in den einzelnen Landesteilen und Ämtern große Abweichungen: wurde in der Herrschaft Breuberg, den Ämtern König, Reichenberg, Wildenstein das Gemeinderecht

---

[1]) Insbesondere in den Ämtern Freienstein u. Rothenberg wurden die Gemeindsteile von jeher von den Eltern mit den Gütern als Eigentum an den Sohn verkauft, u. nicht selten erwarben Gemeindsleute diese Berechtigung für nicht geringe Summen von andern verarmten Gemeindsleuten käuflich hinzu. Solche Gemeinderechte wurden gerichtlich verpfändet u. überhaupt als eine Sache angesehen, welche ganz als Eigentum der freien Dispositon der Besitzer zustehe. Bericht des Amtes Freienstein v. 8. Okt. 1821 F. Amt Freienstein, Gem. Sachen. — Besonders in diesen Gebirgsortschaften bestanden zwischen den Hübnern und den Beisassen lebhafte Differenzen, indem letztere gegen jene Auffassung der Hübner, das Gemeinderecht sei ihr ausschließliches Privatrecht, opponierten und von der Landesherrschaft ebenfalls Rezeption in die Gemeinde beanspruchten. Vgl. auch Erb. Ldr. 353 f.

jedem erteilt, der nur ein eignes Haus besaß, finden sich hier sogar Gemeindsleute mit nur einem halben oder gar keinem Hause, so wurde z. B. in den Ämtern Erbach und Freienstein das Gemeinderecht grundsätzlich nur an Hübner, nur ausnahmsweise an andere, z. B. Wirte, erteilt. Die wirtschaftlich-soziale Klasse der ländlichen Bevölkerung, deren Angehörige kein Hubgut, sondern nur ein Häuschen und einige Grundstücke besaßen, stand demnach hier außerhalb des Gemeindeverbandes, in der Herrschaft Breuberg usw. dagegen als sog. einläufige oder einlezzige Untertanen innerhalb desselben. Die Zahl der Beisassen war daher sehr verschieden: hier war sie verhältnismäßig sehr gering, dort erreichte sie nicht selten die Hälfte der Zahl der Gemeindsleute.

Die Aufnahme erfolgte zunächst durch die Gemeinde; die darauf folgende „Annahme und Verpflichtung neuer Untertanen" beim Vogtei- oder Untergericht hatte nur zeremonielle Bedeutung. Jedenfalls in der zweiten Hälfte des 18. Jahrhunderts war das herrschaftliche Rezeptionsdekret das entscheidende Moment.

Auch die Beisassen bedurften einer besonderen Annahme, nicht mehr, wie ehemals, nur durch die Gemeinde, sondern zur besseren Kontrolle über diese oft unerwünschten[1]) und fluktuierenden Elemente auch durch das Amt. Im Laufe des 18. Jahrhunderts wurden mehrere kleinere Land- und Forstarbeiterkolonien durch die Herrschaft angelegt[2]).

Werfen wir noch einen kurzen Blick auf die Landgemeinde, die wichtigste kommunale Organisation der ländlichen Bevölkerung.

3. Überblick über die Gemeindeverfassung.

Die Bedeutung der Landgemeinde als juristischer Person des öffentlichen Rechtes trat in unseren Gebieten gegenüber anderen Territorien zurück. Insbesondere stand den Gemeinden im allgemeinen, soweit sich sehen ließ, kein Subrepartitionsrecht

---

[1]) In diesem Sinne sollte auch in der Herrschaft Breuberg — für die Grafschaft vgl. Erb. Ldr. 100, Untergerichtsordn. Tit. 12, — das Anbauen kleiner Häuser und Hütten 1739 verboten werden.

[2]) vgl. III. Kap. (Grundherrsch., herrschaftl. Waldmarken).

hinsichtlich der Schatzung und der Fronen zu; hier trat, soweit sich sehen ließ, das Amt dem einzelnen Pflichtigen durch Vermittelung des Schultheißen, als seines Exekutivorganes unmittelbar gegenüber[1]). Auch bedeutete die Zent eine Entlastung der Gemeinden. Nur hinsichtlich weniger Abgaben, z. B. in einigen Fällen der Atzung und der Frongelder, hauptsächlich auf dem Gebiete des Schulwesens und reichsrechtlich des Armenrechtes erscheinen die Gemeinden als solche verpflichtet. Andrerseits besaß die Gemeinde gegenüber ihren Mitgliedern ein Besteuerungsrecht, Anspruch auf Kommunalfronen und eine unbedeutende autonome Gerichtsbarkeit in Dorf-, Feld- und Waldpolizeifreveln.

Auf dem Gebiete des Privatrechtes war die Gemeinde wie sonst in der Hauptsache Markgemeinde, die Verwaltung der Allmend ihre wichtigste Aufgabe. Inwieweit trotz Fehlens einer Gemengelage der Äcker in vielen Orten gleichwohl infolge herrschaftlicher Weidegerechtigkeiten oder gemeindlicher Koppelweide eine gemeindliche Regelung der Bewirtschaftung der Flur stattfand[2]), war nicht festzustellen.

Mitglieder der Landgemeinde waren, wie sich aus dem bisherigen ergibt, stets die Hübner, ferner auf Grund ihres Hofes die verschiedenen Hofsbesitzer und außerdem in einem in den einzelnen Gegenden verschiedenen Umfange auch sonstige Angehörige der ländlichen Bevölkerung als einläufige oder einlezzige Untertanen. Alle übrigen Gemeindeangehörigen waren bloße Beisassen.

Die Größe der einzelnen Gemeinden war sehr verschieden. In den kleinen Weilern des Amtes Erbach waren es 2 bis 10, in Untermossau dagegen 27, in Rothenberg 34 Huben, deren Besitzer selbständige Gemeinden bildeten.

Hinsichtlich der Dorf- und Fluranlage waren in unseren Gebieten fast alle bekannten Siedelungsformen in buntem

[1]) Jedoch finden sich Ausnahmen; hinsichtlich der Fronen besonders im Amte Wildenstein; in Wersau subrepartiert der Schultheiß in der Gemeindeversammlung die Monatsgelder u. drgl. m.

[2]) vgl. Fuchs Art. „Flurzwang" in Elsters Wörterbuch der Volkswirtschaft I (1906) 855.

Wechsel vertreten. Wir finden 1. Haufendörfer mit einer Flureinteilung nach Gewannen und Hufen in Gemengelage, 2. Reihendörfer mit streifenförmig von der Talsohle nach der Wasserscheide verlaufenden Hufen in einem Stück, 3. Weiler und weilerartige Dörfer mit blockförmigen, unregelmäßigen Flurstücken, die eine Gruppe von 3—6 Höfen umgeben, und 4. Einzelhöfe.[1])

Während im östlichen Franken das Recht der Beaufsichtigung und teilweisen Leitung der Landgemeinde als „Dorfs- oder Gemeindsherrschaft" eine selbständige und mit der Landeshoheit nicht selten konkurrierende Befugnis darstellte[2]), erscheint es in unserem Gebiete bei der relativen Seltenheit von Partikularvogteien lediglich als ein nicht besonders unterschiedener Ausfluß der Landeshoheit und war deshalb bisweilen in zent- und vogteiherrlich vermischten Orten seiner Zuständigkeit nach bestritten.

Das Organ, durch welches die Landesherrschaft ihre „dorfsherrlichen" Befugnisse ausübte, war in den einzelnen Gemeinden

---

[1]) Hierüber, insbesondere über den Grund des Unterschiedes in der Fluranlage im Gebiete des Odenwaldes, vgl. K. Henkelmann, Das Odenwälder Bauernhaus (1906) 10f.; Ders., Bauernhaus des Odenwaldes (1908) 15f.; im Gegensatze zu A. Meitzen, Siedelungen und Agrarwesen II 329f.

[2]) Den Inhalt des sehr umstrittenen Begriffes „Dorfs- oder Gemeindsherrschaft" im engeren Sinne — im allgemeinen, besonders im westlichen Franken, wurde „Dorfsherrschaft" im Sinne von Vogteigerichtsherrschaft oder Dorfsobrigkeit schlechthin gebraucht, weil infolge der größeren Seltenheit von Partikularvogteien die Notwendigkeit einer solchen Unterscheidung nicht bestand — charakterisiert J. U. Röder, Von Erbgerichten und Lehnsvogteyen nach der Landesverfassung und den Landesgesetzen des Fürstentums oder der Pflege Coburg (1782) 485 folgendermaßen: Erbgerichte oder vogteyliche Obrigkeit (im Sinne von Partikularvogtei) sind ganz etwas anderes als die Dorfsherrschaft, bey dieser werden die Inwohner eines Dorfes nicht ut singuli, sondern als socii unius corporis vel universitatis considerirt; die Erbgerichte oder vogteyliche Obrigkeit hingegen hat mit ihren Untersassen nicht qua membris unius corporis vel universitatis, sondern qua singulis zu tun; diese hat ihren Grund in der Lehnschafft oder Lehnbarkeit, jene hingegen, die Dorfsherrschaft, fraget nicht darnach, was Lehen dieses oder jenes

der unter dem Amte stehende Schultheiß. Während derselbe aber bereits früher bei Darstellung der vogteiherrlichen Organe besprochen werden mußte, seien hier die eigentlichen kommunalen Gemeindeorgane, Bürgermeister und Haingericht, kurz dargestellt.

Das Haingericht war diejenige Versammlung aller Gemeindsleute, welche jährlich ein-, selten zweimal an einem herkömmlich feststehenden Tage (Martini, Walpurgis) zum Zwecke der Erledigung der rein kommunalen Angelegenheiten der Gemeinde zusammentrat[1]).

Es gab Dörfer, welche ehemals nur ein Haingericht gebildet hatten, im 18. Jahrhundert aber in ein oberes und unteres Haingericht, d. h. in zwei Gemeinden zerfielen. An das Haingericht gehörte jeder Gemeindsmann, gleichviel welchen Vogteigerichtsherrn er hatte; dies war von Bedeutung in denjenigen Gemeinden, deren einzelne Mitglieder je nach der grundherrlichen Zugehörigkeit ihrer Güter zu verschiedenen Unterge-

---

Gut und dessen Besitzer sey, sondern nur, ob das Gut Gemeindrecht genieße, mithin auch gemeine Schuldigkeiten und Beschwehrungen zu tragen habe. Die Dorfsherrschaft machet Ordnung in Gemeindesachen, bestellet Schultheißen, Gemeindevorsteher und Gemeindediener, Hirten, Flurschützen u. drgl. und bestraft die Übertretung der Dorfsordnung. Der Gemeind Gehorsamszwang bestehet in Verbot der Gemeindenutzungen, Brunnen, Weide, Gräserey, Wege uud Stege, Holzung und alles dessen, was membra universitatis qua talia mit einander zu genießen haben." Sodann vgl. J. Chr. Siebenkees, Beyträge z. teutschen Recht I (1786) 209f. Schneidt, thesaur. jur. francon. I. Abschn. S. 3298. J. J. Beck, de jurisdict. vogt. immed. (1738) 657f. Wehner, obs. pract. (1735) 497f. Ein Beispiel f. d. Gemeindeverfass. eines „mehrherrigen" Dorfes s. in Zeitschr. f. Social- u. Wirtschaftsgesch. Bd. VII (1900) 331f. (E. Otto, Ein fränk. Dorf zu Anfang des 17. Jahrh.).

[1]) Über den Gegensatz zwischen „Dorfgericht" und „Haingericht" vgl. Thudichum, Gau- u. Markverfass. S. 37f., 40f., E. Mayer, Deutsche u. französ. Verfass.-Gesch. I (1899) 487 n. 6, 517f. Ersteres, das herrschaftliche Vogteigericht, erscheint in unsern Gebieten im allgem. nicht als Gemeinde-, sondern lediglich als herrschaftliches Organ. Nur in größeren, einen besonderen Untergerichtsbezirk für sich bildenden Orten (z. B. Brensbach, Stadt Erbach) erscheint neben Schultheiß und ganzer Gemeine auch „Das Gericht" („der Rat") als Gemeindeorgan.

richten gehörten, wo also Hain- und Untergericht bzw. Landeshoheit sich durchkreuzten[1]). In einigen Ämtern führte der Amtmann den Vorsitz, entweder so, daß er die einzelnen Orte besuchte[2]), oder der Art, daß die Haingerichte sämtlich am Amtsorte abgehalten wurden[3]); in andern Ämtern wird nur die Anwesenheit des Ortsschultheißen erwähnt[4]), doch mußten hier die Gemeinderechnungen dem Amte zur Justifikation und Ratifikation eingereicht werden[5]). Gehegt wurde es durch einen besonderen Hainberger im Namen der Nachbarn, nicht der Herrschaft[6]). Seine Kompetenz bestand in der Beschlußfassung über Gemeindeangelegenheiten, der Wahl des Bürgermeisters, der Prüfung der Amtstätigkeit des bisherigen, insbesondere seiner Rechnungsführung, der Entlastung desselben, endlich in der Verhängung von in geringen Quantitäten Wein, auch in Geld bis zu 1 fl. bestehenden Strafen wegen unbedeutender Feld-, Flur-, Waldfrevel, zu deren Feststellung vorher ein gemeinsamer Markungsumgang stattfand. Sodann wurde unbefugtes Wegbleiben von einer durch den Bürgermeister berufenen Gemeindeversammlung im Haingericht mit kleinen Geldstrafen geahndet.

Jede Gemeinde hatte einen (größere zwei) Bürgermeister, der in einigen Orten von der Gemeinde im Haingericht gewählt wurde, während in andern das Amt der Reihe nach unter den Gemeindsleuten herumging; sein Amt dauerte überall nur ein Jahr; die Wahl bedurfte der Bestätigung durch das Amt. Die Bürgermeister hatten unter Aufsicht der Schultheißen, in der

---

[1]) z. B. Laudenau, Winterkasten, Kleingumpen.

[2]) z. B. König, Ldw. Dietrich, Mitteil. in Hess. Blätter f. Volkskunde II 36.

[3]) Im Amte Freienstein wurde 1768 die Abhaltung der Haingerichte in das Amtshaus nach Beerfelden verlegt zur Verhütung unmäßiger Zechereien; da nutzlos, 1803 in die Schultheißenhäuser der einzelnen Orte zurückverlegt, Amtmann soll in Zukunft beiwohnen, Rechnung abhören, justificiren und genehmigen. F. Freienst. Amt. Polizeis. d. a. 1803.

[4]) Amt Reichenberg bei Heyl, SLB.

[5]) Amt Erbach, F. Cent d. a. 1787.

[6]) Vgl. Haingerichtsordn. in Erb. Ldr. 122 u. 68.

Herrschaft Breuberg der Zentschöffen, die Rechnungen zu führen, Einnahmen zu erheben, die Ausgaben zu leisten, letztere z. T. nur auf Grund einer Anweisung des Schultheißen, in wichtigeren Dingen des Amtes, Gemeindearbeiten zu leiten und zu beaufsichtigen, die Weide zuzuhängen, die Gemeinde zu berufen u. drgl. m.[1]) In der Herrschaft Breuberg[2]) werden außerdem als Funktionen der Bürgermeister erwähnt die Fertigung von Ausschlägen, Andeutung der Befehle der Zentschultheißen und anderer Behörden, Ausfertigung der Billete bei Einquartierungen. Dafür erfreuten sie sich hier, nur selten aber in der Grafschaft, der Personalfronfreiheit, jedoch keiner Besoldung, nur in außerordentlichen Fällen einiger Vergütung für Versäumnis.

IV. DIE NUTZBAREN RECHTE DES VOGTEIHERRN.

Die in der Vogtei- und Landeshoheit begründeten nutzbaren Rechte des gräfl. Hauses Erbach (fructus jurisdictionis) hatten die Leistung einerseits von Fronen, andrerseits von Abgaben zum Inhalte.

Die Fronen, „das Kleynod der Niedergerichtsbarkeit“[3]), gelangen in einem besonderen Abschnitte zur Darstellung.

Neben den Fronen stand in systemloser Mannigfaltigkeit eine große Reihe von Abgaben, die sich aus einer Rekognitionsgebühr, direkten und indirekten Steuern zusammensetzten. Dazu traten die Strafgelder und der Ertrag aus gerichtsherrlichen Bannrechten. Die besonderen von den Juden erhobenen Abgaben (Judenschutzgelder, Leibzoll, Geleit usw.), und die verschiedenen Zunftintraden, bestehend in Eintritts-, Straf-, Meister- u. dgl. Geldern von den seit der 2. Hälfte des 17. Jahrhunderts nach Ämtern organisierten Territorialzünften, seien hier nur kurz angedeutet. Weiterhin war der Vogteiherr im Besitze der niederen Jagd und Fischerei.

Außerdem aber war die Gerichtsherrschaft von großer

[1]) vgl. Ldw. Diertrich a. a. O. 38f.

[2]) Bericht des gemeinschaftl. Amtes Breub. an die Großh. hess. Regier. v. 10. Aug. 1810 in F. Kirchbromb. I.

[3]) A. W. Ertel, Praxis aurea von der Niedergerichtsbarkeit I (1722) 65.

Bedeutung als Mittel zur Bewahrung der rechtlichen Geschlossenheit der Hubgüter in den odenwäldischen Ämtern der Grafschaft zum Zwecke der Erhaltung der Prästationsfähigkeit der Hübner. In dieser ihrer Bedeutung als öffentlichrechtlicher Grundherrschaft gelangt die Vogtei in dem Abschnitt über die Grundherrschaft zur Darstellung.

Wie der Zentuntertan zur Zent zu schwören, das Zentgericht zu besuchen, insbesondere die Rügen vorzubringen und auf Erfordern das Zentschöffenamt zu übernehmen hatte, leistete der Vogteiuntertan seinem Vogteiherrn bei dem nächsten nach seiner Aufnahme oder Rezeption abgehaltenen Vogtei-, Land-, Unter-, Herrengerichte die Erbhuldigung, das homagium, wofür er meist 20 Kr. als Verpflichtungsgebühr zu entrichten hatte, er mußte das Landgericht besuchen, die Rügen vorbringen und auf Verlangen das Landschöffenamt übernehmen.

Während der Rauch- oder Zenthafer in recognitionem centenae geleistet wurde, war das Rauchhuhn die an die Untergerichtsherrschaft entrichtete Rekognitionsgebühr[1]. Das Rauchhuhn ruhte als Reallast grundsätzlich auf jedem Hause[1]. Es galt der Grundsatz: soviel Häuser auf einer Hube, soviel Rauchhühner vom Hubenbesitzer[2]. Auch auf Pfarrhäusern[3], auf den Gemeinden gehörenden Hirtenhäusern, auf Nebengebäuden und Beisassenhäusern, welche auf der Allmend oder auf herrschaftlicher Waldmark standen, ruhte die Abgabe. Von diesem Grundsatze finden sich Abweichungen nach zwei Richtungen. Zunächst kam es vor, daß von einem Hause, in welchem sich zwei gesonderte Haushaltungen befanden, zwei Rauchhühner gegeben werden mußten[4]; andrerseits daß auch von unbebauten

[1]) F. Erb. Amt, Allerlei Gefälle 1—3. Die Nachrichten hierüber sehr spärlich und ungenau, besonders hinsichtlich des grundherrlichen Faßnachtshuhnes, welch letztere Bezeichnung auch für das Rauchhuhn vorkommt. — Über Gerichts-, leib- und grundherrliche Hühnersteuern im allgem. vgl. Th. Knapp, Beiträge 119f. Ludwig, bad. Bauer 59.

[2]) Simon Urk. S. 235 d. a. 1434.

[3]) Dietrich, Mitteil. aus Königer Gültbüchern in Hess. Blätter f. Volkskunde II 29.

[4]) F. Erb.-Erb. Polizeis. 2. Auszug aus Gültbuch, Amt Reichenb.

Hausplätzen und von manchen Gütern und Äckern, auf welchen ehemals ein Haus gestanden hatte, das Huhn zu entrichten war [1]). Dem Rauchhuhn in der Grafschaft entsprach in der Herrschaft Breuberg das Gewalthuhn [2]).

Die wichtigste direkte Steuer war die Schatzung [3]). Man unterschied, je nach dem von ihr ergriffenen Steuerobjekte, die Güter-, Häuser- und Handwerkerschatzung. Da diese Steuerobjekte in den weitaus meisten Fällen sei es das ganze Vermögen, wie bei den Hübnern und vielen Einspännigen, sei es den bedeutendsten Teil desselben, wie bei den übrigen Grund- und Hausbesitzern, oder wenigstens, wie bei Taglöhnern und Handwerkern, die wichtigste Grundlage der Einkommensgewinnung der einzelnen steuerpflichtigen Personen darstellten, so besaß insofern und in Anbetracht der niedrigen Einschätzung in den meisten Fällen die Schatzung den Charakter und die Wirkung einer allgemeinen Einkommensteuer. Begrifflich war sie jedoch eine von drei bestimmten Objekten erhobene Steuer. Dies äußerte sich, abgesehen von der allerdings durch die niedrige Einschätzung in gewissem Umfange aufgewogenen Nichtberücksichtigung der Schulden des Steuerpflichtigen, hauptsächlich darin, daß bestimmte Objekte: herrschaftliche, freiadlige und Kirchengüter schatzungsfrei blieben, auch wenn sie an Untertanen zu Erbbestand gegeben oder sogar verkauft worden waren und nunmehr oft die wichtigste Grundlage der Einkommensgewinnung für die Beständer oder Käufer bildeten. Die Einheit der von den verschiedenen Objekten erhobenen Steuer, welche als Schatzung

v. 1709: X gibt von Hausplatz, den Herrschaft ihm von sog. Amtswiese verkauft, 15 alb. Gülten, 1 Faßn. Huhn, 1 Hahn mit ihren Rechten; da 2 Rauchfänge im Hause, welche durch Scheidewand getrennt, so liegen auf dem Hause 2 Rauchhühner; zu jedem Rauchh. gehört 1 Simmer Rauch- (= Zent-)hafer.

[1]) Insbes. Amtsbericht d. d. Reichelsheim 4. 1. 1773 in F. Erb. Amt, Polizeis. II.

[2]) Mömmlingen, LTA. XI 1731. Weistum der Zent Lützelbach v. 1421 bei Simon Urk. S. 198.

[3]) 20—30 mit „Schatzung“ überschriebene ungeordnete Faszikel. — Heyl, SLB. Beschreibung des Amtes Erbach (1708) zum Zwecke einer Generalschatzungsrenovation durch den Amtmann Wannemacher.

bezeichnet wurde, beruhte darin, daß die verschiedenen in der Hand eines einzelnen Steuerpflichtigen vereinigten Steuerobjekte nach ihrem Werte in Geld abgeschätzt und dadurch zu einem einheitlichen „Schatzungskapital" vereinigt wurden, nach welchem die Schatzung ausgeschlagen wurde.

Zur Ermittelung des Schatzungskapitals bestand in der Herrschaft Breuberg um die Mitte des 18. Jahrhunderts folgende Einrichtung[1]). Die sämtlichen Güter[2]) waren vermessen, worüber es ein besonderes Riß- oder Chartenbuch gab. Mit diesem korrespondierten die Gewann- oder Flurbücher der einzelnen Ortschaften, in welchen die Besitzer nach der Reihe und Ordnung der Fluren durcheinander eingetragen, die Güter in drei Klassen klassifiziert und nach Abzug der darauf haftenden zu 10% kapitalisierten Zinsen und sonstigen ständigen Lasten von der Hälfte des wahren Wertes des Steuerobjektes abgeschätzt waren. Ein weiteres Güter- oder Schatzungsbuch enthielt die Beschreibung, wie viel jeder einzelne Kontribuent, Ort für Ort und Mann für Mann, an Häusern, Gütern und Handwerken zu verschätzen hatte. Dieses Schatzungsbuch war jedoch nicht regelmäßig fortgeführt, und der jeweilige Zu- und Abgang nicht ordentlich vermerkt worden, so daß um die Mitte des 18. Jahrhunderts sein Inhalt weder mit dem Schatzungskapital der einzelnen Steuerpflichtigen noch mit dem gesamten Schatzungskapitale des Territoriums wirklich übereinstimmte. Ebenso waren bei der Vermessung, Klassifikation und Einschätzung der Güter erhebliche Unrichtigkeiten unterlaufen, woran übrigens auch die zur Mitwirkung als Taxatoren gewählten Untertanen nicht unschuldig waren. Die summa ficticia des Steuerkapitales machte oft kaum den sechsten Teil des wahren Wertes aus, und während einzelne Pflichtige ihr liegendes Vermögen mit 2½% verschätzten, versteuerten es andere nur mit 1½, 1 oder gar nur ½%. Und wie zwischen den einzelnen Untertanen bestanden auch zwischen ganzen Zenten auffallende Ungleichheiten[3]).

---

[1]) Fasz.: Herrsch. Breuberg, Meliorat. Spec. d. a. 1759.

[2]) mit Ausnahme des Dorfes Hainstadt.

[3]) In der Zent Höchst waren die Zent- und die Gemeindewaldungen auf 5 fl. pro Morgen eingeschätzt, wovon jährl. 3 Kr. Schatzung an die

Ein anderes Bild bietet die Grafschaft. Eine Vermessung der einzelnen Güter hatte hier, soweit sich sehen läßt, nur in Gemeinden mit größerer Güterzersplitterung stattgefunden, und zwar in der 1. Hälfte des 18. Jahrhunderts. Im allgemeinen jedoch war infolge der Aufrechterhaltung der Geschlossenheit der Bauerngüter ein Bedürfnis zur Vermessung der Feldgüter bei weitem nicht in dem Maße vorhanden wie in der Herrschaft Breuberg. Es wurden vielmehr die geschlossenen Bauerngüter, insbesondere die auch räumlich arrondierten Hubgüter, als Wirtschaftseinheiten obrigkeitlich abgeschätzt, und mit diesem Wertbetrage, jedoch nach Abzug des Wertes der auf ihnen ruhenden „ständigen Beschwerungen", in Anschlag gebracht. Die auf den Huben stehenden Gebäude wurden nicht besonders besteuert, weil sie „doch bloß zu des Hübners Obdach dienten, und derjenige, so dergleichen viel oder besser als ein anderer besaß, doch nicht weiter als dieser davon zu nutzen hatte." Auch das Vieh wurde nicht besonders consideriert, „immaßen der Anschlag auf das Vieh wegen der Ab- und Zugänge nicht nur ein unbeständiges Werk ist, sondern auch derjenige Untertan, so viel Vieh hat und zu Besserung seiner Güter ohnumgänglich halten muß, da ihrer viele Armuts wegen dasselbe von fremden Leuten zu entlehnen gezwungen sind, großen hazard dabei ausstehen und um domehrer Dienstboten, als Knechte, Mägde und Hirten, darauf halten muß, ein anderer hergegen, so an einem fruchtbareren Ort wohnet, öfters mit 1 Paar Ochsen mehr Früchte erbauen und seinem Werk ohne kostbares Gesinde vorstehen, also mehr als jener, der ein großes kostbares Hauswesen zu führen genötigt ist, erwerben kann"[1]). Ebenso wurden die nicht zu geschlossenen Gütern gehörenden Grundstücke und Häuser nach dem obrigkeitlich abgeschätzten Verkaufswerte unter Abzug des Wertes der darauf haftenden ständigen Lasten, und zwar auch bei Einspännigen ohne Rücksicht auf ihre Zugehörigkeit zu einer bestimmten landwirt-

---

gemeinschaftl. Rentei zu Neustadt aus den Zent- und Gemeindekassen gezahlt werden mußten.

[1]) Auszug aus einem „Gutachten der gräfl. Rentkammer wegen bevorstehender General-Schatzungs-Revision", d. a. 1712.

schaftlichen Wirtschaftseinheit, in Anschlag gebracht. Das von den Handwerkern und Tagelöhnern auf Grund ihres Handwerkes „verschätzte Capital“ war obrigkeitlich ebenfalls sehr niedrig festgesetzt; neben ihrem Handwerke hatten sie ihre Grundstücke und Häuser zu verschätzen, soweit dieselben nicht zu geschlossenen Bauerngütern gehörten.

Wie für die Herrschaft Breuberg gab es auch in der Grafschaft für jedes Amt ein Schatzungsbuch, aus dem sich ergab, wie viel jeder einzelne Contribuent, Ort für Ort und Mann für Mann, an Gütern, Häusern und Handwerken zu verschätzen hatte.

Die Schatzung wurde auf die einzelnen Ämter nach Verhältnis der Höhe des in ihnen nach Maßgabe des Schatzungsbuches repräsentierten Schatzungskapitales ausgeschlagen, innerhalb der Ämter nach Maßgabe der Schatzungsbücher auf die einzelnen Steuerpflichtungen subrepartiert. Durch die Ortsschultheißen wurde die Steuer erhoben und an die bei den einzelnen Ämtern befindlichen Landkassenrezepturen, von diesen an die Landkasse nach Michelstadt abgeliefert. Die Gemeinden besaßen kein Subrepartitionsrecht [1]).

Nach der Landesteilung von 1747 stand die Schatzung dem gräflichen Gesamthause zu, in der Herrschaft Breuberg diesem in Gemeinschaft mit dem Hause Löwenstein. Ihre Verwaltung oblag besonderen, nur dem Gesamthause verpflichteten Organen, wenngleich den Beamten der gräflichen Spezialhäuser hinsichtlich der Veranlagung und Erhebung der Steuer eine weitgehende Mitwirkung zukam.

Durch die Schatzung wurden zunächst die dem Territorium obliegenden Reichs- und Kreissteuern, insbesondere die zur Erhaltung des Kreiskontingentes [2]) erforderlichen Summen und die Römermonate [3]), ferner alle Kriegsausgaben, insbesondere die durch Winter-

[1]) Dagegen subrepartierte ausnahmsweise der Schultheiß der breuberg. Vogteiherrschaft Wersau die Monatgelder in der Gemeindeversammlung (Wersauer Gemeindebuch v. J. 1685).

[2]) nach der Reichsdefensionalverfassung von 1681. Vgl. Schröder, Rechtsgesch. 836.

[3]) deren jeder für die Grafschaft 40 fl. betrug. Über die Römermonate vgl. Schröder a. a. O. 835f.

quartiere und Durchmärsche verursachten Kosten aufgebracht. Auchdie 4000 fl. Dotalgelder, welche jede Comtesse des gräflichen Hauses bei ihrer Verheiratung erhielt, wurden als sog. Fräuleinsteuer nach dem Schatzungskapital ausgeschlagen. Hierzu trat in den einzelnen Landesteilen zum Unterhalt der Zentralbehörden (Regierungen) der einzelnen gräfl. Spezialhäusereine Extraschatzung.

In der Grafschaft betrug um die Mitte des 18. Jahrhunderts die jährliche Höhe der Schatzung von 100 fl. Schatzungskapital zunächst im allgemeinen auf Pfingsten und auf Weihnachten je 2 fl., dazu kam eine Extraschatzung von je 1 fl. auf dieselben Termine, und endlich für das gräfliche Kreiskontingent monatlich 1 fl., zusammen demnach 18 % des Schatzungskapitals oder etwa 2 % des wahren Vermögens[1]). In der Herrschaft Breuberg dagegen entrichteten die Untertanen an die Condominatherrschaft jährlich zwei Schatzungen, eine auf Petri, die andere auf Bartholomaei, und jede betrug von 100 fl. Schatzungskapital 2 fl. 15 albus[2]), im ganzen 5 %[3]).

Während die „erbachische Landschatzung" vorwiegend öffentlichen Zwecken diente, besaß die Schatzung, welche die Freiherrn Echter von Mespelbrunn und die Grafen Ingelheim

[1]) Nach den Angaben von Heyl, SLB. Reichenb.

[2]) LTA. XI (Beschreibung der Herrschaft Breuberg d. a. 1731).

[3]) Der Etat der Gräfl. Erbachischen gemeinschaftlichen Landschaftskasse enthält beispielsweise für das Jahr 1748 folgende Summen:

I. Einnahmegeld

Rezeß	15586	fl.
Auf rückständige Schatzung und Monathgelder	—	
Ordinaire Schatzung	5716	„
Zu Salarirung gemeinschaftl. Kanzlei	1176	„
Extraordinaire Schatzung	1226	„
Monath-Geld	8251	„
Winter-Quartier-Geld	—	
Magazingeld	—	
Campementsgeld	—	
Türckensteuer	—	
Aufgenommene Capitalien	4250	„
Gelehnte Gelder	1850	„
Insgemein	12166	„
Summa	50224	fl.

von den Gütern ihrer in erbachischen Zenten gelegenen Vogteiuntertanen erhoben, mehr den Charakter eines Kammergefälles[1]). Stets wurde von den Zentherren das Recht beansprucht, diese adligen Vogteiuntertanen ihrer Steuergewalt zu unterwerfen und sie zur Entrichtung wenigstens von extraordinären Kriegssteuern heranzuziehen, während die Vogteiherren als domini territoriales geltend machten, daß die Kriegssteuer als extraordinäre Schatzung, daher als Accessorium suo principali, nämlich der wohlhergebrachten vogteilichen illimitierten ordinären Schatzungsgerechtigkeit nachfolge[2]). Andrerseits wurde dem Hause Erbach

II. Ausgabegeld

Rezeß	—
Zur Reichskasse	—
Zur Kreiskasse	11827 fl.
Zur Kollegialkasse	520 „
Zum Kammergericht	81 „
Advokatenbestallung	380 „
Abgelegte Kapitalien	207 „
Pensiones	3334 „
Auf herrschaftl. Befehl	5638 „
Zehrung und Reisekosten	540 „
Botenlohn	27 „
Schreibmaterialien	80 „
Kanzleidienerbesoldung	2531 „
Dienerbesoldung	750 „
Gnadengeld	72 „
Abgelegte gelehnte Gelder	3591 „
Monatgage f. d. Kontingent zu Fuß u. zu Pferde	3639 „
Zur Verpflegung d. Kontingents in Kantonierungsquartieren	22 „
Werbegeld	—
Für Montierung	1055 „
Für Arznei	84 „
Winterquartierkosten	19 „
Primae planae und Wagenverpflegungskonkurrenz	640 „
Insgemein	767 „
Summa	35811 fl.

[1]) vgl. LTA. I 256 f. 241 (d. a. 1718). Im gräfl. Ingelheimisch-vogteilichen Dorfe Würzberg betrug die Schatzung jährlich von jeder Hube 2 fl.; vgl. n. 2.

[2]) vgl. F: Rubrik: Adel. Ingelheimisches Lehen zu Würzberg. Fürstl. Leiningisches Archiv zu Amorbach.

die Schatzung über seine in fremden Zenten befindlichen Vogteiuntertanen stets bestritten, in einigen Fällen ganz entzogen, in andern auf eine (z. B. auf $^1/_4$ %) limitierte Schatzung eingeschränkt, bisweilen einigte man sich dahin, daß Zent- und Vogteiherr nur gemeinsam und zur Hälfte eine Schatzung zu erheben berechtigt sein solle[1]).

Neben der Schatzung wurde in unserem Territorium nicht wie in Baden[2]) noch eine besondere Bede erhoben. Nur in einigen Dorfschaften des Amtes Schönberg fiel jährlich eine sog. „Heerzogsbeeth" von geringem Betrage[3]).

Geringfügige Abgaben waren sodann das Weggeld[4]), Standgeld[5]), Doktorgeld[6]), Landreuthergeld[7]) und der Wasserfall[8]).

---

[1]) Bsple. bei Heyl, SLB.; LTA. XI (A. Freienstein).

[2]) Ludwig, Der bad. Bauer 12, 25. Über Württemberg vgl. Th. Knapp, Beiträge 115f.

[3]) In Rimbach wurden im ganzen 45 Kr. „Heerzogsbeeth" erhoben als ständige Abgabe; sie haftete auf einigen Hubgütern daselbst. Ebenso in Zotzenbach. Die Natur dieser Abgabe ließ sich nicht feststellen LTA. II (1718) p. 151.

[4]) In Erbach, Michelstadt, Reichelsheim und einigen Orten erhoben; in Reichelsh. wurde es jährl. verpachtet und vom Erlöse $^3/_4$ für die Herrschaft, $^1/_4$ seit 1625 aus herrschaftl. Verwilligung für die Gemeinde eingezogen; in Michelst. seit 1683 der Stadt überlassen.

[5]) Bezogen in Orten, wo die Herrschaft das Marktrecht besaß, in geringfügigen Abgaben von jedem Stande und jedem zum Verkaufe ausgestellten Tiere bestehend, für Ausländer meist 1 oder 2 Kr. höher als für Einheimische; in Michelstadt war es zu $^1/_3$ der Stadt überlassen.

[6]) Im Amte König wurden von jedem Gemeindsmann, Auszugsleute und Witwen ausgen., zum Unterhalt des Amts- und Zentphysikus 15 Kr. jährlich erhoben.

[7]) Infolge der Kriegsunruhen um die Wende des 17. und 18. Jahrhunderts waren, da das gräfl. Kontingent beständig im Felde und auf Postierungen stand, einige Landreuther angestellt worden, welche zur Eintreibung rückständiger Amtsprästationen, zur Begleitung der Beamten und zu sonstigen das Land angehenden Geschäften gebraucht wurden. Zum Unterhalt derselben wurde das Landreutergeld, in Beträgen von 8—13 Kr. und kleinen Quantitäten Hafer bestehend, eingeführt, welches man auch später, nach Abschaffung der Landreuter, als Renteigefälle weiter erhob.

[8]) Nicht überall, z. B. im Amte Reichenberg von einigen Mühlen im Gesamtbetrage von 9 Kapaunen für die Benützung der Wasserkraft

In den Ämtern König und Freienstein, im Landgerichte Güttersbach, in sechs Dörfern des Amtes Reichenberg wurde eine jährliche Abgabe unter dem Namen **Atzung** oder **Atzgeld** erhoben [1]). Die Verbindlichkeit zur Entrichtung derselben wurde im Landgerichte Güttersbach hergeleitet aus der Pflicht der Untertanen, die Herrschaft und ihre Bedienten, so oft sie dahin kamen, „zu defrayieren". Durch Vergleich war diese Atzungspflicht in eine jährliche Geldabgabe verwandelt worden, welche für jede der drei zu dem Gericht gehörigen Dorfschaften 10 bis 12 fl. betrug [2]). Im Amte Reichenberg vermochte man die Natur dieser Abgabe nicht mehr mit Sicherheit zu erkennen; seit dem 16. Jahrhundert wurde sie in derselben Höhe in den Gült- und Lagerbüchern weitergeführt [3]).

---

entrichtet. Denkschr. des Grafen Franz von Erbach-Erbach an die Bundesversamml. in Frankf. v. 10. 5. 1822 S. 4. In Baden (Ludwig, Baden 27) und Althessen (Goldmann, Gesetzgeb. des Großh. Hessen (1831) 85) ebenfalls als gerichtsherrliche Abgabe erhoben.

1) Die gerichts- oder grundherrliche Natur dieser Abgabe ließ sich nicht immer deutlich erkennen. — In der benachbarten Pfalz wurden 1549 sämtliche Atzungen, auf welche die landesherrlichen Beamten Anspruch hatten, in ein Atzgeld verwandelt. Gothein, die Landstände der Kurpfalz, ZGO. 42 (N. F. III) 1888 S. 75. Über die Atzung in Württemberg: Th. Knapp, Beiträge 116; im Elsaß: Th. Ludwig, Elsaß 75.

2) LTA. XI (1731. Amt Fürstenau).

3) „Es mußte aber doch damit eine besondere Bedeutung gehabt haben, weilen diese Gelder vermög Rechnung de Ao 1559, 1578, 1585, 1586 als unständig verrechnet worden, besonders da das Lager- und Gültbuch de Ao 1563 meldet, daß es auf der Herschaft Aufkündigung stehe". — An Atzung wurden erhoben in Frohnhofen 2, Laudenau unter den Bäumen 2, Oberostern 24 ½, Rohrbach 12 ¼, Unterostern 13 ½, Bockenrodt 2 fl., Heyl, SLB.

Im Amte König war das Atzgeld mit dem Frongelde verbunden: 1 Hube zahlte 1, ½ Hube und jeder Einlezzige ½ Thlr. „Atz- und Frohngeld". — In Untersensbach hatten die 8 erbachisch-grund- und vogteiherrlichen Huben zus. 10 fl. Atzung zu zahlen. F. Untersensb. d. a. 1717. — Im gräfl. Ingelheim. vogtei- und grundherrl. Teile von Würzburg stand die freie Atz als unständiges Geldgefälle in jährl. Anschlag mit 2 fl. von jeder der 10 ½ Huben. — Das Dorf Niederkinzig hatte ehedem dem „Gutsjunker", wann er daselbst gewesen, frey Atz verschaffen müssen, jetzt aber, da solches zu der Herrschaft Breuberg gezogen worden und

Weitere, der Regel[1]) nach an die Vogteiherrschaft zu leistende Abgaben waren das Einzugs- und Beisaßgeld, welche, oft in gleicher Höhe, auch an die Gemeinde, welcher der Pflichtige angehörte, entrichtet werden mußten.

Im Amte Erbach wurde das Einzugsgeld von allen in der Stadt Erbach und in den Amtsortschaften neu aufgenommenen Bürgern und Gemeindsleuten erhoben, sofern die Eltern nicht schon an demselben Orte das Bürger- oder Gemeinderecht erworben hatten; ebenso mußte jede Frau, welche von ihren Eltern keinen Anspruch auf jenes Recht erlangt hatte, das Einzugsgeld bezahlen, sobald sie einen Bürger oder Gemeindsmann heiratete. Auch von jedem eingebrachten Kinde mußte es entrichtet werden, bei Rezeption einer ganzen Familie also in gleichem Maße von Mann, Frau und Kindern. Es betrug in der Stadt Erbach 5 fl., auf den Dorfschaften 2 fl. Der gleiche Betrag war an die Gemeinde zu zahlen[2]).

Bisweilen kamen Erhöhungen des Einzugsgeldes für Fremde vor, so auf Bitten von Schultheiß und Gericht in Brensbach 1745 von 5 auf 15 fl. für einen Mann und 10 fl. für ein Weib, wovon die Hälfte an die Vogteiherrschaft, die andere

---

gn. Herrschaften nicht daselbst hinkommen, so entrichten solche nichts davon, welche doch jährlich davor, angesehen sie wenige herrschaftliche onera haben, zum wenigsten 15 fl. gemeinschaftlich entrichten könnten; da es verweigert wurde, sollte der Rentbeamte die Atzung in loco einigemale exerzieren, um diese schuldige praestation wieder in Gang zu bringen. F. Breub. Meliorat. Spec. d. a. 1739 u. 1752.

[1]) Nur in Kleingumpen hatten die bei den Hintersassen der adeligen Untergerichtsherrschaften sich aufhaltenden Beisassen auch an die Zentherrschaft Erbach ein Schirmgeld von 45 Kr. zu entrichten, dessen sich jedoch die bei den Eulnerischen Hintersassen sich aufhaltenden Beisassen seit 1729 weigerten. Heyl SLB. Reichenb.

[2]) F. Erb. Amt. Rezeptionen. — Im Amte Reichenberg hatte „jeder, der sich im Amte als Untertan einließ", als Einzugsgeld 1 fl. 30 Kr., wenn er im Amte geboren war, an die Herrschaft zu entrichten, fremd Einziehende 3 fl. — In der Herrsch. Breub. hatten nach Verordn. v. 1752 Ausländer ein Rezeptionsgeld von 5 bzw. 2½ fl. (Mann bzw. Frau), Inländer ein Angelobgeld von 1 fl. zu zahlen. — In Rothenberg waren 88 fl. Bürgergeld zu entrichten.

Hälfte an die Gemeinde zu zahlen war, während Einheimische hiervon befreit blieben.

Das Einzugsgeld galt als das charakteristische Kennzeichen wirklicher Untertanen und Gemeindsleute. Daher waren Beisassen und deren Weiber zur Entrichtung dieser Abgabe nicht verpflichtet. Dafür aber hatten diese das jährliche Beisaßgeld, bisweilen auch Schutz- oder Schirmgeld genannt, zu zahlen. Es betrug meist 2 fl., während an die Gemeinde ebenfalls bald 1, bald 1 1/2, bald 2 fl. zu leisten waren [1]).

Zu erwähnen sind weiterhin das Ohmgeld, das Lagergeld, das Kesselgeld und die Fleischakzise.

Das Ohmgeld (Un-, Unne- (15. Jahrh.), Umgeld, Tranksteuer), welches im einzelnen mancherlei lokale Verschiedenheiten aufwies, wurde im Amte Reichenberg [2]) vom Wein, Bier und Obstwein entrichtet.

Es wurde bezahlt sowohl von dem im gewerbsmäßigen Ausschank als auch von dem bei Hochzeiten der übrigen Untertanen verzapften Weine. Seiner Höhe nach setzte es sich zusammen zunächst aus einer festen Abgabe von jeder Ohm [3]) im Betrage von 1 fl. 40 Kr., sodann aus einem bestimmten Teile des ausgeschänkten Getränkes, nämlich der 20. Maas, „wie der Wein verzapft wird", also je nach dem wechselnden Preise,

---

1) In der Herrschaft Breuberg betrug das Beisaßgeld 3 fl. an die Gemeinherrschaft und 1 fl. 15 alb. an die Gemeinde. LTA. XI d. a. 1731. — Nichts andres als das Beisaßgeld einer besondren Gruppe von Beisassen, der sog. Erbschutzverwandten, war das hinsichtlich seiner rechtlichen Natur nach 1806 so sehr bestrittene Erbschutzgeld im Amte Erbach. Es war 1706 für die sog. Erbschutzverwandten an Stelle des Beisaßgeldes von damals nur 1 1/2 fl. der übrigen Beisassen im Betrage von 3 fl. eingeführt und durch Verordnung von 1769 ebenso wie das Beisitzgeld auf 3, 2 und 1 1/2 fl. abgestuft worden, je nachdem der Pflichtige ein eignes Haus und soviel Güter besaß, daß er eine Kuh halten konnte, oder letzteres nicht der Fall war, oder er kein eignes Haus und keinen andern Verdienst als seinen Tagelohn hatte; an die Gemeinde war außerdem 1 fl. zu entrichten. F. Erb. Amt. Beisaß- und Erbschutzgeld; F. Erb. Amt. Leibeigenschaft II.

2) Heyl, SLB.

3) 1 Fuder = 6 Ohm; 1 Ohm = 6 Eimer; 1 Eimer = 16 Maas.

endlich aus einem festen Zuschlag von 1 Kr. für jede Maas. Dieser Zuschlag war jedoch nur dann zu entrichten, wenn der Wein nicht aus dem herrschaftlichen Keller auf Schloß Reichenberg, sondern von auswärts bezogen wurde; denn der Weinschank im Amte Reichenberg gehörte der Grafschaft, und die Wirte waren schuldig, auf Verlangen den Wein „sowohl zum Auszapfen insgemein als auch zu den Hochzeiten, Kindtaufen und wo sonsten gebraucht wird", aus dem herrschaftlichen Keller zu nehmen. Von der Ohm Bier und Apfelwein betrug das Ohmgeld 40 Kr.[1]).

Wer Bier braute oder Apfelwein kelterte, mußte im Amte Reichenberg von der Ohm 5 Kr., im 16. Jahrhundert auch jeder, welcher sich Wein zum eigenen Verbrauche einlegte, vom Fuder 15 albus Lagergeld entrichten; in Michelstadt und im Amte Freienstein dagegen mußte auch im 18. Jahrhundert von jedem zum eigenen Verbrauche eingelegten Eimer Wein 10 Pfennig Lagergeld gezahlt werden.

Als Kesselgeld fielen im Amte König als Abgabe vom Branntweinbrennen 3 fl. von einem Kessel[2]); in Niederkeinsbach mußte, wer Branntwein brennen wollte, ohne daß ihm der Branntweinschank mitverliehen war, jährlich 5 fl. bezahlen[3]).

Von jedem geschlachteten Tiere hatten die Metzger als Accis eine Abgabe zu zahlen, welche, nach der Art des Tieres abgestuft, 6 Kr. von einem Lamm bis zu 50 Kr. von einem Ochsen betrug[4]).

Vom Zoll in Michelstadt, welchen die Herrschaft als Regal von Kurpfalz zu Lehen trug, wurde kein Gebrauch gemacht[5]).

Die Nachsteuer oder der Abzug (jus detractionis)[6]) be-

---

[1]) In Michelstadt wurden statt des Bierohmgeldes von den Bierbrauern für jeden Sack Malz 45 Kr. bezahlt. LTA. I d. a. 1718. In den meisten Dörfern des Amtes Freienstein wurde das Ohmgeld nur vom Wein entrichtet, der bei den Wirten, bei Hochzeiten und Weinkäufen verzapft wurde; es betrug von jedem Eimer 2 Maas und 20 albus. Zur Kontrolle gab es allenthalben vereidigte Weinanschneider.

[2]) F. König Amt, Cameralia. [3]) Heyl, SLB. Brensb.

[4]) Heyl, SLB. Reichenb. [5]) LTA. I d. a. 1718.

[6]) F.: Amt Erbach, Leibeigenschaft III. LTA. XI (1731).

deutete auch in unsern Territorien eine Vergütung für die Schwächung der Steuerkraft, welche durch Wegführung eines Vermögens, sei es infolge des Wegzugs eines Untertanen, sei es infolge davon, daß inländisches Vermögen an ausländische Erben fiel, herbeigeführt wurde[1]). Die Nachsteuer betrug 10 % des tatsächlich aus dem Lande weggeführten Vermögens. Gleichgiltig war, ob dasselbe in Geld oder in sonstigen Mobilien bestand, und im ersteren Falle, ob das Geld aus dem Verkauf von Immobilien herrührte, welche in der Schatzung lagen, oder von herrschaftlichem, freiadeligem oder kirchlichem Grundbesitze, welcher an einen Untertan überlassen und schatzungsfrei geblieben war. Auch der Stand des Inhabers des exportierten Vermögens war gegen Ende des 18. Jahrhunderts ohne Einfluß[2]).

Die Nachsteuer wurde nicht erhoben, wenn das Ziel des Wegzugs ein Gebiet war, mit welchem das Verhältnis gegenseitiger Freizügigkeit bestand. Dies war der Fall entweder auf Grund eines Vertrages oder durch Observanz zwischen den drei verschiedenen Landesteilen der Grafschaft, sodann zwischen dieser und der Herrschaft Breuberg, Kurpfalz, Kurmainz und anderen Territorien, teils ohne jede Einschränkung, teils beschränkt auf bestimmte Ämter oder auf die Dienerschaft der Kontrahenten oder auf eine niedrigere Taxe, z. B. 5 statt 10 %.

Von den bei den Land-, Unter-, Vogtei- oder Herren-

---

[1]) Th. Ludwig, Baden 28 n. 2. Für Württemberg und zahlreiche andre südwestdeutsche Territorien vgl. Th. Knapp, Beiträge 127 n. 1. u. 2.

[2]) Allerdings war die allgemeine Pflicht zur Entrichtung der Nachsteuer auf die herrschaftlichen Beamten erst 1787 (im erb.-erb. Landesteile) in vollem Umfange ausgedehnt worden; vorher hatten sie bloß für den Erlös ihrer Mobilien die Nachsteuer zu zahlen; vor 1749 waren sie sogar ganz frei. Der Grund ist darin zu erblicken, daß erst seit der 2. Hälfte des 18. Jahrhunderts die Anschauung sich Bahn brach, daß der Aufenthalt der aus der Fremde aufgenommenen Staatsdiener im Lande das Moment der Dauer in sich trage, die Anstellung im Staatsdienste daher als eine zur Begründung der Territorialangehörigkeit geeignete Tatsache angesehen werden könne; denn nur eigentliche Untertanen unterlagen der Nachsteuer. H. Rehm, Der Erwerb der Staats- und Gemeindeangehörgkeit in geschichtl. Entwicklung, Annalen des Deutschen Reiches 1892. S. 212.

gerichten verhängten **Geldstrafen** bezog die Herrschaft regelmäßig[1] 2/3, während 1/3 dem Gerichte gehörte. Wo der Herrschaft ausnahmsweise der gesamte Betrag zukam, hatte der Bestrafte dem Gerichte eine besondere Gebühr zu zahlen[2]). Dazu kamen die unmittelbar vom Amte verhängten Geldstrafen.

Die Vogteiherrschaft besaß ferner eine Reihe von **Monopolen**, indem ihr das Recht zustand, bestimmte gewinnbringende Unternehmen ausschließlich zu betreiben.

Das für die wirtschaftliche Lage der ländlichen Bevölkerung wichtigste dieser Monopole war die **Schafweidegerechtigkeit**[3]).

Nach ihrer negativen Seite bedeutete die Schäfereigerechtigkeit für die Untertanen das Verbot, Schafe auf die Weide zu treiben, noch auch im Stalle zu halten. Der Herrschaft dagegen stand positiv das ausschließliche Recht zu, alle innerhalb des Vogteibezirks gelegenen Gemeinde- und privaten Güter mit ihrer Schäferei betreiben zu lassen, solange diese Güter abgeerntet und noch nicht wieder eingesäet waren. Sowohl nach ihrer negativen wie nach ihrer positiven Seite hin unterlag die Schafweidegerechtigkeit jedoch gewissen Beschränkungen.

Zunächst war 1614 aus herrschaftlicher Gnade gestattet worden, daß jeder Fronbauer 3 Schafe auf seinen Gütern zur Weide treiben dürfe, den Einlezzigen wurde erlaubt, 2 Schafe, den Taglöhnern aber nur 1 Schaf im Stalle zu halten[4]). Diese

---

[1]) Dagegen beim Landgerichte Erbach nur 1/2.

[2]) z. B. in Niederkeinsbach 1 Ortsthaler; ähnlich in Brensbach. Heyl, SLB. Wo das Vogteigericht mehreren Herrschaften gemeinsam war, erhielt jede einen entsprechenden Anteil an den Strafgeldern auch dann, wenn die Strafen infolge zu langer Verzögerung der Abhaltung eines Gerichtes von einem der zuständigen beiderseitigen Ämter festgesetzt wurden.

[3]) LTA. I 33f. 25. XI. (A. Erbach, Freienstein, Fürstenau, Wildenstein, König, Herrschaft Breuberg 1732. Heyl, SLB. Reichenb. F.: Lauerbach (A. Erbach), Weideberechtigungen, besonders Berichte d. d. Michelstadt 13. April 1826 und 20. Sept. 1834. Designatio des Dorfes Würzberg (1. Hälfte des 18. Jahrhunderts).

[4]) Vgl. „Ordnung, wieviel einem Bauern Schaf zu halten vergönnt", d. d. Erbach 30. Dez. 1614; Auszug aus dem Erbachischen Kanzleiprotokoll von 1611 bis 1617.

Ordnung sei jedoch nie in Anwendung gekommen; jeder habe Schafe gehalten, soviel er gewollt und gekonnt.

Die andere, die positive Seite der herrschaftlichen Schäfereigerechtigkeit betreffende Beschränkung lag in dem Institut der Heeg- oder Bannweide. Jedem „begüterten, frohnbares Zugvieh haltenden Untertane“ war nämlich ein bestimmter, in der Nähe der Hofraithe befindlicher Güterteil zur ausschließlichen Weide für das fronbare Zugvieh des Gutsbesitzers „aus besondrer herrschaftlicher Gnade“ eingeräumt. Dieser abgesteinte Distrikt, welcher die Bezeichnung Bann- oder Hegweide trug, durfte von der herrschaftlichen Schäferei, soweit er aus Wiesen bestand, von Mariae Verkündigung bis Martini (25. März bis 11. November), soweit er Ackerfeld enthielt, von Georgi bis Michaelis (23. April bis 29. September) nicht betrieben und ebensowenig von dem Vieh der Gutsnachbarn beweidet werden. Alle außerhalb dieses Bezirkes liegenden Gutsteile führten den Namen Koppelweide oder allgemeine Weide. Auf diese Güterstücke — Ackerfeld, welches eingesäet und noch nicht abgeerntet war, ausgenommen — durften die herrschaftliche Schäferei zu allen Zeiten des Jahres und ebenso alle Dorfeinwohner ihre fronbaren Zugtiere sowie alles andere Vieh zur Weide treiben. Nach Michaelis (29. September) und nach Martini (11. November) wurde auch die Heeg- oder Bannweide wieder als allgemeine Koppelweide benützt und bis zu Mariae Verkündigung (25. März) oder Georgi (23. April) des nächsten Jahres, jenachdem die einzelnen Teile der Hegweide Wiesen oder Ackerfeld waren, von den herrschaftlichen Schäfereien betrieben.

Zum Schutze des gegen Ende des 18. Jahrhunderts zur Hebung der Landeskultur eingeführten und durch die Landesherrschaft eifrig geförderten Kleebaues wurde die Hegezeit für die Kleeäcker, deren Beweidung die Beständer der herrschaftlichen Schäfereien wie bei zu Hegweiden gehörigen Wiesen für die Zeit von Michaelis (29. September) bis zu Mariae Verkündigung (25. März) beanspruchten, auf die Zeit von Petri Cathedra (22. Februar) bis Martini (11. November) verlängert, und ferner für diese verkürzte Weidezeit den Schäfereibeständern bei nasser Witterung möglichste Schonung der Kleeäcker vorgeschrieben [1]).

Der Nutzen, welchen die Schafweidegerechtigkeit der Herrschaft gewährte, bestand einerseits in dem Ertrage, welchen die Schafzucht als solche abwarf, andrerseits in der Benutzung des Pferches. Meistens war der Pferch den herrschaftlichen Gütern vorbehalten, bisweilen auch dann, wenn die Schäferei verpachtet war. Oft aber wurde er auch den Untertanen zur Benutzung überlassen, der Regel nach um die Hälfte der auf dem gepferchten Grundstücke gebauten Früchte; letztere hatte der Grundstücksbesitzer auf seine Kosten in die Scheuer des Pferchherrn zu führen, welcher dann später die Hälfte des Strohes wieder zurückgab [2]).

Wie der Herrschaft die Vorteile zukamen, so hatte sie auch die Kosten der Schäfereien, soweit sie nicht verpachtet waren, zu tragen. Die Untertanen hatten jedoch die zur Erbauung und Unterhaltung der Schäfereigebäude erforderlichen Arbeiten in der Frone zu prästieren.

Zum Zwecke einer rationellen Verwertung der Schafweidegerechtigkeit waren zahlreiche größere Schäfereien eingerichtet. Den Sitz und den Mittelpunkt einer solchen, nach welchem sie auch den Namen führte, bildete in der Regel ein herrschaftliches Hofgut. Die Triften der Schäfereien erstreckten sich meistens über mehrere (4 bis 8) Dorfgemarkungen, schlossen sich jedoch nicht immer an diese an, sondern waren oft nach geographischen Merkmalen, z. B. Wasserläufen, abgegrenzt. Die einzelnen Schäfereien waren in der Regel mit 400 bis 700 Stück beschlagen [3]).

---

[1]) Vgl. Verordn. der grfl. erb.-erb. Rentkammer vom 17. Febr. 1779.

[2]) So in Eschau, Amt Wildenstein, LTA. XI d. a. 1731.

[3]) Im Dezember 1732 waren die 7 Schäfereien der Herrschaft Breuberg zusammen mit 2030 Schafen beschlagen. „Auf dem Fuß aber, wie jetzo die Schäfereien beschlagen seyn, ist kein Staat zu machen, weil die Schäfer ordinair im Herbst, das Futter im Winter zu menagiren, Vieh weg tun, hingegen im Frühjahr wiederum ankaufen und die Schäferei vermehren. LTA. XI. Die 3 Schäfereien des Amtes Erbach (Elsbach, Güntherfürst und Erlenbach) waren Ende des 18. Jahrhunderts zusammen mit 1770 Schafen beschlagen.

Nur selten behielt die Herrschaft eine Schäferei in eigner Verwaltung und ließ sie dann in eignem Namen und auf eigne Rechnung und Gefahr durch einen angestellten Schäfer bewirtschaften. Dieser erhielt einen in seinem Lohnbriefe genau bestimmten sog. Sacklohn [1]).

Im übrigen war die Schafweide überall gegen ein jährliches Weid- oder Triftgeld verpachtet [2]), bisweilen an Gemeinden für den Umfang ihrer Gemarkung, in der Regel an Privatpersonen, in beiden Fällen meist auf Zeit, oft aber auch erblich.

Die Schäfereibeständer waren, abgesehen von den Gemeinden, in der Regel herrschaftliche Hofbauern, welche gleichzeitig ein herrschaftliches Hofgut zu Erb- oder Temporalbestand besaßen. Im übrigen waren es einzelne Bauern oder ehemalige gräfliche Beamte. Soweit der Pferch nicht für die herrschaftlichen Ländereien vorbehalten war oder von den Beständern für ihre eigenen oder gepachteten Grundstücke verwendet wurde, pferchten die Schäfereibeständer fremdes Bauernland, in der Regel gegen die Hälfte des Ertrags der gepferchten Grundstücke. Der Schäfereierbbeständer zahlte zunächst für die Überlassung zu Erbbestand eine einmalige größere Summe an die Herrschaft und außerdem einen jährlichen Canon als Weid- oder Triftgeld; erbberechtigt waren „alle ehelichen Leibeserben“ des ersten Beständers. Der Temporalbestand war meistens auf längere Zeit, z. B. 18 Jahre, abgeschlossen.

Der Schäfereibeständer verwaltete seine Schäferei auf eigne Rechnung und Gefahr; das lebende und tote Inventar war sein Eigentum. Doch sollte ihm nach dem Vertrage für den Fall des Ausbruches einer Seuche und für den Fall, daß die Schäferei

---

[1]) Der Sacklohn des Schäfers der Güntherfürster Schäferei z. B. bestand 1732 in 15 Malter Korn, 2 Malter Spelz, 1 Malter Hafer, 2 Malter Heidekorn, in dem Sommer- und Winterfutter für 1 Kuh und 2 Geißen, in der Benutzung eines Krautgartens, von etwas Spinsel- und Rübenland und endlich „in 60 Stück Schafvieh, halb Trag-, halb Göltvieh, zu seiner Haltung“. LTA. XI (A. Erbach 1732).

[2]) War eine Schäferei zeitweilig nicht in Betrieb und wurde das jus pascendi tatsächlich nicht ausgeübt, so mußten die Untertanen dieses Schäfereibezirkes ebenfalls ein gewisses Weidgeld entrichten. LTA. XI.

infolge von Kriegsdurchmärschen zugrunde ginge oder die Schafe fortgetrieben würden, ein billigmäßiger Nachlaß zuteil werden. Im Interesse der Prästationsfähigkeit der fronbaren Untertanen war ihm die vertragsmäßige Verpflichtung auferlegt, die Winter- und Frühlingszahl der Schafe nicht zu hoch zu halten.

Bisweilen kam es vor, daß die Herrschaft eine Schäferei in Gemeinschaft mit einem Hofbauern oder Schäfer besaß, oder sie nur zur Hälfte verpachtet, die Verwaltung der eignen Hälfte aber dem Pächter übertragen hatte, wobei über den Umfang und die Art der von beiden Teilen zu tragenden Kosten, die Art der Vergütung, den Übergang des Eigentums an den Schafen, die Tragung der Gefahr sehr verschiedene Bestimmungen getroffen waren. Inwieweit hier im einzelnen Falle Sozietäts-, Pacht- oder Dienstvertragsgrundsätze anzuwenden waren, kann hier nicht näher untersucht werden.

Außer dem jährlichen Weid- oder Triftgelde bezog die Herrschaft, soweit nach den Pacht- oder sonstigen Verträgen das Eigentum an dem Schafvieh nicht der Herrschaft zustand, den Lämmerzehnten, teils in natura, teils in Geld. Eine bestimmte Quote (2/3, 3/4) desselben gebührte in der Regel einem Pfarrer.

Die zeitweise oder erbliche Verpachtung der Schafweide an Gemeinden geschah bisweilen auch zu dem Zwecke, um den Untertanen die Haltung ihres fronbaren Zugviehes zu erleichtern. Gegen Ende des 18. Jahrhunderts wurde die Verpachtung an Gemeinden sehr häufig; sie erfolgte nunmehr hauptsächlich zum Zwecke der Hebung und Förderung der Landeskultur.

Zu den Monopolen gehörten außer der Schafweidegerechtigkeit noch verschiedene Bannrechte im engern Sinn, welche der Herrschaft nicht nur wie bei jener ein ausschließliches Recht verliehen, sondern für die Untertanen auch den unmittelbaren Zwang bedeuteten, bestimmte wirtschaftliche Bedürfnisse nur durch die Herrschaft befriedigen zu lassen [1].

---

[1]) Neukamp, Art. „Zwangs- und Bannrechte" in Eltster, Wörterbuch der Volkswirtschaft II (1907) 1435f.

Derartige Bannrechte waren zunächst der Mühlenzwang, indem nicht immer, aber sehr häufig, die Einwohner einer Ortschaft oder ein Teil davon oder auch mehrere Dörfer als Mahlgäste in eine bestimmte Mühle gebannt waren[1]).

Sodann bestand fast überall[2]) ein Bannrecht für die Wirtschaften, die zu Erb- oder Temporalbestand verliehen waren. Auch das Branntweinbrennen und die Herstellung von Bier sowie sonstige Monopolberechtigungen auf dem Gebiete des Gewerbewesens wie des Handels waren nicht selten verliehen; besonders die aus der Einführung des Salzmonopols in der zweiten Hälfte des 18. Jahrhunderts herrührenden Salzgelder stellten eine verhältnismäßig bedeutende Einnahme dar. Besaßen die Wirte der Regel nach das ausschließliche Recht des Ausschankes, so waren sie ihrerseits, wie bei Besprechung des Ohmgeldes bereits bemerkt wurde, verpflichtet, auf Verlangen der Herrschaft ihren Wein und ihr Bier aus dem herrschaftlichen Keller zu beziehen. Daneben findet sich vereinzelt noch das besondere Recht des Bannweines, seinem Ursprunge nach ein Zwangs- und Bannrecht nicht nur negativen Inhaltes als Verbietungsrechtes, sondern mit dem positiven Inhalte, daß die Bannunterworfenen verpflichtet waren, gewisse Quantitäten von Wein von der Herrschaft jährlich gegen Entgelt zu entnehmen; doch handelte es sich im 18. Jahrhundert nur noch um eine Geldabgabe[3]).

---

[1]) Daneben vereinzelt eine abgeschwächte Art: 1525 wird in Wersau die Konzession zur Anlegung einer Mühle erteilt, in welche 4 Dörfer zwar nicht gebannt werden, jedoch wird verboten, daß ohne Wissen und Willen des betr. Müllers und seiner Erben fremde Müller in jene Dörfer fahren. F. Wersau, Vogtei I.

[2]) Nicht z. B. in Brensbach; weil es hier keine Schildgerechtigkeit gab, konnte Jeder Wein verzapfen, nur mußte er das Ohmgeld von 2 fl. 10 Kr. pro Ohm entrichten und den Weinanschneidern Anzeige machen; der Bier- und Branntweinschank dagegen, ebenso das Branntweinbrennen war auf Zeit verlehnt. Heyl, SLBBrensb.

[3]) So fielen in Michelstadt „von den zu bürgerlichen Häusern gehörigen Gärten zum Bahnwein 53 fl. 39 Kr. 3 ₰ LTA. I d. a. 1718. — Auch in König war er schon im 16. Jahrhundert zu einer bloßen Geldabgabe im Betrage von 4 fl. 11½ alb. geworden; nach Gültbuch v. 1477 hatte

II. Kapitel.

DIE LEIBEIGENSCHAFT.

1. DIE LEIBEIGENSCHAFT IM 18. JAHRHUNDERT.

In der Grafschaft Erbach wie in der Herrschaft Breuberg war im 18. Jahrhundert grundsätzlich jeder Amtsuntertan als solcher kraft Rechtens Leibeigener seiner Landesherrschaft. „Untertanen" aber hießen nach dem amtlichen Sprachgebrauche regelmäßig nur diejenigen Territorialangehörigen, welche Gemeindebürger waren; nur sie waren kraft territorialen Rechtssatzes grundsätzlich leibeigen. Tatsächlich war zwar auch der größere Teil der Beisassen der Leibeigenschaft unterworfen, aber nicht auf Grund territorialen Rechtssatzes, sondern gemäß der im Institute der Leibeigenschaft selbst begründeten Regel: partus sequitur matrem. Die Beisassen und Erbschutzverwandten waren leibeigen nur, soweit und weil sie von inländischen leibeigenen „Untertanen" abstammten.

Mit Rücksicht auf diese territoriale Abschließung, auf die zum Teil mit staatlichen Mitteln erreichte Ausdehnung und Einschränkung der leibherrlichen Gerechtsame auf die Gesamtheit der inländischen Untertanen, bezeichnen wir die in unsern Territorien bestehende Leibeigenschaft als Territorialleibeigenschaft.

Es bestand demnach im 18. Jahrhundert in unsern Gebieten nicht mehr, wie dies noch im 16. Jahrhundert der Fall

jede Hube 8, jede halbe Hube 4, jede Viertelhube 2, die Häuser 2 bzw. $2^1/_8$ Maß zu kaufen; die Maß mußte 2 Pfg. teurer bezahlt werden, als sie sonst galt; der Herrschaft stand das Recht zu, ein Fuder Wein darzulegen. L. Dietrich, Mitteil. aus Königer Gültbüchern etc., in Hess. Blätter f. Volksk. II (1903) 29. Über den Bannwein im allg., insbes. auch die Frage, ob er dem Zent- oder Vogteiherrn gebührte, vgl. Siebenkees, Beitr. z. teutschen Recht II (1786) 113 f. (Bodmann, Vom Bannwein).

war, eine rein personale Leibeigenschaft in dem Sinne, daß die einzelnen Leibeigenen desselben Leibherrn vereinzelt und zerstreut in verschiedenen Territorien saßen und als die Begründungstatsachen der Leibeigenschaft für den einzelnen Geburt von leibeigener Mutter und freiwillige Ergebung, gleichviel wo der Leibeigene sich befand, erscheinen[1]; ebensowenig handelte es sich um eine Realleibeigenschaft in dem Sinne, daß die Übernahme eines Bauerngutes den Eintritt in die Leibeigenschaft des Grundherrn zur Voraussetzung oder auch zur selbstverständlichen Folge hatte[2]. Unsre Territorialleibeigenschaft stimmt vielmehr mit dem für Südwestdeutschland typischen Systeme überein, welches im Gebiete des heutigen Königreiches Württemberg regelmäßig als Lokalleibeigenschaft, in Baden und im Unter-Elsaß als Realleibeigenschaft bezeichnet und hier ebenso wie bisweilen auch in unsern Gebieten durch den Satz ausgedrückt wurde: Die Luft macht eigen[3].

Allerdings war das Territorialprinzip in der Leibeigenschaft zwar der Regel nach, aber doch nicht ganz ohne Ausnahmen zur Durchführung gelangt: es gab auch im 18. Jahrhundert in beiden Territorien noch vereinzelt Leibeigene, welche nicht ihre Landesherrschaft, sondern fremde Herrschaften zum Leibherrn hatten.

Außerdem gab es drei Gruppen von Ausnahmefällen kraft besondrer Privilegien.

---

[1] In unsern Territorien allerdings bereits durch die Ausübung des Wildfangsrechtes (s. u.) beeinflußt. Ein Beispiel reiner Personalleibeigenschaft s. bei Simon Urk. S. 60 Nr. LVII d. a. 1353. Für andre Gebiete: Th. Knapp, Beiträge 368 f.; Ludwig, Bad. Bauer 34.

[2] Nachweise des Vorkommens dieser Realleibeigenschaft s. bei Th. Knapp, Beitr. 366 f.; für Niedersachsen insbes. W. Wittich, Grundherrsch. in NWDeutschl. 223, 242 f., 246. Ein Zusammenhang zwischen Leib- und Grundherrschaft bestand in unsern Gebieten nicht, obgleich bisweilen im amtlichen Sprachgebrauche von „Bauerngütern, denen die Leibeigenschaft anklebt“, die Rede ist (s. S. 127 n. 1).

[3] Vgl. Th. Knapp, Beiträge 38, 87, 228 f., 365 f.; Wächter, Gesch. des württemberg. Privatrechtes I (1839) 154 f. Ludwig, Bad. Bauer 34 f., Ders., Die deutschen Reichsstände im Elsaß (1898) 84 f. Darmstädter, Großherzogt. Frankfurt (1900) 34 f.

Von der Leibeigenschaft befreit waren zunächst die Städte Erbach, Michelstadt, Neustadt und das Amt König, nicht dagegen die Stadt Beerfelden. Die Leibfreiheit dieser Gemeinden erstreckte sich auf alle Einwohner, so daß auch leibeigene Personen, welche sich nur als Beisassen daselbst niederlassen wollten, der vorherigen Mannmission bedurften. Aber auch die Einwohner der gefreiten Gemeinden mußten die jährliche Leibsbeede „in recognitionem der erlassenen Leibsservitut" entrichten [1]).

Ferner wurde regelmäßig den Personen, welche ein herrschaftliches Hofgut zu Erb- oder Temporalbestand übernahmen, im Vertrage zugesichert, daß die Übernahme des Hofes die Leibeigenschaft nicht begründen solle; eine bereits bestehende Leibeigenschaft des Beständers wurde hierdurch jedoch nicht aufgehoben [2]). Dasselbe war der Fall hinsichtlich derjenigen Personen, welchen nach dem 30jährigen Kriege ein bisheriges Hubgut als herrschaftlicher freier Hof zu Eigentum übertragen worden war.

Nicht leibeigen waren endlich die höheren und ein Teil der niederen herrschaftlichen Beamten, deren Freiheit weniger in der Tatsache, daß sie, wenigstens zum Teil, nicht territorialangehörig waren [3]), als vielmehr in der bevorrechteten Stellung ihres Standes begründet erschien.

Begründet wurde die Leibeigenschaft für den einzelnen durch Geburt von leibeigener Mutter, durch Verheiratung mit einem Leibeigenen, durch Domizilierung in einer inländischen, von der Leibeigenschaft nicht befreiten Gemeinde.

Da es im 18. Jahrhundert in beiden Territorien fast keine fremden leibherrlichen Berechtigungen mehr gab, vielmehr fast alle Untertanen nur ihre Landesherrschaft zum Leibherrn hatten, so wurde regelmäßig die Abstammung von leibeigenen Unter-

---

[1]) Diese Befreiungen erfolgten im 16. und 17. Jahrhundert, z. B. Michelstadt 1560, Simon S. 63.

[2]) Es gab auch leibeigene Erbbeständer (Hofbauern), z. B. LTA. I p. 248; ungenau Erb. Ldr. 377.

[3]) vgl. S. 112 n. 2.

tanen überhaupt als Erwerbsgrund bezeichnet; das rechtlich allein entscheidende Moment, die Leibeigenschaft der Mutter (partus sequitur matrem) war nur selten noch von praktischer Bedeutung.

Außerdem fielen leibfreie Inländer und Ausländer, ohne daß es auf ihren Willen ankam, in die Leibeigenschaft der inländischen Landesherrschaft durch Begründung des Domizils in einer von der Leibeigenschaft nicht befreiten Gemeinde, also durch Niederlassung als Gemeindsmann, sog. Einzug in die Gemeinde; nicht durch Niederlassung zu bloßem Beisassenrechte, da letztere keine Domizilierung im öffentlich-rechtlichen Sinne des 18. Jahrhunderts darstellte.

Den Rechtsgrund der Befugnis, neu einziehende Personen als durch den Einzug leibeigen geworden zu betrachten, bildete das von beiden Landesherrschaften innerhalb ihrer Territorien ausgeübte Wildfangsrecht[1]). Seine Geltendmachung war jedoch an sich ausgeschlossen gegenüber solchen, welche bereits einer anderen Herrschaft mit dem Leibe angehörten, falls der auswärtige Leibherr binnen Jahr und Tag „nachfolgte", d. h. auch jetzt noch nach dem Einzug seines Leibeigenen in das erbachische oder breubergische Territorium seine Rechte durch einen Leibsschultheißen wahrnehmen ließ. Indem man aber, wie später zu zeigen ist, seit Ende des 16. Jahrhunderts auch solche Untertanen, deren auswärtiger Leibherr nachfolgte, der Leibeigenschaft der inländischen Landesherrschaft unterwarf,

[1]) Nur Kurpfalz übte das Wildfangsrecht nicht bloß im eigenen, sondern auch in den ihm benachbarten Territorien aus. Wahrscheinlich erst durch den später zu besprechenden Vertrag vom Jahre 1509 gelangte die Herrschaft Erbach in den Besitz dieses Rechtes; sie blieb infolgedessen von den zahlreichen Streitigkeiten, welche Kurpfalz wegen der Ausübung dieses Regals mit den benachbarten Territorien führte, insbesondere dem durch das laudum Heilbronnense (1667) beendigten sog. Wildfangsstreite verschont. Vgl. hierüber: K. Brunner, Der pfälzische Wildfangstreit, Innsbruck. Diss. 1896. Th. Knapp, Beiträge 29, 37, 359f. J. J. Moser, T. Nachbarl. Staatsrecht (1773) 406f. — Im Gebiete des Amtes Wildenstein (Spessart) wurde es vom Landesherrn bereits um 1400 ausgeübt. Weistum von Eschau bei Simon, Urk. S. 147.

bisweilen ebenfalls unter Berufung auf das Wildfangsrecht trotz des Fehlens jener Voraussetzung, so erscheint die Unterwerfung neu einziehender Personen unter die Leibherrschaft der inländischen Landesherrschaften seitdem als eine über den Inhalt des eigentlichen Wildfangsrechtes hinausgehende Betätigung der Landeshoheit überhaupt.

Seinem Inhalte nach bedeutete das privatrechtliche Institut der Leibeigenschaft lediglich eine Qualifizierung des allgemeinen öffentlich-rechtlichen Untertanenverhältnisses in dem Sinne, daß der leibeigene Untertan an seinen Landesherrn einige Abgaben mehr zu entrichten hatte als der freie; und für den Landesherrn war seine Leibherrschaft eine nicht sehr bedeutende, aber angenehme, hergebrachte und deshalb beibehaltene Rentenquelle.

Von diesen Abgaben waren die Leibsbeede und das Leibhuhn jährliche Rekognitionsgebühren, während das Besthaupt mit dem Hagestolzenrechte und das Manumissionsgeld nur einmal, bei der Beendigung der Leibeigenschaft durch Tod und durch Manumission, entrichtet werden mußten.

Die jährlich zu entrichtende Leibsbeed[1]) war lediglich eine Rekognitionsabgabe[2]). Die Verpflichtung begann mit der Begründung eines selbständigen Haushaltes. Ihr Betrag war während des 18. Jahrhunderts herkömmlich stabil[3]). Für die Weiber betrug die Abgabe im ganzen Territorium schon im 16. Jahrhundert nur 2 Heller, welche ein Akzidenz des mit der Erhebung betrauten Beamten bildeten und der Geringfügigkeit wegen von diesem häufig gar nicht erhoben wurden. Die Leibsbeed der Männer bestand in Geld und in einem Leibhuhn. Letzteres wurde jedoch im 18. Jahrhundert nur noch sehr selten in natura geleistet, sondern war durch eine in den einzelnen Gegenden verschieden hohe Geldabgabe, teils 7, teils 12 Kreuzer, ersetzt. Auch die eigentliche Leibsbeed war oft innerhalb desselben Amtes von verschiedener Höhe, überall

[1]) Leibsbeeth, auch Leibzins.

[2]) In recognitionem der Leibsservitut, auch Erkannthnusgeld (1606).

[3]) Maßgebend für die Höhe der Abgabe im 18. Jahrh. waren die Leibsbeedregister aus dem Beginn des 17. Jahrhunderts.

aber sehr gering (3—8 Kr.). Regelmäßig wurde zwischen beiden Geldabgaben nicht mehr unterschieden, sondern der Gesamtbetrag als Leibsbeed bezeichnet; er belief sich auf 10 bis 16 Kreuzer.

Die wichtigste einmalige Abgabe war das Besthaupt (Sterbfall, Mortuarium). Es wurde fällig mit dem Tode einer leibeigenen Person, welche einen selbständigen Haushalt führte, jedoch in der zweiten Hälfte des 18. Jahrhunderts nur von Gemeindsleuten und deren Frauen tatsächlich erhoben, den leibeigenen Beisassen dagegen regelmäßig erlassen. Die Festsetzung des individuellen Leistungsgegenstandes bzw. der Höhe der zu entrichtenden Geldsumme im konkreten Falle, welche im Wege der Vereinbarung mit dem Pflichtigen erfolgte (Theidigung), war Sache des Amtmannes, welcher sich zu Abschätzungen vereidigter Taxatoren oder des Ortsgerichtes bediente. In einigen Ämtern erfolgte die Theidigung bereits bei der Gutsübergabe.

Bei Männern wurde das Besthaupt entweder auf Grund einer Taxation als Quote des Vermögens erhoben, so im Amte Reichenberg 20% nach dem Schätzungskapitale oder 2% vom wahren Vermögen[1]; oder es wurde, wie seit 1765 im Amte Erbach wieder wie nach altem Rechte, das beste Stück Vieh pro mortuario eingezogen, jedoch dem Pflichtigen das Recht eingeräumt, an Stelle der Leistung in natura ein Äquivalent in Geld zu entrichten[2].

Wenn auch nach ausdrücklicher Verordnung bei der Theidigung der wahre Wert des Tieres in Ansatz gebracht werden sollte, so wurden doch regelmäßig nur 75—80% desselben wirklich in Rechnung gestellt. Das Mortuarium der Weiber bestand grundsätzlich im besten Kleide oder statt dessen in 1 Malter Hafer, dem sog. Sterbhaber, wofür jedoch häufig

[1]) Nach LTA. XI (1731) wurde in den Ämtern Michelstadt. Erbach, Freienstein das Besth. nach Proportion der Verlassenschaft zu 5, 10, 15, 20 fl. getheidigt.

[2]) Ebenso galt z. B. im Amte Schönberg die Regel: von dem Mann den besten Ochs, von der Frau den besten Rock. Nach andern Angaben wurden hier als Besthaupt 2% vom Vermögen jedes Mannes, doch nie mehr als 150 fl. erhoben.

teils 3—5 fl., teils 1 Reichsthaler oder 1 fl. 30 Kr.[1]), teils 1 fl. entrichtet wurden. Wie ihre Leibsbeede, so bildete auch das Mortuarium der Weiber in allen Ämtern ein Accidenz des Amtmannes.

In der Herrschaft Breuberg galten hinsichtlich der Besthauptstheidigung in der zweiten Hälfte des 18. Jahrhunderts folgende Grundsätze[2]):

Bei Männern sollte der Berechnung der durch gerichtliche Taxation zu ermittelnde „wahre Vermögenszustand ohne Abzug der vorhandenen Schulden" zugrunde gelegt und hiervon 5% erhoben werden; als Höchstbetrag jedoch waren 100 fl., als Mindestbetrag 15 fl., falls der Mann Zugvieh besaß, und 5 fl. falls er ein Handfröhner oder Handwerker war, festgesetzt.

Eine leibeigene Frau mußte gemäß altem Herkommen ihr Besthaupt besonders theidigen, gleichviel ob sie während der Ehe oder als Witwe starb, jedoch dergestalt, daß hierbei nicht „sonderlich auf ihr Vermögen, sondern auf die äußerlichen Umstände des Weibes, wie sie sich etwa in Kleidern zu halten gewohnt oder im Stand gewesen, gesehen, und der Ansatz nicht leicht über 10 fl. und niemals unter 2 fl. gemacht" werden sollte.

Wenn ein Mann seine Güter an seine Kinder übergab, was jedoch vor seinem 60. Lebensjahre ohne besondere herrschaftliche Erlaubnis nicht geschehen durfte, so sollte das Besthaupt alsbald auf die geschilderte Art getheidigt, und der Betrag vom neuen Besitzer noch vor dem Antritte der Güter bezahlt werden; das Besthaupt einer Auszugsfrau dagegen, mochte sie bei der Übergabe der Güter noch verheiratet oder Witwe sein, war erst nach ihrem Tode anzusetzen und von ihren Erben beizutreiben. Ebenso war das Besthaupt, wenn der Mann in Konkurs verfiel, für ihn und seine Ehefrau sogleich anzusetzen und in die erste Klasse der liquidierten Schulden zu locieren. Wer sein Besthaupt getheidigt hatte, sollte in Zukunft von der Entrichtung der Leibsbeede befreit sein.

Eine erhebliche Verschärfung des Besthauptrechtes war

---

[1]) z. B. Amt Wildenstein, Weistum v. 1649, hier Stiefelgeld oder Wadtmal gen. Infolge der gleichlautenden Bezeichnung brachte man im 18. Jhdt. damit eine andere Abgabe zusammen, welche schon im 16. Jhdt. als Reallast auf 3 Huben zu Steinbuch im Betrage von 15 H. und den meisten Gütern zu Reichelsheim, Eberbach und Bockenrodt unter dem Namen Stiefelgeld haftete. Ihr Ursprung war nicht mehr zu erkennen. LTA. I 231, 239. Heyl, SLB. (A. Reich.).

[2]) F.: Breuberg, Meliorationen, Specialia, Besthaupt betr. 1751 f. Regierungsverordn. v. 4. Nov. 1751 und 4. Okt. 1759.

das Hagestolzenrecht[1]). Starb nämlich eine leibeigene Person, Mann oder Weib, welche unverheiratet geblieben war und das 50. Lebensjahr[2]) vollendet hatte, so war der Leibherr berechtigt, statt des gewöhnlichen Besthauptes oder Sterbfalles den ganzen Nachlaß zu fordern, jedoch unter Abzug der „Leichen- und Arztkosten, auch was er sonsten rechtmäßigerweise schuldig“[3]); regelmäßig aber wurde ein Teil den Verwandten überlassen. Beruhte die Ehelosigkeit auf Kränklichkeit, oder war die Person „überhaupt inhabil zum Ehestande“, so sollte sie für einen Hagestolzen nicht geachtet werden[3]). Das Hagestolzenrecht fand als Ausfluß der Leibeigenschaft in unsrem Gebiete nur gegenüber Leibeigenen, nicht wie bisweilen sonst als populationistische Polizeimaßregel auch gegenüber Freien Anwendung[4]).

Anmerkung. Im Zusammenhange mit der Leibeigenschaft wird mehrmals in einigen Amtsrechnungen ein sog. Bastardsrecht (jus bastardisae) erwähnt, indem unter den Einnahmen die Rubrik: Bastardsfälle: allerdings stets mit 0 figuriert. Die LTA. I p. 253 v. J. 1718 beschreiben es folgendermaßen: „Wann Jemand ein unehelich Kind zeuget und die Mutter nicht heurathet, ist er schuldig, aus seinem Vermögen ein gewisses an Geld bei Amte zu hinterlegen, welches dem Kinde, wann es sich verheurathet, pfleget ausgehändiget zu werden; stirbt es aber ohnverheurathet, so verbleibt dieses Geld der Herrschaft.“ — Eine ganz andere Bewandtnis hatte es mit dem in der Markgrafschaft Baden ausgeübten Bastardsrechte, vgl. Th. Ludwig, der badische Bauer 35.

Die Beendigung des Leibeigenschaftsverhältnisses erfolgte

---

[1]) Dasselbe galt jedoch nicht im Amte Wildenstein (Spessart); wohl aber in den pfälzischen und hessischen Teilen des Odenwaldes; vgl. v. Brünneck, Zur Gesch. d. Hagestolzenrechtes, Zeitschr. der Savignystiftung f. Rechtsgesch. Bd. 35 (1901) 1 f., 11 f., 27 f., 38, 41.

[2]) Dieses Alter wurde 1736 im erb.-erb. Landesteil endgiltig festgesetzt, nachdem es vorher ungewiß gewesen und verschiedene Personen von 30 und 40 Jahren dem Hag.-Rechte unterworfen worden waren; Heyl SLB. Reichenb.

[3]) Heyl, SLB. Reichenb. Eine Beschränkung der Testierfähigkeit ließ sich nicht feststellen.

[4]) z. B. in Braunschweig-Wolfenbüttel bis 1730, Kurbraunschweig bis 1732. Moser, V. d. Landeshoh. in Ansehung der Untert. (1773) 112. Elster, Art. „Bevölkerungswesen“ im Handwörterb. der Staatswiss. II (3. Aufl. 1909) S. 933.

durch Tod, Eintritt in den herrschaftlichen Dienst[1]), Verheiratung mit einem nicht leibeigenen herrschaftlichen Beamten und durch Manumission (Leibsledigung, Loskauf).

Manumissionspflichtig war im 18. Jahrhundert jede leibeigene Person, die in ein fremdes Territorium auswandern oder an einen inländischen der Leibeigenschaft gefreiten Ort überziehen wollte.

Voraussetzung der Manumission durch die Herrschaft war regelmäßig Entrichtung des Manumissionsgeldes; außerdem wurde sie entsprechend dem Prinzipe der Territorialleibeigenschaft nur für den Fall des tatsächlichen Wegzuges erteilt, und sie verlor kraft ausdrücklichen Vorbehaltes im Manumissionsscheine ihre Wirkung, sobald die manumittierte Person sich wieder im Inlande dauernd niederließ.

Ob die Leib- und Landesherrschaft die Manumission erteilen wollte, stand in ihrem freien Ermessen; einen Anspruch darauf besaß der Leibeigene nicht. Infolgedessen war seit Ausbildung der Manumissionspflicht im 17. Jahrhundert die Auswanderungsfreiheit der leibeigenen Untertanen rechtlich beschränkt, sie waren rechtlich zwar nicht an das Gut des Herrn wie im deutschen Osten die Erbuntertanen, andrerseits auch nicht mehr wie früher bloß an die Person des Leibherrn, gleichviel wo er sich befand, wohl aber an dessen Territorium gefesselt. Doch wurde, soweit sich sehen ließ, von dieser Befugnis kein Gebrauch gemacht, insbesondere auch in der zweiten Hälfte des 17. Jahrhunderts nicht, obwohl man große Mühe hatte, die im 30jährigen Kriege vakant gewordenen Huben

---

[1]) Reskr. der grfl. erb.-erb. Regierung an das Amt Wildenstein, 13. Sept. 1777: „In der Grafschaft E. ist es eine hergebrachte und bis jetzt beobachtete Observanz, daß die herrschaftlichen Diener, wann sie gleich leibeigen geboren sind, sobald sie in den herrschaftl. Dienst treten und nicht auf Bauerngütern, denen die Leibeigenschaft anklebt, wohnhaft und possessioniert sind, eo ipso für sich, ihre Weiber und Kinder von dem nexu der Leibeigenschaft frei werden; die Kinder sind es jedoch nur solange, als sie sich nicht an einen Ort der Grafschaft setzen wie andere leibeigene Untertanen und mit Bauerngütern, denen die Leibeigenschaft anklebt, possessioniert machen.“

wieder zu besetzen, und eine Abwanderung inländischer Untertanen daher nicht im herrschaftlichen Interesse lag. Der Grund mag darin liegen, daß ein allgemeiner Zug nach Auswanderung in der Bevölkerung nicht vorhanden war[1]), und einzelne Auswanderungsfälle durch Zuzug von auswärts auf die Dauer mindestens ausgeglichen wurden[2]).

Da die Leibeigenschaft lediglich die Bedeutung einer Rentenquelle für den Leibherrn besaß, so war dem herrschaftlichen Interesse Genüge geleistet, wenn der Auswandernde für den durch den Wegzug erwachsenden Verlust der zukünftigen Leibeigenschaftsprästationen eine angemessene Entschädigung gewährte. Die Manumission wurde daher stets jedem erteilt, wenn er das Manumissionsgeld entrichtete. Dasselbe betrug im 18. Jahrhundert im allgemeinen[3]) 5 % des tatsächlich exportierten Vermögens; beim bloßen Überzug in einen inländischen, von der Leibeigenschaft befreiten Ort gewöhnlich nur 2½ %.

Die Erteilung der Manumission erfolgte als landesherrliche Gnadensache durch die Regierung, welche auch auf Grund eines Amtsberichtes den Betrag des Manumissionsgeldes festsetzte; dieses wurde durch Amtmann und Keller gemeinsam gegen Aushändigung des Manumissionsscheines eingezogen.

Ausnahmsweise bestand eine Manumissionspflicht nicht im Verhältnisse zur Kurpfalz; wer dorthin zog, durfte sich von der Leibherrschaft Erbach nicht loskaufen, vielmehr trat der

---

[1]) In der Markgrafsch. Baden suchte man um die Mitte des 18. Jahrhunderts den hier bestehenden Auswanderungskrisen durch Verweigerung der Manumission Einhalt zu gebieten. Th. Ludwig, Baden 90. Beschränkung der Wegzugsfreiheit auf Grund der Leibeigenschaft in Bayern: Th. Knapp, Beiträge 92; in andern Gegenden: das. 356 n. 9, in den Landgemeinden der Stadt Frankfurt, Darmstädter, Großh. Frankf. 34 f.

[2]) Ähnlich im Gebiete der Stadt Heilbronn, Th. Knapp, Beiträge 92.

[3]) Im Amte Reichenberg wurden bis in die Mitte des 18. Jahrhunderts 2 bis 25 %, später ebenfalls 5, auch 6 %, im Amte Schönberg dagegen bei Männern 15, bei Frauen 10 % angesetzt. — In der Herrschaft Breuberg waren nach einer gemeinherrsch. Reg.-Verordn. v. 1751 für die Leibsleedigung von Mann und Frau 5 %, und wenn kein Vermögen exportiert wurde, von jeder Person 2 fl., von jedem Kinde außerdem 1½ fl. in Ansatz zu bringen.

leibeigene Untertan durch die bloße Tatsache des Überzuges aus seinem bisherigen Leibeigenschaftsverhältnisse in dasjenige seiner neuen Landesherrschaft Kurpfalz über; es bestand seit 1509 vertragsmäßige Freizügigkeit zwischen beiden Territorien.

Die mit andern Territorien durch Vertrag oder Observanz begründete Freizügigkeit bedeutete keine Ausnahme von der Manumissionspflicht überhaupt, sondern hatte die unentgeltliche Erteilung der Manumission zum Inhalte[1]).

Einen weitergehenden Inhalt besaß die Leibeigenschaft in unserem Gebiete nicht.

Insbesondere findet sich im 17. und 18. Jahrhundert von besonderen leibherrlichen Fronen keine Spur[2]). Unbegründet war die von einzelnen Amtleuten bisweilen aufgestellte Behauptung[3]), daß die Ungemessenheit der Fronen in der Leibeigenschaft beruhe; denn die Verpflichtung zu ungemessenen Diensten bestand auch für Fremdleibeigene zugunsten des Gerichts-, nicht aber des Leibherrn.

Allerdings wurde nach der Mediatisierung ein großer Teil der von den erbachischen und breubergischen Untertanen als solchen zu leistenden Frondienste als „Leibeigenschaftsfrohnden" abgelöst. Nach § 15 der großherzogl. hessischen Verordnung vom 25. Mai 1811 sollten „unter Leibeigenschaftsfrohnden alle

[1]) Solche Freizügigkeit bestand für die Grafsch. Erbach mit der Herrschaft Breuberg, Kurmainz, einigen kleineren Gebieten, zeitweise auch mit Hessen-Darmstadt; für die Herrschaft Breuberg mit dem kurpfälz. Amte Otzberg, Hessen-Darmstadt, Abtei Brombach und Grafsch. Erbach, nicht aber mit Löwenstein-Wertheim. — Wer im Orte Brensbach aus einem hessischen in ein erbachisches Haus zog, wurde hierdurch erbachischer Leibeigener, und umgekehrt. — Wer aus dem Amte Erbach in das zwischen Pfalz und Hessen gemeinschaftl. Amt Umstadt zog, hatte wegen Pfalz nichts, wegen Hessen 5 %, im ganzen 2½ %, wer dagegen aus dem Amte Schönberg dahin zog, nichts zu zahlen, u. dgl. m.

[2]) Dagegen ergibt sich aus den Reichenberger und Brensbacher Leibsbeedrechnungen des 16. Jahrhunderts, daß die in die Erbacher Beede gehörigen Leibeigenen z. T. einen Tag in der Erndte fronen mußten, wofür sie dann, oder wenn sie statt der Fron 12 Pfg. zahlten, von der Abgabe der Leibsbeede befreit waren.

[3]) z. B. LTA. XI (1731) Amt Wildenstein.

Domanial- und gutsherrlichen Frohnden, welche Ausflüsse der Leibeigenschaft sind, oder über deren Ursprung keine genügende Auskunft zu erhalten steht, verstanden werden; namentlich sollen alle Hand- und Spanndienste, die nicht zu den Landes- und Gemeindefrohnden gehören, und die nicht ursprünglich für die Überlassung eines Gutes, oder eines anderen dinglichen Rechtes bedungen wurden, im Zweifelsfalle für Leibeigenschaftsfrohnden betrachtet werden"[1]. Allein die Bedeutung dieser Bestimmung beruhte für die Praxis lediglich darin, daß die einzelnen Fronen, je nachdem sie überwiegend dem öffentlichen oder privatherrschaftlichen Interesse dienten, zum Teil den unentgeltlich aufzuhebenden Staatsfronen, im übrigen der einheitlichen Gruppe der abzulösenden „guts- und leibherrlichen" Fronen zugezählt wurden[2].

Ebensowenig hatte die Leibeigenschaft einen Einfluß auf die Besitz- und Eigentumsverhältnisse; Leibeigenschaft und Grundherrschaft stehen vielmehr als besondere Gewalten nebeneinander.

Inbezug auf seine persönliche Rechtsfähigkeit stand der Leibeigene dem freien Stadtbürger völlig gleich; er war geschäfts- und prozeßfähig wie dieser und unterlag insbesondere hinsichtlich seiner Verehelichung und Testierfähigkeit keinerlei besonderen Beschränkungen.

Auch die rechtliche Beschränkung der Auswanderungsfreiheit äußerte sich in der Praxis lediglich in der Verpflichtung zur Zahlung des Manumissionsgeldes, welch letzteres überdies infolge der mit den meisten Nachbarterritorien bestehenden Freizügigkeit in der Mehrzahl der Fälle hinweg fiel.

Veräußerungen von Leibeigenen durch ihre Leibherrn bedeuteten daher nicht eine Verfügung über die Person, sondern lediglich eine solche über die dem Leibherrn zustehenden „Leibeigenschaftsjura", welche sich in dem Rechte auf den Bezug der genannten Abgaben erschöpften; der Leibeigene selbst blieb durch die Veräußerung völlig unberührt.

---

[1]) Vgl. Erb. Ldr. 524, 509f.

[2]) vgl. z. B. F.: Amt Erbach, Frohnd (Frohndgeld), Die Ausscheidung der Frohnden nach der Verordn. v. 8. April 1819 und der Instruktion v. 26. Juni 1819 im Amte Erbach, d. d. Erbach, 10. Aug. 1819.

Gerade mit der Leibeigenschaft, der der Aufklärungszeit verhaßtesten Institution[1]), waren demnach in unsern wie in den übrigen westdeutschen Territorien, soweit sie hier im 18. Jahrhundert überhaupt noch bestand[2]), im Verhältnis zur Grund- und Gerichtsherrschaft die geringsten wirtschaftlichen Lasten verknüpft. — Auch deutet nichts darauf hin, daß die Leibeigenschaft in unsern Gebieten sozial als drückend empfunden worden wäre; die sozial gering geachtete Klasse der ländlichen Bevölkerung waren nicht die leibeigenen Hübner, die vollberechtigten Untertanen und Gemeindsleute, sondern die Freien als „bloße Beisassen"[3]).

II. DIE GESCHICHTLICHE ENTWICKLUNG DES PRINZIPES DER TERRITORIALLEIBEIGENSCHAFT.

Mehrfach wurde bereits hervorgehoben, daß der Grundsatz, wonach alle Untertanen nur ihrer Landesherrschaft mit dem Leibe verfangen sein sollten, ein Ergebnis erst der neueren Zeit darstellt.

Vorher, im allgemeinen noch um die Mitte des 16. Jahrhunderts, finden wir, wie in ganz Südwestdeutschland[4]), so auch in unsern Territorien den als Durchkreuzung[5]) von Landesholieit und Leibeigenschaft bezeichneten Zustand: zahlreiche Untertanen

---

[1]) vgl. Th. Ludwig, Baden 83. Th. Knapp, Beiträge 369.

[2]) Über die Ausbreitung der Leibeigenschaft und ihren Rückgang seit dem 16. Jahrhundert vgl. Th. Knapp, Beiträge 368 f.

[3]) vgl. auch Th. Knapp, Beiträge 368. Das. einige Urteile von Zeitgenossen (Sebastian Franck, Kreittmayr, Frhr. v. Bibra), welche die südwestdeutsche Leibeigenschaft als das Gegenteil von Sklaverei erkennen lassen, womit sie von Schriftstellern, welchen die Zustände im deutschen Westen kaum bekannt waren, verglichen wurde. Vgl. Darmstädter, Großherzogt. Frankf. (1900) 244.

[4]) Bücher, Bevölkerung von Frankfurt I (1886) 479 f. Th. Knapp, Beiträge 4, 18, 361 f. Th. Ludwig, Badischer Bauer 99 f. Kerner, Staatsrecht der Reichsrittersch. I (1786) 160 f. usw. Auch G. Seeliger, Soziale und politische Bedeutung der Grundherrschaft im früheren Mittelalter (1903) 150, 168. —

[5]) Schon deshalb ist es unrichtig, wenn W. Stolze, Zur Vorgeschichte des Bauernkrieges (Diss. 1900) 11 „die Leibeigenen" als „das Fundament der Kleinstaaterei im Südwesten Deutschlands" bezeichnet.

beider Herrschaften waren zwar auch damals schon ihre Leibeigenen, ein großer Teil von ihnen aber gehörte noch den verschiedensten auswärtigen Herrschaften mit dem Leibe an; und umgekehrt besaßen die Grafen zu Erbach wie die Herrn zu Breuberg zahlreiche Leibeigene in fremden Territorien. Der Kreis der Untertanen einer Herrschaft und derjenige ihrer Leibeigenen decken sich nicht.

Nach einer tabellarischen Übersicht vom J. 1601 [1]) gab es damals unter den breubergischen Untertanen

53	Männer,	44	Weiber,	123	unverheir. Kinder,	welche	kurpfälzische,
7	"	11	"	20	"	"	"	kurmainzische,
4	"	7	"	13	"	"	"	ldgrfl. hessische,
—	"	2	"	2	"	"	"	grfl. hanauische,
24	"	26	"	52	"	"	"	grfl. erbachische,
26	"	33	"	81	"	"	"	Leibeigene von

9 verschiedenen ritterschaftlichen Familien waren.

Andrerseits aber besaß die Herrschaft Breuberg ihrerseits an Leibeigenen im Gebiete

	Männer:	Weiber:	Unverheir. Kinder:
von Kurpfalz	29	33	107
des pfälz.-hess. Amtes Umstadt	7	5	13
von Kurmainz	101	103	213
der Herrsch. Löwenstein	16	16	47
der Grafsch. Hanau	—	—	1
der Grafsch. Falckenstein	1	—	—
der Grafsch. Erbach	13	18	8
von verschiedenen (16) adligen Herrschaften zusammen	73	66	147

[1]) „Verzeichnus der Herrschaft Breuberghk Vogtleute, so da in außwendigen Herrschaften wohn- und säßhafft, mit der Leibaigenschafft und dero Rechten hiehero gehörig", und „Verzeichnus derjenigen Ehleut, so da gleichwohl in der Herrschaft Breuberghk säß- und wohnhafftig, aber mit der Leibaigenschafft und derselben angehörigem Rechte andern Herrschaften zustendig, zusambt Anmeldung der Anzahl Kindern, so viel itzo noch ohnverheyratet bey ihnen zu befinden", und dazu: „Ohngefherdtlicher Abzug und Deductio reciproca der vogtbaren oder leibaigenen Leute, so die Herrschaft Breuberg under außländischen, das ist, frembden Obrigkeiten säß- und wohnhafftig hat, gegen denjenigen, welche hinwiderumb die Benachbarte, Chur- und Fürsten, Graven, Herrn, und Adelspersonen, auf Breuberger Grund und Boden haben", d. a. 1601 in F.: Herrsch. Breub., Leibeig.

Außerdem gehörten der Herrschaft Breuberg hauptsächlich im Gebiete der mainzischen Zent Ostheim noch als besondere Gruppe die zur sog. Ostheimer Königsbeede zählenden Leibeigenen; im J. 1600 waren es 20 Männer, 35 Weiber und deren Kinder.

Während also damals 528 der breubergischen Vogteiuntertanen nicht ihre Landesherrschaft auch gleichzeitig zum Leibherrn hatten, besaß die Herrschaft Breuberg im Gebiete fremder Territorien ihrerseits mehr als 1150 leibeigene Personen, ohne deren Landesherrschaft zu sein.

Ganz entsprechend lagen die Verhältnisse in der Grafschaft Erbach. Hier besaß bis zum J. 1509 besonders Kurpfalz zahlreiche Leibeigene; so gehörten z. B. allein zur Hetzbacher Königsbeede 180 Männer, 181 Weiber und deren Kinder [1]), welche nur zum kleinsten Teile in dem bis 1509 pfälzisch-vogteilichen Dorfe Hetzbach, im übrigen in den östlichen Teilen der Grafschaft zerstreut ansässig waren; in den Ämtern Seeheim und Reichenberg gab es zahlreiche Leibeigene der Landgrafen von Hessen, der Herrschaft Rodenstein (Fränkisch-Crumbach) usw.[2]) Andrerseits besaßen die Grafen Erbach ihrerseits zahlreiche Leibeigene besonders in der Kurpfalz und hessischen Obern Grafschaft Catzenellnbogen.

Das Vorkommen freier Personen unter der ländlichen Bevölkerung unsrer Territorien im 16. Jahrhundert ließ sich nicht nachweisen [3]). Daß einziehende Freie kraft Wildfangsrechtes in die Leibeigenschaft der Landesherrschaft verfielen, ist bereits gezeigt worden.

Zur Wahrnehmung ihrer Rechte gegenüber ihren inländischen wie ausländischen Leibeigenen finden wir um das Jahr 1600 von seiten der Gemein-Herrschaft Breuberg einen Leibsschultheißen angestellt, unter welchem die aus der Mitte der Leibeigenen bestellten Einsammler standen. Im 18. Jahrhundert dagegen wurden seine Funktionen durch das Jurisdiktionalamt und die Rentei ausgeübt; zwar gab es noch einen

---

[1]) Nach einer Angabe von 1551; vgl. F.: Hetzbach.

[2]) F.: Seeheim, Amt, Leibeig. Andre Beispiele: Simon Urk. S. 21 XX (1321); S. 60 (1353); S. 61 f. (1354); S. 131, CXXXI (1394). Schneider, Historie der Grafen Erb. (1736), Urk. Buch S. 6; 8.

[3]) Für das 14. Jahrh. ist das Vorkommen „freier Leute“ „im Odenwalde“, wenigstens für das benachbarte Gebiet des Klosters Lorsch bezeugt, vgl. Dahl, Beschreib. d. Fürstabtei Lorsch (1812), Urk. S. 39: Rachtung zw. Mainz und Pfalz v. J. 1308. Dagegen waren die frileute im Spessart im 15. u. 16. Jahrh. Leibeigene der Grafen Rhieneck, vgl. Löwe, Rechtl. Stellung der fränk. Bauern im MA. (Diss. 1888) 1 f.

Leibsschultheißen, doch hatte dieser lediglich die Abgaben von einigen im pfälzischen Gebiete ansässigen breubergischen Leibeigenen einzusammeln.

Die einzelnen erbachischen Leibeigenen gehörten noch zu Beginn des 17. Jahrhunderts bestimmten Beeden an; so gab es z. B. eine Erbacher, Michelstädter, Reichenberger, auch eine Schenk Veltins[1])-Beede; dafür, daß es sich um territorial abgegrenzte Bezirke handelte, spricht der Umstand, daß zwischen den einzelnen Beeden ein freier Zug bestand; allein noch im 16. Jahrhundert gehörten die Untertanen desselben Amtes verschiedenen erbachischen Beeden an, die Leibeigenen der verschiedenen erbachischen Beeden saßen durcheinander[2]) wie diese mit den Leibeigenen fremdherrischer Beeden. Auch die in andern Territorien ansässigen erbachischen Leibeigenen gehörten einer bestimmten inländischen Beede an. Über alle einer Beede zugehörenden Personen wurden Listen, die Leibsbeedsregister, geführt; im 18. Jahrhundert führte jedes Amt ein besonderes Leibsbeedregister über seine Amtsuntertanen.

Eine besondere Bewandtnis hatte es mit der sog. Ostheimer Königsbeede. Unter diesem Namen besaß die Herrschaft Breuberg hauptsächlich[3]) im Gebiete der kurmainzischen Zent Ostheim eine besondere Gruppe von leibeigenen Leuten, welche sich von ihren übrigen daselbst ansässigen Leibeigenen in Bezug auf die Höhe der Leibeigenschaftsabgaben unterschieden[4]); außer-

[1]) nach Valentin I, Herrn zu Erbach, † 1531, so genannt.

[2]) So gehörten im 16. Jahrh. die erb. Leibeigenen des Amtes Brensbach und Niederkeinsb. teils in die Starkenberger, teils in die Erbacher Beth; die Männer der ersteren gaben jährlich 3 alb oder 18 Pfennig und 1 Huhn, die Frauen 1 Huhn, die der letzteren 12 Pfennig u. 1 Huhn, Frauen aber, so in die Erbacher Bede gehören, schneiden ein jede 1 Ehrntag oder 12 Pfennig dafür. (Brensbacher Amt. Leibsbeedregister v. 1570, 1618, 1620).

[3]) einige davon in benachbarten pfälzischen Dörfern; vgl. das oben gen. Verzeichnis der breuberg. Leibeig. v. 1601.

[4]) Als Leibsbeede zahlte um 1600 ein gewöhnlicher breub. Leibeigener im Gebiete der Zent Ostheim 1 albus 6 Pfennig, ein zur Königsbeede gehöriger 32 Pfund (als sog. große Beede) jährlich, als Besthaupt ersterer 9 albus, letzterer $4\frac{1}{2}$ albus.

dem wird nur von den zur Ostheimer Königsbeede gehörigen Leibeigenen berichtet, daß sie zu jährlichen Zusammenkünften in Ostheim verpflichtet waren [1]), bei welchen durch den breubergischen Leibsschultheißen der jährliche Ab- und Zugang der Personen angemerkt, die Höhe der jährlichen Leibsbeede festgesetzt, die Abgaben des vergangenen Jahres gezahlt und außerdem der „beedbaren Gesellschaft" eine Zehrung zuteil wurde [2]).

Jene Durchkreuzung von Landeshoheit und Leibherrschaft scheint bis zum Beginne des 16. Jahrhunderts auch im Gebiete des Odenwaldes als den Interessen der Landesherrn nicht widersprechend betrachtet worden zu sein, ebensowenig wie die Grundherrn Wert darauf legten, daß ihre Grundholden zugleich auch ihre Leibeigenen wären. Seit dieser Zeit aber finden wir auch

---

[1]) in andern südwestdeutschen Territorien als Weisungspflicht bezeichnet, vgl. Th. Knapp, Beiträge 4 ff. (Heilbronn), 352 f. Th. Ludwig, bad. Bauer 99. (Baden, Pfalz). —

Ebenso waren in Württemberg die Leibeigenen, auch diejenigen desselben Leibherrn, in verschiedene Genossenschaften eingeteilt, welche untereinander sowohl hinsichtlich der Verpflichtungen wie der Kellereien, in welche sie gleichsam gebannt waren, sie mochten in- oder außerhalb des Landes, in diesem oder jenem württemb. Amte häuslich sich niedergelassen haben, sich unterschieden, was man mit dem Ausdrucke, daß sie in diese oder jene Kellerei zu weisen, d. h. ihre Leibhennen usw. zu reichen schuldig waren, bezeichnete. So waren im Amte Meckmühl die zur Burg Meckmühl ehemals gehörigen Leibeigenen in 8 Gesellschaften eingeteilt, die man Leibbethen nannte; drei davon waren dem Amte einverleibt, drei waren mainzisch, zwei edelmännisch. Ihre gesetzte Leibbeth oder Leibsteuer aber mußten sie abtragen, so lang nur noch eine einzige Person in der Gesellschaft war; wenn aber ein solcher Leibeigener sich von der Gesellschaft ledig machen wollte, mußte es mit deren Wissen und Willen geschehen; vom Abkaufsgeld gehörte die Hälfte dem Halsherrn, die andre Hälfte der Gesellschaft, welche dieses Geld durch eigne Verwalter administrieren ließ. Vgl. C. F. Gerstlacher, Handbuch d. teutschen Reichsgesetze X (1791) S. 1820 f.

[2]) Über weitere Unterschiede zwischen den gewöhnlichen und den zu der breubergischen Königsbede gehörenden Leibeigenen war nichts festzustellen. Derartige Königsleute gab es ferner in der östlich an die Grafschaft grenzenden mainz. Zent Mudau; hier verstand man darunter solche Personen, „so sich an gewissen Orten, bevorab im Ambt Crautheimb und in der Zent Mudaw um Limbach häuslich niederlassen, sie

hier das ernstliche Bestreben, fremde Leibherrschaft aus dem inländischen Territorium zu beseitigen[1]).

Das in der Ausbildung und Erstarkung der Landeshoheit liegende Bestreben nach möglichster Verdrängung der verschiedenen die innerstaatliche Gewalt beschränkenden fremden Gerechtsame haben wir bereits im Verhältnisse zwischen den Zentherrn und den unmittelbaren Vogteiherrn kennen gelernt, in dem mit großer Energie verfolgten Bestreben der letzteren, die zentherrlichen Gerechtsame einzuschränken, möglichst auch den Blutbann selbst zu erwerben; dieselbe Tendenz begegnet uns nunmehr in den Beziehungen zwischen Vogtei- (Landes-) und Leibherrn. Die hieraus sich fast notwendig ergebenden Differenzen[2]) bestanden tatsächlich in ganz Südwestdeutschland, überall, wo jene Durchkreuzung von Gerichts- und Leibeigenschaft vorhanden war. Man versagte häufig auswärtigen Leibherrn die erforderliche Hilfe zur Durchsetzung ihrer Ansprüche auf die Entrichtung der geschuldeten Abgaben gegen ihre im Inlande ansässigen Leibeigenen, man bestärkte säumige Untertanen in ihrem Verhalten, ja man erlaubte sich selbst Eingriffe in jene Rechte. Umgekehrt aber machten nicht selten die Leibherrn gegen auswärtige Leibeigene Ansprüche auf Kriegsdienste, Steuern, Gerichtsbarkeit u. a. geltend, welche, weit über den Rahmen ihrer Befugnisse hinaus gehend, gefährliche Eingriffe in die fremde Landesobrigkeit darstellten. Insbesondere hatte

seien gleich allda geboren oder nit oder haben sich sonsten von andern Herrschaften dahin begeben, fals selbige allein kein nachfolgenden Herrn haben"; sie mußten ihre Gebühr, die Königsbed, in allem gleich den Leibeigenen entrichten; „wan aber jemands darvon sein häusliches Wesen in ander Herrschaft transferiert, hat er berührter Konigsbed halber einen freien Zug und ist ganz entlediget ohn einigs Entgelt"; sie gehörten in die Kellerei Miltenberg und pflegten alljährlich im Schloß zu Limbach zusammenzukommen. P. Albert, Steinbach bei Mudau (1899) 88, 99, 119. Auch die zur erb. Hetzbacher Königsbeede Gehörigen „sollen einen freien Zug gehabt h.", F. Erb. Amt Leibeig. — Vgl. auch Brunner, Der pfälz. Wildfangstreit (Diss. 1896) 3 n., 11.

[1]) Vgl. Th. Knapp, Beiträge 362f. (Württemberg), Th. Ludwig Baden 102ff.

[2]) vgl. Th. Knapp, Beitr. 363; Ludwig, Baden 102 f., 111.

die Reichsritterschaft auch hinsichtlich der Leibeigenschaft einen schweren Stand gegenüber den Reichsständen[1]).

Eine „Supplikation des breubergischen Leibsschultheißen Fabri wegen allerlei Leibeigenschaftsgebrechen" v. J. 1601 gewährt über die verschiedenen Differenzen, welche zwischen der Herrschaft Breuberg und den meisten benachbarten Territorien hinsichtlich der breubergischen auswärtigen Leibeigenen zu Ende des 16. Jahrhunderts bestanden, erwünschten Aufschluß.

Hier wird vor allem hervorgehoben, daß Kurmainz den seit 1565 geltend gemachten Bestrebungen der Herrschaft Breuberg, die jährliche Leibsbeede der zur Ostheimer Königsbeede gehörigen Leibeigenen als dingliche Reallast auf die Güter zu legen, statt sie, eben als eine Leibsbeede, in capita gleich einzuteilen, scharf entgegen getreten sei, und sogar die jährlichen Zusammenkünfte der „ganzen beedtbaren Gesellschaft", „welche doch zu Erkundigung jährlichen Ab- und Zuganges der Personen, item Uffholunge (Abgabenerhebung) und der Busamb (beedbaren Weiber) Anmerkung gar notwendig", nicht mehr gestatten wolle, unter dem Vorgeben, es möchte sonst die Herrschaft Breuberg „inskünftig eine sonderbare neuerliche Jurisdiktion, sowohl auf die Personen, als auch deren Güter erschöpfen". Überhaupt sei es schwierig, die auswärtigen Leibeigenen zur Erlegung ihrer Schuldigkeiten anzuhalten und ihnen unter eine fremde Jurisdiktion nachzufolgen; gebieten könne man ihnen nichts, und bittlich sei auch nicht viel zu erreichen; wiederholt mußten die Einsammler unter großen Kosten umgehen, um die jährlichen wenigen Kreuzer Leibsbeede von den einzelnen zu erlangen und sich häufig anstatt der

[1]) vgl. Kerner, Staatsrecht d. Reichsrittersch. I, 160 f., das. nähere Nachweise, insbes. auch die der Rittersch. erteilten Privilegien. In der Umgebung von Frankfurt nahmen die Leibherrn allgemein in der Zeit vom 14. bis 16. Jahrh. ein Interzessions- und Schutzrecht gegenüber den Gerichtsherren ihrer Leibeigenen in Anspruch und galten auf Ersuchen der letzteren zur Ausübung desselben als verpflichtet; Bücher, Bevölkerung v. Frankfurt 481. Sodann Th. Knapp, Beiträge 27, 30 n. 4, 357 n. 2 usw. Ludwig, badischer Bauer 106, J. J. Moser, Nachbarliches Staatsrecht (1773) 404 ff., Hertius, Consilia et Responsa I (1729) 844 f. — Infolge der Landeshoheitsstreitigkeiten zwischen Zent- und Vogteiherrn war es für jene von Bedeutung, Leibeigene in den fremdvogteilichen Bezirken ihrer Zenten zu besitzen, um die Landeshoheitsansprüche auch durch diese leibherrlichen (!) Gerechtsame unterstützen zu können (so Hessen-Darmstadt in Niederkeinsbach, Erbach in Winterkasten, Laudenau, Kleingumpen, Pfaffenbeerfurth, Würzberg, Hiltersklingen a. d. Haardt); bes. Graf Franz S. 143, 145, wo Leibeigenschaft und Hagestolzenrecht schlechthin als landesherrliche Befugnisse aufgefaßt werden.

Beede „mit alten Kesseln, ja wohl mit Flüchen oder endlich mit anderen Anbieten bezahlen oder abweisen lassen“. Die Weiber wollten statt ihrer jährlichen ganzen Beede nur noch im ersten Jahre ihrer Ehe 2 Heller, für die übrige Zeit überhaupt nichts mehr geben. In der zweiten Hälfte des 16. Jahrhunderts war gestattet worden, statt des jährlichen Leibhuhns 1 albus zu zahlen, und als man um 1600 wieder Naturalleistung verlangte, konnte dies nicht mehr durchgesetzt werden. Als Besthaupt wollte man in Ostheim nicht mehr als 5 oder 6 Schillinge, in andern mainzischen Orten nur noch das beste Federvieh, in der Pfalz und den anstoßenden kleineren Gebieten von einem Manne höchstens noch 2 fl., von einem Weibe gar nur einen Trunk oder Zechwein für den Leibsschultheißen zugestehen; im landgräfl. hessischen Amte Lichtenberg wollten die dortigen Beamten höchstens ½ fl. passieren lassen. Häufig versuchten fremde Herrschaften die hinter ihnen sitzenden breubergischen Leibeigenen ihrer Leibherrschaft ganz zu entziehen, sei es, indem sie Verjährung der breuberg. Rechte geltend machten, sei es, daß sie entgegen dem Satze: partus sequitur matrem, den Grundsatz aufstellten, daß — so in Kurmainz — das jüngste Kind, oder — wie in Kurzpfalz — alle Söhne einer breuberg. Leibeigenen dem Vater nach in die pfälzische oder mainzische Leibeigenschaft fallen sollten, sei es endlich, daß ihnen von seiten ihrer Vogteiherrschaft befohlen wurde, sich ihrer breuberg. Leibeigenschaft zu entledigen, oder daß sie von ihr schlechthin „aufgefangen“ und als ihre Leibeigenen behandelt wurden. Diejenigen, welche in Städte oder in mit Ringmauern umgebene Flecken sich verheirateten, wollten hierdurch ipso actu die Freiheit erlangt haben usw. Etwa 120 von den ca. 1150 auswärtigen breuberg. Leibeigenen, also etwa 10 %, werden als streitig bezeichnet [1]).

Um diesen Differenzen den Boden zu entziehen, wurden die beiderseitigen Leibeigenen häufig ausgetauscht, und der durch den einmaligen Austausch geschaffene Zustand durch Verabredung der gegenseitigen Freizügigkeit perpetuiert [2]).

---

[1]) vgl. die S. 132 n. 1 gen. Verzeichnisse.

[2]) Derartige Austausch- und Freizügigkeitsverträge s. bei Th. Ludwig, Baden 103 (Baden und Speyer 1578); Th. Knapp, Beiträge 363 f. (Württemberg und Ulm 1624); Dahl, Beschr. von Lorsch Urk. S. 71 f., (Vertr. zw. Kurmainz u. Kurpfalz v. 1714 Zif. 13); Steiner, Gesch. d. Bachgaues II 243; Deductio Wertheim contra Würzburg bei Pütter, Auserles. Rechtsfälle II 1 (1771) S. 95, (Werth. u. Würzb. 1505); Darmstädter, Großherzogt. Frankfurt (1900) 34 f. (Frankfurter Landgemeinden); J. J. Moser, Nachbarl. Staatsrecht (1773) 247, 404 f., 408 f. Pfalz überläßt s. Leibeigenen, s. Bastards- u. Wildfangsrecht 1709 vertragsmäßig an d. Hochstift Speyer, an den Johanniterorden in dessen Ortschaften im Ober-

Denselben Vorgang finden wir in unsern Gebieten. So wurden die beiderseitigen, in dem Gebiete des andern Vertragsteiles gesessenen Leibeigenen ausgetauscht zwischen der Grafschaft Erbach und Kurpfalz 1509[1]), Kurmainz 1515[2]), Hessen-Darmstadt 1527[3]), der Herrschaft Breuberg 1551[3]).

Bereits in der zweiten Hälfte des 16. Jahrhunderts befand sich daher die Grafschaft in der im Verhältnis zu andern südwestdeutschen Territorien günstigen Lage, daß kein inländischer Untertan mit dem Leibe einem der benachbarten mächtigeren Stände mehr angehörte. Nur einige ritterschaftliche Familien (Rodenstein, Echter von Mespelbrunn), welchen allerdings seit der Mitte des 17. Jahrhunderts die Landgrafschaft Hessen wieder hinzutrat, besaßen im erbachischen Gebiete noch eine Reihe leibeigener Leute.

Um weiterhin[4]) einer Vermehrung der fremdleibeigenen Untertanen durch Einwanderung vorzubeugen, wurde (erst?) 1596 befohlen, in Zukunft „keinen Ausländischen mehr in ein Ampt einziehen oder einkommen zu lassen, der sich nicht zuvor der Leibeigenschaft halben abgekauft oder ledig gemacht hätte“.

Diese Befugnis der Vogteiherrschaft, den Gemeinden die Aufnahme neuer Mitglieder zu untersagen oder nur bedingt zu

---

amt Germersheim „auf Art einer Erbverleyhung“ 1721, an die Ober- u. Niederrhein. Reichsrittersch. in deren Dörfern zu Lehen 1717, hierzu vgl. Kerner, Staatsrecht d. RRittersch. I 173); v. Schultes, Histor. Schriften z. Gesch. d. Hauses Henneberg I (1798) 311 (Würzburg u. Rhieneck 1473).

[1]) Simon S. 286 Nr. 324.

[2]) Simon 376.

[3]) Schneider, Historie der Gr. Erb. (1736) Urk. S. 616. Außerdem ist bestimmt, daß der Vertragsteil, welcher durch die „Auswechslung“ mehr erhält als der andere, diesen in Geld — für jeden Leibeigenen 2 fl. — entschädigen solle. Im Vertrage mit der Herrsch. Breub. ist die Entschädigungssumme für jeden Mann auf 3, für eine Frau auf 4 fl. festgesetzt. Kurpfalz und Kurmainz dagegen tauschten gegenseitig 1714 aus, „unangesehen eines und des andern übersteigenden Numeri und ihres größeren oder geringeren Vermögens“. Dahl. Beschreib. des Fürstent. Lorsch (1812) Urk. S. 71 f.

[4]) Hauptsächlich: F. Amt Seeheim, Leibeig., und Heyl, Saal- u. Lagerbücher 1750 f.

erlauben, das Recht der polizeilichen Genehmigung der Domizilierung, blieb auch im 18. Jahrhundert das wichtigste Mittel zur Fernhaltung von fremdherrischen Leibeigenen[1]).

Ein anderes, seit Ende des 17. Jahrhunderts nicht selten angewendetes Mittel, Einwandernde zum Abkaufe ihrer bisherigen Leibeigenschaft zu veranlassen, bestand darin, daß die Proklamations- oder Ausrufscheine, deren Erteilung durch das Amt Vorbedingung des rechtsgiltigen Eheabschlusses für die der erbachischen Vogteiherrschaft Unterworfenen war, bis zum Nachweise des erfolgten Abkaufes verweigert wurden[2]).

Die Verweigerung der Proklamationsscheine bedeutete jedoch nicht die Ausübung eines in der Leibherrschaft begründeten Rechtes; in der Leibeigenschaft war keine Beschränkung der Verehelichungsfreiheit der Leibeigenen enthalten. Es handelte sich vielmehr um eine rein polizeiliche, in der Vogtei und Landeshoheit wurzelnde Maßregel[3]). Wenn man außerdem die Proklamationsscheine auch zur Erreichung jenes territorialpolitischen Zweckes verweigerte, so wurden gerade solche Personen durch diese Maßregel betroffen, welche gar nicht in der Leibeigenschaft des Hauses Erbach standen.

Wurde auf die geschilderte Weise einer Vermehrung fremdleibeigener Untertanen durch Einwanderung vorgebeugt, so suchte man andrerseits die leibherrlichen Berechtigungen, welche

---

[1]) Ebenso auch sonst in Südwestdeutschl. vgl. Gravamina der Grafen, Herren usw. über die höheren Stände in Franken (zweite Hälfte 16. Jahrh.): 26. Item, sie seynd nicht schuldig anderer Herrschaften leibeigene Leute hinder sie ziehen u. wohnen zu lassen; bei Beck, J. J., De jurisdict. vogt. immed. (1738) 654. Sodann Ludwig, Badischer Bauer 37. Th. Knapp, Beiträge 27 f., 159, 327, 364 u. a. P. Albert, Steinbach bei Mudau (Kurmainz) (1899) 99. Nach Rehm in Annalen des Deutschen Reiches 1892 S. 187 f., 192 f., 196 f. trat das Erfordernis der polizeilichen Erlaubnis der Domizilsbegründung für den Erwerb der Staatsangehörigkeit erst seit der zweiten Hälfte des 17. Jahrhunderts aus Gründen hinzu, welche in der herrschenden merkantilistischen Wirtschaftsidee und der landesherrlichen Populationspolitik begründet waren.

[2]) Ebenso in Baden, Th. Ludwig, bad. Bauer 103; in den Dörfern der Stadt Heilbronn, Th. Knapp, Beiträge 26.

[3]) Vgl. Gutachten v. 1749 bei Heyl, SLB. (Brensb.).

auswärtige Herrschaften gegenüber ihren im Inlande als Untertanen bereits ansässigen Leibeigenen besaßen, zu verdrängen. Auch diese Bestrebungen nach Monopolisierung aller leibherrlichen Gerechtsame über die inländischen Untertanen zugunsten ihrer Landesherrschaft gehen auf das Jahr 1596 zurück. Gleichzeitig mit dem damals erlassenen Befehle, Leibeigene fremder Herrschaften nicht mehr ins Inland „einziehen" zu lassen, erging die weitere Vorschrift, daß „alle Untertanen, welche fremden Herrschaften oder denen vom Adel mit der Leibeigenschaft angehörten, innerhalb eines Vierteljahres sich abkaufen oder in Verbleibung dessen sich der Herrschaft Erbach dadurch leibeigen gemacht haben" sollten.

Die auswärtigen Leibherrschaften dagegen, in ihren herkömmlichen Rechten durch die beiden Maßnahmen beeinträchtigt, erhoben Einspruch gegen die Verweigerung der Aufnahme ihrer Leibeigenen zu erbachischen Untertanen und versagten ihrerseits ihren im erbachischen Gebiete gesessenen Leibeigenen den durch die Landesherrschaft anbefohlenen Abkauf. Da aber jene Befehle, 1606 widerholt, seitens der erbachischen Amtskeller und Amtleute, soweit sich sehen läßt, streng durchgeführt wurden, so ergab sich zum Nachteile der betroffenen Leibeigenen der auch von den beiderseits beteiligten Herrschaften als unbillig empfundene Mißstand einer Doppelbesteuerung. Man verglich sich daher im ersten Drittel des 17. Jahrhunderts dahin, daß die erbachischen Maßnahmen anerkannt wurden, die Grafen zu Erbach dagegen ihrerseits auf ihre im Vogteigebiete jener fremden Herrschaften ansässigen Leibeigenen verzichteten, so daß diesen fremden Leibherren „das, was ihnen an ein und andern Orte abgangen, anderwertlichen wieder zukommen". Der hierdurch geschaffene Zustand, welcher der durch die oben erwähnten Auswechselungs- und Austauschverträge geschaffenen Lage entsprach, wurde jedoch nicht durch Vereinbarung gegenseitiger Freizügigkeit in dem oben besprochenen Sinne perpetuiert, sondern durch die Übernahme der gegenseitigen Verpflichtung, Leibeigene des andern Teiles in Zukunft nur noch nach erfolgter Manumission zu Untertanen anzunehmen, was die Festsetzung der Manumissionspflicht für die beiderseitigen Untertanen zur Folge hatte[1]). Hierdurch hatte sich die Lage der leibeigenen Untertanen im Verkehre mit diesen Territorien gegenüber dem früheren allgemeinen und dem auch jetzt noch im Verhältnis zu einzelnen Herrschaften durch die Vereinbarung gegenseitiger Freizügigkeit aufrechterhaltenen Zustande erheblich verschlechtert, indem sie trotz der soeben mit Hingabe von 5% ihres exportierten Vermögens erlangten Freiheit durch ihren „Einzug" im jenseitigen Gebiete kraft Wildfangsrechtes in die Leibeigenschaft ihres neuen Landesherrn verfielen.

[1]) Die Manumissionspflicht der Leibeigenen im Falle der Auswanderung war an sich nicht im Institute der Leibeigenschaft selbst begründet; sie entwickelte sich vielmehr in unsern Territorien im allgemeinen erst seit dem Beginne des 17. Jahrhunderts als unmittelbare Folge der seitdem im Gebiete des Odenwaldes mit großer Energie verfolgten Bestrebungen nach Verwirklichung des Territorialprinzipes. Bis gegen Ende des 16. Jahrhunderts begnügte sich der Leibherr, falls ein leibeigener Untertan auswanderte, ihm „nachzufolgen", seine durch den Wegzug nicht berührten Leibeigenschaftsrechte auch fernerhin durch einen Leibsschultheißen wahrnehmen zu lassen. Solange die Ausübung des leibherrlichen Nachfolgerechtes (jus persequendi) in den fremden Territorien durch deren Landesherrschaften nicht behindert wurde, lag für den Leibherrn kein Grund vor, für den Fall der Auswanderung seiner Leibeigenen das Erfordernis der Manumission aufzustellen; und ebensowenig sahen sich die auswandernden Leibeigenen veranlaßt, ihrerseits die Manumission zu erbitten, solange ihrer Aufnahme zu Untertanen in dem neuen Territorium aus dem Grunde nicht widersprochen wurde, daß sie Leibeigene einer auswärtigen Herrschaft wären. Die faktische Notwendigkeit der Festsetzung der Manumissionspflicht ergab sich jedoch, als seit dem Ende des 16. Jahrhunderts im Gebiete des Odenwaldes die meisten Landesherrschaften die in ihrem Gebiete bereits vorhandenen fremden Leibeigenschaftsrechte zu verdrängen suchten, und die Aufnahme fremder Leibeigener zu Untertanen verweigerten, demnach die Leibherrn dieses Gebietes im allgemeinen Leibeigene nur noch innerhalb des eigenen Territoriums tatsächlich behaupten konnten, die Auswanderung eines Leibeigenen den Verlust der leibherrlichen Rechte bedeutete. Die hieraus sich erklärende Festsetzung der Manumissionspflicht widersprach zwar insofern auch dem Interesse der auswandernden Leibeigenen nicht, als diese ja nunmehr ohne den schriftlichen Nachweis der durch die Manumission erlangten Freiheit in den Nachbarterritorien nicht mehr zu

Damit war bereits um die Mitte des 17. Jahrhunderts das ersehnte Ziel erreicht: soweit sich sehen läßt, waren alle Territorialuntertanen des Hauses Erbach, soweit sie überhaupt leibeigen waren, Leibeigene ihrer Landesherrschaft. Von geringen Ausnahmen abgesehen [1], blieb dieser Zustand das ganze 18. Jahrhundert hindurch bestehen. In der Herrschaft Breuberg finden sich im 18. Jahrhundert noch pfälzische Leibeigene, wie es andrerseits einige breubergische Leibeigene in pfälzischen Dörfern gab.

Untertanen angenommen wurden, bedeutete aber gegenüber den Verhältnissen des 16. Jahrhunderts eine erhebliche Verschlechterung ihrer Lage einmal hinsichtlich des Manumissionsgeldes (s. o. im Text), sodann hinsichtlich der bereits besprochenen rechtlichen Möglichkeit der Beschränkung der Auswanderungsfreiheit.

*) Vgl. Heyl, Saal- und Lagerbuch des Amtes Brensbach. Differenzien mit Hessen-Darmstadt (1. Hälfte des 18. Jahrh.).

[1]) Diese Ausnahmen rührten daher, daß einige hessen-darmstädtisch-leibeigene Weiber in den erb.-vogteilichen Ort Niederkeinsbach geheiratet, und die erb. Beamten versäumt hatten, bei ihrem Einzuge auf die Manumission hinzuwirken. Verhandlungen mit Hessen führten zwar 1744 zu einer Vereinbarung, nach welcher beide Teile in Zukunft nur noch nach erfolgter Manumission Leibeigene des andern Teiles zu Untertanen annehmen wollten; dagegen vermochte man Hessen nicht zum Verzichte auf seine bereits „eingeschlichenen" Leibeigenen zu bewegen. Man bedeutete diesen zwar bei jeder Gelegenheit, sich ihrer hessischen Leibeigenschaft zu entledigen, man verweigerte, um einen Druck in dieser Richtung auf sie auszuüben, die Proklamationsscheine, man zog auch für Erbach die Leibeigenschaftsabgaben von ihnen ein, aber trotz aller Bemühungen zählte man 1806 noch 14 hess.-darmstädt. Leibeigene in Niederkeinsbach. — Ausgewiesen wurden sie nicht. Das Recht, Leibeigene von Reichsständen, die sich ohne vorherigen Abkauf unter einem Reichsritter niedergelassen hatten, auszuweisen, war der fränk. Rittersch. durch Privileg Ferdinands II. 1630 eingeräumt worden, zum Schutze gegen Übergriffe der Stände. Kerner, Staatsrecht d. RRittersch. I (1786) 172. In Baden fanden Ausweisungen statt, Ludwig, Bad. Bauer 103, Th. Knapp, Beiträge 364.

III. Kapitel.

DIE GRUNDHERRSCHAFT.

I. ALLGEMEINES.

Zur Zent-, Vogtei- und Leibherrschaft gesellte sich als viertes Abhängigkeitsverhältnis der ländlichen Bevölkerung, soweit sie Grundbesitz innehatte, die Grundherrschaft.

Je nach der Intensität ihres Inhaltes lassen sich drei Abstufungen derselben unterscheiden.

Entweder bedeutete die Grundherrschaft volles Eigentum des Grundherrn an Grund und Boden; die Verwertung desselben erfolgte teils durch Verpachtung, teils durch Selbstbewirtschaftung; letzterenfalls ließ der Grundherr sein Gut durch einen angestellten Hofbauer kraft Dienstvertrages bewirtschaften. Dem Eigentum und Besitz des Grundherrn stand höchstens die Detention des Pächters gegenüber.

Oder die Grundherrschaft war zwar Eigentum am Grund und Boden, aber dem Grundherrn stand ein Besitzer mit erblichem dinglichen Nutzungsrechte gegenüber; der Grundherr war auf ein sog. Obereigentum [1]) beschränkt. Das Nutzungsrecht des Besitzers war regelmäßig römisch-rechtliche Emphyteuse unter der Bezeichnung Erbbestand, selten Erbleihe. Daneben finden sich sog. Zinsgüter, an welchen der Grundholde bald nur ein erbliches dingliches Nutzungsrecht, teils mit, teils ohne Vorbehalt jederzeitiger Wiederaufkündigung durch die Herrschaft, bald aber volles, nur mit einem sog. Grundzins als Reallast beschwertes Eigentum besaß.

Hiermit gelangen wir zur dritten Art von Grundherrschaft, welche sich dadurch charakterisiert, daß der Grundherr lediglich

[1]) Im Sinne der bis Savigny herrschenden Doktrin.

eine Reihe dinglicher Berechtigungen[1]) besaß, während der Bauer voller Eigentümer seines bloß mit Reallasten zugunsten des Grundherrn[1]) beschwerten Gutes war. Letztere, von den drei Arten für die ländliche Bevölkerung günstigste Form der Grundherrschaft war in beiden Territorien die Regel.

Objekt der Grundherrschaft waren entweder rechtlich geschlossene Güter oder einzelne walzende Grundstücke.

Die ersteren zerfielen hauptsächlich in die Hubgüter und in die Höfe. Während man im übrigen Südwestdeutschland die Bezeichnungen Hof und Hube lediglich als wirtschaftliche Begriffe und daher wechselsweise nebeneinander von demselben Gute gebrauchte[2]), wurden sie in der Grafschaft im rechtlichen Sinne scharf geschieden. Der Gegensatz lag in folgenden Momenten begründet: das Hubgut war ausnahmslos Eigentum des Hübners, es lag grundsätzlich in der Schatzung und war prinzipiell fronpflichtig, soweit nicht aus besonderen Gründen eine Ausnahme bestand; der Inhaber eines Hofes war dagegen nur in wenigen Ausnahmefällen Eigentümer desselben, ein Hof lag nur ausnahmsweise in der Schatzung, und er war grundsätzlich fronfrei; besaß ein Hübner neben seiner Hube auch einen Hof oder einen Teil eines solchen, so war er fronpflichtig lediglich nach Maßgabe seines Hubgutes. In diesem Sinne wurden den annähernd 500 Hubgütern in den odenwäldischen Ämtern der Grafschaft die etwa 60 Höfe gegenübergestellt[3]).

Insbesondere hinsichtlich des Besitzrechtes stehen sich Hof und Hube dergestalt gegenüber, daß die Höfe diejenigen geschlossenen Güter waren, an welchen die Grundherrschaft, von seltenen Ausnahmen im 18. Jahrhundert abgesehen, Eigentum oder wenigstens sog. Obereigentum involvierte; während den

[1]) Der Zehnte ist hierunter als Berechtigung sui generis nicht begriffen. Die Durchkreuzung von Grund- und Zehntherrschaft besteht in unsern Gebieten noch im 18. Jahrhundert als Regel. Vgl. nächstes Kapitel.

[2]) Th. Knapp, Beiträge S. 391.

[3]) Nur selten wurde auch eine nicht zu einem Hubgute oder „Hofe“ gehörende Hofstätte mit einem nach Größe und Zusammensetzung zufälligen und wechselnden Komplex von walzenden Grundstücken als Wirtschaftseinheit mit „Hof“ bezeichnet.

Huben gegenüber die Grundherrschaft in einer Reihe von Reallasten sich erschöpfte. Den Huben und Gültengütern, auch schlechthin „Güter“ genannt, standen die Erbbestands- und Erbleihehöfe scharf gegenüber.

Hiermit im Zusammenhange steht die allgemeine Schatzungsfreiheit der Höfe. Den Huben, dem eigentlichen Bauernland, stehen die Herren-, adligen, Kirchenhöfe als „Freyhöfe“ gegenüber. Allerdings nicht ausnahmslos. Bisweilen waren Herren- oder Kirchenhöfe in die Schatzung gelegt worden [1]). Daß dies jedoch Ausnahmen waren, geht hauptsächlich aus der Erteilung der „Hofesfreiheit“ an die bisherigen „Huben“ hervor: die in „Höfe“ verwandelten Huben, welche nach dem 30 jährigen Kriege eingezogen worden waren, „genossen Hofesfreiheit“, und einigen ehemaligen herrschaftlichen Beamten, welche ein Hubgut erworben hatten, wurde bisweilen Befreiung von Schatzung, Zent- und sonstigen gemeinen Anlagen, Leibeigenschaft und Fronen in der Art erteilt, daß sie ihre Hube nunmehr „als einen Freihof“ von solchen Lasten besitzen sollten.

Die wichtigste auf den Huben ruhende Last waren die Fuhrfronen; hauptsächlich der Spanndienste wegen war die Geschlossenheit der Huben aufrecht erhalten worden. Die Höfe dagegen, mochten sie auch zu Erbbestand, ja ausnahmsweise sogar zu Eigentum besessen werden, waren fast ausnahmslos fronfrei. Aus diesem Grunde war häufig der Grundsatz der Unteilbarkeit hinsichtlich der Höfe völlig aufgegeben.

Die „Höfe“ unsrer Territorien entsprachen somit den „Rittergütern“ [2]) andrer Gebiete. Soweit sie der Landesherrschaft gehörten und zu nicht erblichem Besitzrecht besessen wurden, zählten sie zu den „Domänen“.

Unter den nicht zu geschlossenen Gütern gehörenden Grundstücken sind zu unterscheiden die Hofstätten und Häuser, einzelne

---

[1]) Auch ein freiherrl. Echterischer Hof in Michelstadt war nach Heimfall dieses Lehens in die Schatzung gelegt worden, zwei andere dagegen nicht. LTA. II (1718).

[2]) Vgl. v. Below, Art. „Rittergut“ in Elsters Wörterbuch d. Volkswirtsch. II (1907) 724.

Gärten, Wiesen, Äcker, welche hinsichtlich des Besitzrechtes meist als sog. „frei eigentümliche“ Güterstücke im Eigentum der ländlichen Bevölkerung standen, bisweilen aber auch nur gegen einen Grundzins verliehen waren, während sie mit Rücksicht auf die Schatzung zu einem Teile als Herren- oder herrschaftliche Waldmark sich der Schatzungsfreiheit erfreuten.

Eine Durchkreuzung von Grund- und Vogteiherrschaft bestand im 18. Jahrhundert in unsern Gebieten in geringerem Umfange als dies im Südwesten sonst die Regel war. Zwar gab es eine Reihe von Gütern fremder Grundherrn im erbachischen und breubergischen Vogteigebiete[1]), ebenso wie Erbach und Breuberg mehrfach grundherrliche Berechtigungen auch außerhalb ihres Vogteigebietes besaßen[2]). Immerhin waren nach dem Heimfalle verschiedener Lehen[3]) und einigen kauf- und tauschweise erfolgten Erwerbungen[4]) beide Landesherrschaften innerhalb ihrer Territorien im 18. Jahrhundert bei weitem die bedeutendsten Grundherrn, während fremdgrundherrliche Berechtigungen als vereinzelte Ausnahmen erscheinen[5]). Besonders

[1]) z. B. in Niederkeinsbach einen hessen-darmstädt. Erblehenhof, in Untergerspr. 3 breuberg. Huben, in Oberkeinsb. 2 Löwenstein-v. Pfreund'sche u. 2 frhl. wallbrunnische Huben usw.

[2]) z. B. Höfe, Teilwein, sonstige Gefälle im mainz. Amte Fürth u. an der Bergstraße, in Wörth a. M. usw. Simon 151. 233.

[3]) z. B. der Frh. Echter v. Mespelbr., v. Jahn, Gans v. Otzberg u. a. Vgl. Simon, Urk. S. 208. 303 u. a.

[4]) z. B. der Besitzungen des Klosters Steinbach, Simon Urk. S. 289 d. a. 1542.

[5]) Nach der Beschr. des Amtes Fürstenau in LTA. I d. a. 1718 gab es in 12 Dörfern desselben 112 $^{1}/_{2}$+$^{6}/_{4}$ Hubgüter; 3 davon in Hiltersklingen waren mainzisch und leisteten ihre Gülten und Fronen an das Amt Fürth, doch prätendierte Mainz seit dem 16. u. 17. Jahrh. außer der Grundherrlichkeit auch die Vogtei; 3 Huben in Hüttenthal leisteten ihre Geld- und Hühnergült an die Pastorei Michelstadt, die Habergült an die Past. Güttersbach, und hatten ebenso ihre Fronen dahin zu verrichten; 2 Huben in Güttersbach waren zur Kirche das. gült- und fronbar; Grundherr aller übrigen Huben war dagegen die Landesherrschaft. Sodann gab es in Steinbach 1 Klostergut, welches jedoch 1709 herrschaftlich wurde, 1 Erbbestandshof der Pastorei Michelst., fron-, aber nicht schatzungsfrei, in Obermossau ein Pfarrgut, seit 1555 an einige Untertanen das.

in den odenwäldischen Ämtern der Grafschaft war die Landesherrschaft fast ausnahmslos auch Grundherrschaft in ihrem Gebiete. Dies gilt insbesondere für die Hubgüter, während die Zahl der fremdgrundherrlichen Höfe etwas größer war. Wo eine fremde Grundherrschaft in sonst erbachischen Orten einzelne Hubgüter besaß, war sie meist auch Vogtei- und Landesherrschaft über dieselben[1]).

Kein Zusammenhang bestand zwischen Grund- und Zentherrschaft. Daß auch die Leibeigenschaft ein von der Grundherrschaft völlig losgelöstes selbständiges Abhängigkeitsverhältnis rein persönlicher Natur darstellte, wurde bereits früher ausgeführt.

Eine grundherrliche Gerichtsbarkeit von einiger Bedeutung gab es im 18. Jahrhundert nicht mehr[2]).

---

gegen 30 fl. Zins verteilt, in Rehbach 1 Kirchenhof, der jedoch auch herrschaftlich war. In Langenbrombach, das jedoch nur z. T. ins Amt Fürstenau gehörte, gab es 13 ehem. frhl. echter. Bauern im J. 1718, dazu einige erb. Hofstätten und Grundstücke. — In den übrigen Ämtern war es teils ähnlich, teils noch günstiger für die Herrschaft (z. B. Amt Erbach). — In der breub. Zent Kirchbromb. „hat die Herrschaft alle hohe u. niedere Gerechtigkeiten samt allen Einkünften, ausgeschieden in den Dörfern Miltelkinzig, Birkert und Walbach": in beiden erstern war Kurpfalz Grund- u. Vogteiherrschaft, „in Walbach hat das Stift z. Heil. Geist von Heidelb. ein Höfchen, welches die Bauern daselbst vor ein gewisses bestanden, sonsten aber keine Jurisdiction darüber". „In der Lützelb. Zent hat die Herrsch. Breub. alle hohe u. niedere Gerechtigkeiten samt allen Einkünften, außer daß das mainz. Amt Klingenberg zu Breitenbrunn von einem gew. Gut etwas Frucht, Hühner u. Hahnen, auch etwas Geld fallen hat; das Kloster Amorbach hat auch etwas weniges Einkommen zu Vielbrunn. Das Kloster Höchst aber hat die mehrsten Zehnten von Früchten". Bericht d. a. 1731, LTA. XI p. 353 f.

[1]) Über die „vermischten" Orte dieser Art vgl. die Tabelle in der Einleitung oben S. 7 f.

[2]) Die einzige Erwähnung fand sich bei Heyl, Saal- u. Lagerb. v. Amt u. Cent Oberkeinsb. (1753) sub Untergersprenz, p. 521: Bei dem (erb.) Landgericht zu Oberk. werden diej., so privatherrschaftliche Güter haben, gewehrt: die übrigen haben breubergische Gültengüter, womit ehemals die Junker Jahn u. Gans von Otzberg belehnt gewesen, beide aber sind gestorben, u. die Lehen der Herrsch. heimgefallen. Junker Jahn hat ein Gericht zu Höllerbach im Breubergischen, so aber vermutlich nach s. Ab-

II. DIE HUBGÜTER.

Hubgut war die Bezeichnung für das eigentliche Bauerngut der Grafschaft Erbach und anderer Teile des Odenwaldes[1].

Unter „einer Hube Guts“[2]) verstand man demnach[3]) in wirtschaftlich-sozialer Hinsicht einen Komplex von Grundstücken mit Gebäuden und sonstigem Zubehör, der die Grundlage einer bäuerlichen Einzelwirtschaft bildete.

Doch trat zu dieser wirtschaftlich-sozialen Bedeutung noch eine dreifache rechtliche Bedeutung hinzu.

Nur solche Grundlagen von landwirtschaftlichen Betrieben der bezeichneten Art wurden als Hubgüter angesehen, welche gemäß der ländlichen Verfassung der Grafschaft bestimmte Rechte und Pflichten hatten.

---

sterben abgegangen, bei welchem dessen Gültenbauern gewehrt worden. Junker Ganns von Otzberg hat gleichfalls ein apartes Huebengericht gehabt, so auch noch u. gemeinigl. zu Langenbrombach oder Stierbach gehalten wird, bei welchem sich die Censiten wehren lassen, u. scheint es, daß auch bei solchem die Jahnschen Gültbauern gewehrt werden, so die Ursache sein mag weilen die Jahn- u. Ganns'schen Güter hier so durcheinander liegen. Alle Klagsachen, sie bestehen worin sie wollen, gehören vor das Amt Reichenb., dsgl. die Eheberedungen, davon die Aufsätze von dem bestellten erbach. Schultheißen gemacht u. vom Amt Reich. confirmieret; dsgl. vom Amt R. die Inventarien und Teilungen errichtet u. ausgemacht, Vormünder bestellt u. die Vorm.-Rechnungen abgehört werden. — Auch die ehem. frhl. Wallbrunnischen Censiten zu Oberk. müssen sich nunmehr, weilen selbiges Gericht nach Absterben des Wallbr. Mannsstammes abgegangen, beim erb. Landgericht wehren lassen. — Das Heim-, Güter- oder Hubgericht, welches Kurmainz über seine 3 Huben in Hiltersklingen a. d. Hardt besessen hatte, war, seitdem Mainz die Vogtei und das territorium prätendierte, hierin aufgegangen; noch 1607 hatte Mainz auf sein „Heimgericht“ verzichtet, sich jedoch „die Exekution und Handhab“ gegen seine Hübner vorbehalten für den Fall, daß sie die schuldigen Gülten, Zinsen, Fronen nicht gütlich reichen würden. Vgl. Schneider, Erbach. Historie (1736) III p. 274b.

[1]) Dahl, Beschr. d. Fürstent. Lorsch (1812) 180f. P. Albert, Steinbach bei Mudau (1899).

[2]) Das Wort „Hube“ wird in den Gültbüchern regelmäßig als Maßeinheit gebraucht: eine, eine halbe, viertel usw. Hube Gutes oder (selten) Landes.

[3]) Vgl. Wittich, Grundherrsch. in Nordwestdeutschl. (1896) 23—25.

Das Hubgut war ein Grundbesitz, welcher seinen Inhaber zum Mitglied der Landgemeinde machte, der ihm dadurch die Gemeindenutzungen verschaffte, aber auch die kommunalen Lasten auferlegte.

Nach der Steuerverfassung bildete das Hubgut als solches die Steuereinheit; nicht die einzelnen Ländereien und dazugehörigen Gebäude oder das Vieh wurden verschätzt, sondern das Hubgut als Ganzes.

Vor allem aber ruhten auf dem Hubgut „pro indiviso", als auf einem „corpus" (1717), die grundherrlichen Lasten, die Gülten, das Hubholz, besonders die zur Deckung des Bedarfes der Herrschaft an Arbeitskräften bestehenden gerichtsherrlichen Frondienste.

Diese den Inhabern der Hubgüter obliegenden Pflichten konnten mit regelmäßiger Sicherheit nur geleistet, auf ihre genaue Erfüllung seitens der Herrschaft zuverlässig nur gerechnet werden, wenn der Umfang und die Art der bäuerlichen Wirtschaft sich nicht wesentlich änderte, wenn der Bestand des Hubgutes nicht unter ein gewisses Mindestmaß herabsank. Denn die Erhaltung des zu den Fronen wie zur Bebauung des eigenen Feldes erforderlichen größeren Viehstandes machte infolge des rauhen Klimas, des häufig unfruchtbaren, nassen und kalten Bodens, des Mangels an Wiesen und der hergebrachten, zum Teil durch jene Umstände bedingten extensiven Wirtschaftsweise (Feldgras- und Brenn- oder Hackwaldwirtschaft, nur in einer geringeren Zahl von Dörfern Dreifelderwirtschaft) die Beibehaltung größerer Güter unbedingt erforderlich.

Damit war für die Grund- und Landesherrschaft, deren wirtschaftliche Existenz zum großen Teile auf jenen Berechtigungen ruhte, das größte Interesse für die Aufrechterhaltung der Hubgüter und für die Erhaltung ihrer Leistungsfähigkeit in ihrem hergebrachten Bestande gegeben.

Diesem Interesse der Herrschaft, daß „der Grafschaft ihre Zinsen, Renthen, Gülten, Fron und andere Dienst, desto statlicher mögen verricht werden" [1], entsprang demgemäß das Be-

[1] Erb. Ldr. 97, Untergerichtsordnung v. 1552, Tit. 11.

streben, zweckentsprechende Grundsätze aufzustellen, „wie es mit den liegenden Gütern der Grafschaft gehalten werden solle"[1]). Die rechtliche Befugnis, diese Grundsätze aufzustellen und durchzuführen, ergab sich aus der Niedergerichtsherrschaft. Vermöge der Gerichtsgewalt wurden jene Bestimmungen getroffen und ihre Durchführung den Jurisdiktionalämtern[2]), nicht den Renteibeamten, übertragen.

Jene die Erhaltung der Praestationsfähigkeit des Hübners bezweckenden Normen lassen sich in drei Gruppen einteilen.

Zunächst sind es die Bestimmungen über die Geschlossenheit der Hubgüter, d. h. über die Aufrechterhaltung des Ländereibestandes: Ohne Konsens der Herrschaft durften vom Hubgut einzelne Stücke weder veräußert noch belastet werden; auch die Veräußerung des Gutes im ganzen bedurfte herrschaftlicher Genehmigung[3]). Insbesondere sollten die Güter grundsätzlich nicht geteilt werden; Ausnahmen waren, soweit das herrschaftliche Interesse nicht gefährdet schien, zugelassen; keinesfalls sollten jedoch die Beamten eine Teilung in mehr als 4 Teile erlauben. Für den Fall, daß trotzdem „aus Unachtsamkeit oder vielleicht Unwissenheit der Beamten etliche Huben dieser Ordnung zuwider, bis auf halbe Viertel zertrennt und verteilet worden", hatte der Eigentümer des größten Teiles dieser Hube nicht nur ein Gespilterecht, sondern die Verpflichtung, die Hube wieder zusammen zu kaufen, sobald solche kleineren Teile feil würden (Rekonsolidationsrecht); an solchen Käufen ihn zu hindern,

---

[1]) Erb. Ldr. 97. Untergerichtsordnung v. 1552, Tit. 11.

[2]) Erb. Ldr. 363.

[3]) Erb. Ldr. Untergerichtsordn. Tit. 15 S. 102, Tit. 12 S. 99 n. Ferner grfl. erbach. Verordn. besagend

1. daß in den Bewilligungen künftighin kein einzelnes Stück Acker oder Wiesen auf 1 Huben in specie verschrieben, sondern der Anleiher auf das ganze Gut gewiesen;
2. ein Gut höher nicht als aufs höchste zum halben Teil des in den Schatzungsbüchern angegebenen Wertes versetzt; und
3. über die zu Capitalaufnahmen erteilten Consense ein Protokoll bei der Canzlei gehalten w. solle. Erb. d. d. 20. Dez. 1595. F.: Erb. (Amt) Bauerngüter; Reichenb. (Amt) Polizeis.

sollte auch kein Freund, der sonsten von Rechtswegen abzutreiben befugt, Macht haben; das Gespilterecht hatte vor den übrigen Abtriebs- oder Näherrechten den Vorrang[1]).

Das Verbot der Naturalteilung der Huben in mehr als vier Teile bedingte in gewissem Umfange eine Modifikation der Erbfolge in der Form der Gutsübergabe der Eltern an eines ihrer Kinder zu einem sog. kindlichen Anschlag oder billigen Preise. Zur Bewahrung der Geschlossenheit des Gutes wurde regelmäßig nicht der Tod eines oder beider in allgemeiner Gütergemeinschaft lebenden Elternteile abgewartet, sondern gewöhnlich übergaben die Eltern noch zu ihren Lebzeiten einem ihrer Kinder bei dessen Verheiratung ihre liegenden Güter um einen sog. kindlichen Anschlag, behielten sich ein Leibgeding zur Sicherung ihres künftigen Lebensunterhaltes vor und hinterließen dann regelmäßig kaum soviel als die Leichenkosten betrugen.

Die Übergabe geschah in Form eines Kaufvertrages, welcher einen wesentlichen Inhalt und Bestandteil des Ehebriefes bildete; und da gleichzeitig jedem Kinde sein Heiratsgut, gewöhnlich so viel als etwa sein Erbteil dereinst betragen mochte, ausgesetzt und auf den Kaufpreis angewiesen wurde, so enthielt ein solcher Übergabevertrag meist zugleich eine Art von Teilung zwischen Eltern und Kindern[2]).

Sofern nicht durch Einkindschaftsvertrag die aus erster Ehe herrührenden Güter für eines der ersteehelichen Kinder bestimmt waren, stand den Eltern an sich die freie Wahl zu, welchem ihrer Kinder sie ihr Gut ganz oder zum Teile käuflich

---

[1]) Erb. Ldr. Untergerichtsordn. Tit. 11, 12, 17 § 9; S. 97 f., 107, 368. — Nach Weistum der Zent Beerfelden v. 1450 soll Rekonsolidationsrecht bzw. -pflicht nicht statthaben, wenn eine Hube (nur) in 3 oder 4 Teile zerrissen; Simon, Urk. S. 264.

[2]) Erb. Ldr. S. 382 f. Die Vermittelung und Aufnahme dieser Kontrakte war als Akt der freiwilligen Gerichtsbarkeit nach der Untergerichtsordnung von 1552 teils dem Amtmanne und zwei Schöffen, teils dem Untergerichte übertragen; später war sie vorbehaltlich der Konfirmation des Amtes den Ortsschultheißen, in der Herrschaft Breuberg den Zentschultheißen überlassen, während die Funktion des Untergerichtes sich auf den formellen Akt der Wehrschaftserteilung beschränkte.

anschlagen und abtreten wollten; auch der überlebende, mit seinen Kindern in fortgesetzter Gütergemeinschaft stehende Elternteil, Vater oder Mutter, war in der Auswahl unter seinen Kindern regelmäßig an keine Beschränkung gebunden [1]).

Gleichwohl erhielt nach alter Landessitte regelmäßig der älteste Sohn das ganze Gut. Der Sitte nach herrschte das Majorat. Wenn ausnahmsweise einem der jüngeren Kinder oder einer Tochter die elterlichen Besitzungen angeschlagen wurden, wurde dem ältesten Sohne vertragsmäßig eine Vergütung in Geld oder Grundstücken als Abstand ausbedungen; ein Klagrecht auf Abstand hatte dieser jedoch infolge des freien elterlichen Wahlrechtes nur im Falle ausdrücklicher vertragsmäßiger Zusicherung. Dieser Abstand bildete einen Voraus und wurde daher bei künftigen Beerbungen nicht konferiert [2]).

Den Anschlag bei solchen Gutsübergaben der Eltern an Kinder geschah der Regel nach nicht streng nach dem wahren Werte des Gutes unter fremden Personen, sondern zu einem etwas niedrigeren Preise; daher kindlicher Anschlag oder billiger Preis genannt. Bei Bestimmung desselben waren die Eltern weder an den wirklichen Wert noch an die oft durch Irrtum oder Leidenschaft beeinflußten Anerbieten anderer ihrer Kinder gebunden. Gewöhnlich bestimmten die Eltern den Preis nach Verhältnis der auf dem Gute haftenden Schulden; fehlten diese oder waren sie gering, so wurden die Güter zum großen Nachteil der übrigen Kinder weit unter dem wahren Werte abgegeben; doch blieben deren Ansprüche nach dem Tode beider Eltern gegen den Gutskäufer wegen etwaiger Verletzung ihres Pflichtteiles nach den Grundsätzen des subsidiär geltenden gemeinen Rechtes unberührt. Nur im Falle der nach dem Tode eines Gatten zwischen dem überlebenden Teile und den Kindern fortgesetzten Gütergemeinschaft waren letztere als Miteigentümer zur Einsprache gegen allzuniedrigen Gutsanschlag an eines ihrer Geschwister befugt. Zur möglichsten Vermeidung der aus solchen

---

1) Erb. Ldr. 386.

2) Erb. Ldr. 386 f.

Verträgen hervorgehenden Streitigkeiten war es Pflicht des Amtmannes, insbesondere darauf hinzuwirken, daß die Güter nicht allzugering angeschlagen, die Heiratsgüter und Herauszahlungen an die übrigen Kinder und Geschwister nicht zu gering bemessen, die Zahlungstermine nicht zu weit hinausgeschoben wurden, und wenn er das Interesse der minderjährigen Kinder nicht hinlänglich gewahrt fand, dem Übergabevertrag die Bestätigung zu versagen, wozu er als Obervormund auch gegen den Willen der bestellten Vormünder befugt war.

Im Falle der Gutsübergabe an die Kinder oder mangels solcher an Fremde behielten sich die Eltern regelmäßig durch einen Nebenvertrag gewisse der Ertragsfähigkeit des Gutes angemessene Vorteile aus dem Gute zu ihrem lebenslänglichen Unterhalte vor. Dieses Leibgeding ruhte für die Lebenszeit des Anszugs- oder Leibgedingsmannes bzw. der Frau als dingliche Last auf dem Gute und allen Teilen desselben. Starb ein Elternteil, so hatte der überlebende im Zweifel das Ganze weiter zu fordern. Die Leistungen bestanden gewöhnlich in einer bestimmten Quantität von Früchten und sonstigen aus dem Gutsertrage gewonnenen Naturalien, zuweilen auch in der Überlassung einiger Grundstücke zur Nutzung und in freier Wohnung, selten in Geld. Die Leibgedingsäcker konnte der Auszugsmann nicht mit Schulden belasten; nach seinem Tode wurden sie wieder mit dem Hauptgute vereinigt; die auf ihnen ruhenden öffentlichen und sonstigen Lasten hatte in der Regel der Gutsbesitzer zu tragen.

Für die noch unverheirateten Geschwister des Gutsübernehmers wurde meist der freie Wohnsitz für die Dauer ihres ledigen Standes vorbehalten.

Seltener war es der Fall, daß die Kinder auf Grund der Intestaterbfolge in den Besitz des Gutes gelangten, weil die Eltern vor der Gutsübergabe verstorben waren. Hier trat entweder Teilung des Gutes in natura ein, soweit dies im konkreten Falle noch gestattet war, oder die Kinder blieben im ungeteilten Erbe entgegen den herrschaftlichen Interessen und Verordnungen sitzen, oder sie überließen endlich gemäß der

Landesordnung das Gut einem aus ihrer Mitte gegen Abfindung der übrigen; letzteres war die Regel [1]).

Aber auch der zweite Fall eines Gemeinbesitzes oder gar einer Hausgemeinschaft mehrerer Erben ohne getrenntem Rauch und ohne Teilung des Gutsertrages [2]) kam nicht selten vor [3]).

Während nach dem Gesagten in unserer Grafschaft tatsächlich das Majorat in Geltung stand, finden wir in einem andern südwestdeutschen Gebiete, wo es ebenfalls geschlossene Güter gab, im Schwarzwalde, das Minorat. Der Grund dieses Unterschiedes liegt klar zutage. Im Schwarzwalde führten die Bauern selbst das Minorat ein, um die Entrichtung des Drittelfalles möglichst hinauszuschieben; andrerseits suchte der Dritteilsberechtigte in seinem Interesse das Majorat einzuführen [4]). In der Grafschaft dagegen wurden Laudemien oder ähnliche beim Besitzwechsel der Güter fällige Abgaben höheren Betrages im allgemeinen nicht erhoben; daher hatte weder die Herrschaft ein besonderes Interesse am Majorat, noch der erbachische Hübner am Minorat; nur Individualsukzession im Interesse der Praestationsfähigkeit des Hübners war seitens der Herrschaft vorgeschrieben. Das hierdurch erklärliche Wahlrecht der Eltern war daher nur beschränkt durch die Bestimmung, daß kein untüchtiger Nachfolger gestellt werden durfte.

---

[1]) Vgl. Erb. Ldr. 383. 267. 101.

[2]) Th. Knapp, Beiträge 429.

[3]) Hierzu enthält Tit. 14 der Untergerichtsordnung v. 1552 eine Bestimmung, welche in ihrer praktischen Bedeutung eine Pflicht zur Abfindung oder sonstigen Auseinandersetzung bei strikter Durchführung bedeutet hätte. wenn sie sagt: Daß ohne sondere große Ursach nicht gestattet werden solle, daß zwei Besitzer in einer Behausung, auf einem Gut oder Hof wohnen, es wäre denn, daß Eltern eines ihrer Kinder zu sich nähmen, denen solle es unbenommen sein, doch mit Vorwissen und Verwilligung der Herrschaft. Allein eine Fortführung der Gütergemeinschaft auch unter den Kindern kam im 18. Jahrhundert tatsächlich sehr häufig vor, vgl. Erb. Ldr. 101, 267. 1764 klagt der Amtm. des Amtes Erb., es würde allgemein Sitte, daß die Kinder nach dem Tode ihrer Eltern auf den Gütern unverheiratet beisammen hocken blieben, was dem herrschaftl. aerario zu großem Nachteil gereiche. F. Erb.-Erb. Polizeis.

[4]) G. Koch, Die gesetzl. geschlossenen Hofgüter im bad. Schwarzwald 64f.

Die Einführung des Majorates bei den gesetzlich geschlossenen Hofgütern des Schwarzwaldes wäre zwar hinsichtlich des Drittelfalles für die Berechtigten von Vorteil gewesen; allein ungünstige Verhältnisse andrer Art hätte sie für beide Teile zur Folge gehabt[1]), wie dies in der Grafschaft tatsächlich in großem Umfange in Erscheinung getreten ist.

Aus Bequemlichkeit, um sich der Arbeit und den herrschaftlichen Prästationen zu entziehen und „sich vermeintlich einen ruhigen Tag zu machen", auch in der Absicht, durch Übergabe ihrer Güter ihre Schulden auf einmal loszuwerden, übergaben die Eltern ihre Güter häufig noch im besten Alter, nicht selten als rüstige gesunde Leute schon mit 45 bis 50 Jahren, legten dann die Hände in den Schoß und zehrten von ihrem Leibgeding, während der älteste Sohn, bei seiner Verheiratung bzw. der Gutsübernahme meist erst 25 Jahre alt, häufig noch jünger, neben oft sehr beträchtlichen Leibgedingsleistungen, deren mehrmals zwei bis drei auf einem Gute hafteten, so viele Schulden übernehmen mußte, daß oft gleich bei seiner Verheiratung der Keim zu seinem baldigen Ruin gelegt, und „er ganz außer stand gesetzt war, der Herrschaft einen tüchtigen Untertanen abzugeben". Da auch „infolge zu früher Güterübergabe an die Kinder das auf den odenwäldischen rauhen Gütern zu deren Besserung unentbehrliche Vieh verteilt, zertrennt, und also der Käufer und Besitzer gleich anfangs zu einer rechtschaffenen Nahrung und Bestreitung der zum gemeinen Besten erforderlichen Praestationen untüchtig gemacht" wurde, wurde die zu frühzeitige Gutsübergabe zur Vermeidung der aus ihr herrührenden Folgen: Familienzwist, kostspielige Prozesse, Verarmung, durch ein herrschaftliches Dekret v. 2. Dez. 1706 ganz untersagt, durch Verordnung v. 18. März 1738 dagegen bestimmt, daß „kein Mann vor dem 60. Jahre den Auszug und ein Leibgeding erwählen dürfe, es wäre denn, daß er durch beglaubigte Bescheinigung seiner etwaig kränklichen und ganz unvermögenden Leibes- oder anderer triftiger Umstände praevia sufficienti causae cognitione die Dispensation dazu aus-

[1]) vgl. Koch a. a. O. 38.

würke"[1]); durch landesherrl. Edikt v. 1. Juni 1740 endlich wurde „in anbetracht, daß durch die zu frühe Verheuratung junger Leute die Güter verringert, und deren Besitzer so wie zu ihrem eigenen Unterhalt also auch zu den herrschaftlichen und andern praestandis ganz unkräftig gemacht werden" usw., verordnet, daß kein Untertan vor dem 25. Jahre sich zu verheiraten unternehme, in besondern Fällen aber Dispensation beim Konsistorium nachsuchen solle[2]).

Eine weitere Gruppe von Bestimmungen bezog sich auf die Wirtschaftsführung auf den Hubgütern. Dieselbe durfte nicht unterbrochen werden; die Güter sollten jederzeit besetzt sein[3]). Ferner mußte sie eine ordentliche sein; denn nur durch eine solche war die Leistung der hohen Prästationen möglich, und die Erhaltung der Leistungsfähigkeit des Bauers war ja der Zweck dieser ganzen Bestimmungen. Daher durften die Erben bei der Neubesetzung des Gutes nur jemanden stellen, „der der Herrschaft annemblich und das Gut zu versehen tauglich" war[4]). Kulturveränderungen[5]) wie auch Deteriorirung des Gutes durch Vernachlässigung der Gebäude[6]) waren untersagt.

[1]) F. Erb.-Erb. Polizeis. I. Erb. Ldr. 398. — Im Amte Reichenberg zählte man 1806 bei 431 Gemeindsmännern 145 Auszugsleute. F. Reich. Amt. Polizeis.

[2]) F. Reichenberg Amt Polizeis. Erb. Ldr. 428.

[3]) Erb. Landrecht 101. Untergerichtsordn. Tit. 14.

[4]) Das. 97, Tit. 11. — Sodann erb.-erbach. Verordn. v. J. 1700, worin das Benehmen mehrerer Untertanen, welche ein Gut um das andere an sich zu ziehen suchen und dann solche von allem Gehölz entblößt und unverbaut mit Vorteil wieder verkaufen und dem gemeinen Besten dadurch Abbruch tun, gerügt wird. F. Erbach (Amt) Allerlei Gefälle. — 1716 wird auf herrschaftl. spezialen Befehl das von X zu Sensbach besessene Hubengut wegen übler Administration als vakant vom Amt verkauft.

[5]) Bisweilen wurden bisherige Äcker „mit Gartenrecht begnadigt", gegen Übernahme eines an Martini fälligen Grundzinses. LTA. I 1 d. a. 1731.

[6]) Erb. Ldr. 99f., Untergerichtsordn. Tit. 12. Dsgl. im Land- u. Zentgericht zu Erbach am 27. Okt. 1700 dem Zentvolk vorgelesen, F.: Erbach (Amt) Polizeisachen I 6. — Diese Bestimmung erklärt sich insbesondere auch aus forstpolizeilichem Interesse zur Schonung der Waldungen; vgl. Waldt- und Forstordn. der Herrsch. Breuberg v. J. 1565.

Sodann bestimmte eine Verordnung v. J. 1753, daß „Niemandem, der von seinen elterlichen Gütern etwas zu übernehmen und sich hierauf zu verheiraten gedenkt, der Proklamationsschein[1]) eher ausgefertigt werden solle, bis er von solchen Gütern die darauf angewachsenen und stehenden herrschaftlichen Praestationes, Schatzungen und Monatsgelder abgetragen haben würde“[2]).

Die Huben waren nicht nur rechtlich geschlossene Bauerngüter, sondern in sehr vielen Dörfern der Grafschaft auch räumlich arrondierte Gutskomplexe. Zu einer Hube gehörten die Gärten, Wiesen, Baufelder oder Bauland und meist auch Waldungen oder Hecken, im Gegensatz zu den Gemeindewaldungen gewöhnlich Güterwald genannt, im Hinblick auf den Hackwaldbetrieb häufig auch „ungebutztes Bauland“ im Gegensatze zu dem „gebutzten Bauland“, den Feldern; „immaßen ein jeder Bauer also besorget worden, daß er auf seinem Gute ohne andere zu Bekränkung Mast, Wayd und Holz hat“[3]). „Die Felder liegen in den meisten Dorfschaften in einem ordentlichen Strich, entweder versteinet oder verabreinet, oder nach Gelegenheit des Landes in gewisse gewanden eingeteilt[4]), dahero selten zwischen den Untertanen Streit hierüber bestehet[5]). Mit

[1]) Erb. Landr. 419f.

[2]) F.: Erbach (Amt) Polizeis. I 6.

[3]) LTA. I 232 d. a. 1718.

[4]) Vgl. die unten S. 159 n. 3 gen. Prozeßakten. Während Gewann sonst im allgemeinen einen aus mehrerern Äckern verschiedener Eigentümer und Güter oder Höfe bestehenden Teil der Flur einer Gemarkung bedeutet (vgl. z. B. Th. Knapp, Beiträge 185), bezeichnet es (übrigens meist als fem. gebraucht) in unserm Gebiete häufig neben einander hinziehende, je zu einer einzelnen bestimmten Hube gehörende meist länglich gestreckte größere Komplexe Land, falls das zu einer Hube gehörende Land nicht, dem reinen Schema des Reihendorfes entsprechend, „im ordentlichen Güterstrich“, sondern in mehrere, z. B. zwei größere Teile getrennt lag; so z. B. in Untersensbach.

[5]) Ähnliche Schilderungen der odenwäldischen Reihendörfer bei Beck u. Lauteren, Erb. Ldr. 361f. Landau, Territorien 23. Für den westl. Odenwald vgl. Dahl, Beschreib. des Fürstent. Lorsch (1812) 181f. u. a. Insbes. A. Meitzen, Siedelungen u. Agrarwesen der West- u. Ostgermanen

den Gärten, so meistens um die Häuser liegen, hat es auch nicht viel Unrichtigkeit. Die Wiesen aber sind sehr ungleich, daher oft zwischen den Nachbarn Mishelligkeiten entstehen. Ob nun wohl bei den meisten Huben an verschiedenen Orten wenig Wießen sind, so können sich doch die Bauern damit helfen, daß sie Feldungen zu Graß liegen lassen und damit den Abgang ersetzen[1]).“

Ebenso bildeten die Gebäude bei den auch räumlich geschlossenen Huben einen Bestandteil derselben; bisweilen aber erscheint das Haus im Dorfe als selbständiger Besitz des Bauern, neben welchem er eine oder zwei Huben oder einen Teil einer solchen oder eines Hofes und außerdem manchmal noch walzende Grundstücke besaß[2]).

Aber auch in den sog. Reihendörfern, in welchen die Hubgüter „in einem ordentlichen Güterstrich“ von einer Grenze der Dorfmark durch das Tal zur gegenüberliegenden Grenze sich hinzogen, kamen nicht selten Abweichungen von dieser Regel vor. So war z. B. der Güterwald von dem übrigen Teile der Hube getrennt[3]), oder zwei einzelne Huben lagen „gewann-

II 337, welcher u. a. 17 erbachische Reihendörfer nennt; eine Katasterkarte von Winterkasten das. III 383f, von Reichenbach I 438 u. Atlasbd. Anlage 60.

[1]) LTA. I 232 d. a. 1718.

[2]) So in König nach der Beschreibung der Ämter Erbach und König durch den Amtmann Wannemacher v. 1708.

[3]) So bestand z. B. im Amte Freienstein das erbachisch-vogteiliche Untersensbach in 8 Huben, welche „sich in zwey an einander grenzenden Teilen befinden; in dem einen Teile sind die Wohnungen und Baufelder ordentlich in ganze Gewannen abgeteilt und versteint, in dem andern untern Teile aber, der in etlichen Wiesengründen, bergigt und steinigten Hecken besteht, hat jede Hube wiederum ihren ordentlichen Teil an Wiesen und Hecken in einer richtigen Gewanne aneinander hinziehend, welches appertinenzien der oben gen. Huben sind“; „oberhalb diesem erbachischen Untersensbach wohnen 7 bis z. J. 1661 freiherrl. Echterische, seitdem ebenfalls erbachische Untertanen im Freiensteiner Zentdistrikt beisammen, welche 6¾ Huben besitzen, die auch aneinander hinliegen und ordentlich gewannenweiß geteilt, also mit den erb. Gütern nicht vermengt sind“, usw. Klagschrift der gräfl. erb. Rentkammer als Kläger c/a I zu gewesenen Echterl. Untersensbach als Bekl. betr. die zwei große

weise untereinander[1])" usw. In einigen kleinen weilerartig in Talkesseln gelegenen Dörfern zogen sich die Güter ringsum die Berge hinauf.

In andern Ortschaften endlich lagen die einzelnen zur Hube gehörenden Äcker zerstreut in den Gewannen auf den drei Fluren, während die Häuser und Gärten im Dorfe lagen[2]).

Die Größe der einzelnen Güter war in den verschiedenen Ämtern und Dörfern sehr ungleich.

Auf einer verhältnismäßig sorgfältigen Schätzung beruht eine Beschreibung des Amtes Erbach durch den Amtmann Wannemacher v. J. 1708. Sie zählt nach Art eines Personalfoliums den Besitz jedes Grundstücksbesitzers, insbesondere jedes einzelnen Hübners, nach der Morgenzahl auf[3]). Darnach besaß in

Dorf	Elsbach		Güntherfürst						Haisterbach							
Hübner	A	B	A	B	C	D	E	F	A	B	C	D	E	F	G	H
Huben	2	2	3/4	1	1	2	1	1	1	1	1	1/2	1/2	1	1/2	1/2
mit Wiesen	14	11	7	8	9	11	8	9	5	9	7	5	10	10	6	13
„ Feld	45	36	40	35	43	40	40	40	50	40	25	24	36	40	32	35
„ Hecken	60	70	30	30	60	60	30	10	70	70	45	20	60	70	60	25
Morgenzahl zus. . .	119	117	77	73	112	111	78	59	125	119	77	49	106	120	98	73

Gewanne an Wiesen u. Hecken, so zu den unterhalb gelegenen erb. Untersensb. ohntrennbaren Huben gehört haben und davon nicht wissend quovis modo vor geraumer Zeit contra das Landrecht entzogen worden, d. d. Erb. 12. Okt. 1717 in F.: Untersensbach.

[1]) z. B. in Untermossau.

[2]) Derartige Haufendörfer waren König, die drei zur Zent Keinsbach gehörenden Orte, die Dorfschaften des Amtes Wildenstein im Spessart u. a.

[3]) 1 gemeiner Morgen = 160 Ruthen, 1 Ruthe = 16 Schuhe fränk. Maßes, 1 Schuh = 1/2 erbach. Elle = 1/4 Staab zu Frankfurt. 1 Waldmorgen = 180 Ruthen.

Dorf	Ebersberg					Schönnen						Erlenbach				
Hübner	A	B	C	D	E	A	B	C	D	E	F	A	B	C	D	E
Huben	2	2	1	1	2 1/4	1	1	1	1	1	1/2	2	1	1	1	2 1/2
Wießen	15	15	10	8	15	12	9	16	11	20	10	15	12	13	10	10
Feld	20	20	12	8	24	24	25	25	20	36	20	32	30	5	20	25
Hecken	40	46	25	25	50	24	25	25	25	—	—	30	—	15	22	60
Morgenzahl zus.	75	81	47	41	89	60	59	66	56	56	30	77	42	33	52	95

Dorf	Ernsbach			Erbuch				Lauerbach			
Hübner	A	B	C	A	B	C	D	A	B	C	D
Huben	1 1/3	1 1/3	1 1/3	1	1	1	1/4	3/4	3/4	3/4	3/4
Wiesen	13	13	13	14	15	12	8	15	15	13 1/2	14
Feld	20	20	24	16	16	16	?	25	24	22	28
Hecken	30	30	30	20	20	20	24	7	8	8	4
Morgenzahl zus.	63	63	67	50	51	48		47	47	43 1/2	46

Doch fanden sich häufig weit größere Hubgüter. So besaß z. B. 1718 in Untersensbach

A	2	Huben	mit zus.	342	Morgen
	1/4	Hube	„ „	159 3/4	„
	1/4	„	„ „	65 1/4	„
	1/4	„	„ „	50 3/4	„
B	1	„	„ „	234 1/4	„
C	1	„	„ „	271 1/4	„
D	1	„	„ „	148 1/2	„
E	1	„	„ „	312 1/4	„
F	3/4	„	„ „	227	„
G	1	„	„ „	121 1/2	, usw.[1]).

Die Hubgüter waren „weder in der quantität noch qualität einander gleich, und oft konnte einer, der nur 1/2 oder 3/4 Hube besaß, mehr Futter machen und Vieh halten als ein anderer, so eine ganze Huben inne hatte“. Ja in König standen die dortigen 21 1/2 Huben den Hubgütern der andern Ämter „sowohl ratione quantitatis als auch qualitatis“ bei weitem nach, indem dort „eine ganze Hube kaum so groß als andrer Orten eine halbe

[1]) vgl. die S. 159 n. 3 gen. Prozeßakten.

Hube ist, wobei sich noch dieser Hauptmangel äußert, daß bei dem ohnehin sehr ausgemergelten schlechten Ackerfeld wenig Wießwachs, welcher noch dazu in saurem Plinßen- und Schafferheu besteht, vorhanden, dahero auch die meisten Bauern nicht mehr als 1 Pferd und 2 Ochsen, die allervermögendsten aber, der jedoch nur 9 sind, mit Ach und Krach kaum 2 Pferde und 2 Ochsen halten, mithin in Ermangelung des Futters kein Vieh anbinden und zum Verkauf erziehen, noch viel weniger denen ausgesaugten Feldern durch hinreichenden Dung und Besserung zu Hülfe kommen können" [1]).

Bedeutete eine Hube an sich auch ursprünglich die wirtschaftliche Einheit, welche nötig war und ausreichte, um eine Bauernfamilie zu ernähren, daher je nach der Beschaffenheit des Bodens von sehr verschiedener Größe war [2]), so galt doch häufig eine einzige Hube in unserm Gebiete zum Unterhalt des Hübners nicht als genügend. Dies war bei den Huben in König der Fall, und um diesem Mangel abzuhelfen, waren 1515 das herrschaftliche Hofgut und drei kleine herrschaftliche Höfe in 16 bis 20 Teile zerteilt an die dortigen Bauern zu Erbbestand vergeben worden [3]). In Fürstengrund und Elsbach waren von den dortigen 15 bzw. 8 Huben von altersher stets nur je 2 zusammen an einen Hübner ausgetan worden, und man zählte nur 7 ½ bzw. 4 Fronhuben. Hätte man die 9 ½ Huben in Roßbach nach dem 30jährigen Kriege wieder an Bauern begeben, so hätte man höchstens 5 Hübner ansiedeln können, welche dann mit knapper Not ihr Auskommen gehabt hätten. Insbesondere waren nach dem 30jährigen Kriege sehr häufig je zwei Huben an einen Hübner verkauft worden, der sie in der Frohnde nur für eine zu vertreten brauchte. Immerhin war es im 18. Jahrhundert sehr häufig, in einigen Ämtern, wie Freienstein die

[1]) F.: Erb. Amt Frohnd I. d. a. 1736.

[2]) Th. Knapp, Beiträge 391 u. a.

[3]) In König zählte man Ende des 15. Jahrh.: 14 ganze, 11 halbe, 3 Viertelshuben, 11 Feldhofstätten, 7 Höfe; jede Hube war von mehreren, in der Regel von 2—4 Bauern besetzt; 1554 dagegen 41 ½ Huben mit 19 Bauern; 18. Jahrh.: 22 Huben. L. Dietrich, Mitteil. aus Königer Gültbüchern in Hess. Blätter f. Volkskunde II (1903) 27 f.

Regel, daß auf einen Hübner eine Hube kam. Wie jedoch ein Hübner 2 und mehr Huben besitzen konnte, so fanden sich nicht selten andrerseits geringere Hübner mit nur $^1/_2$, $^2/_3$, $^1/_3$, $^3/_4$ Huben. Auch konnte ein Bauer mehrere solche, zu verschiedenen Huben gehörige Teile besitzen. Im Amte Reichenberg und der Zent Keinsbach rechnete man schon zu Anfang des 18. Jahrhunderts nur nach Viertelsgütern, und Bauern mit halben Viertelsgütern waren dort um die Mitte des Jahrhunderts keine Seltenheit.

Einen Einblick in den Umfang der Güterteilung können wir aus folgender Zusammenstellung über das Verhältnis der Zahl der Hubgüter zu derjenigen der Hübner entnehmen. Danach kamen[1]) im

Amte	auf	erb. Huben	Hübner
Erbach	„	$47^3/_4$ (1708);	1708 : 48; 1801 : 54
Michelstadt	„	$16^1/_4$ (1745);	1745 : 19.
König	„	37 (1708);	1708 : 26; 1745 : 37
Schönberg	„	119 $\frac{17^1/_2}{4}$ (1718);	1718 : 156.
Reichenberg	„	ca. $\frac{240}{4}$ (1718);	1718 : ca. 128.
Brensbach u. Niederkeinsbach mit Zent Keinsbach	„	$\frac{74}{4}$ (1718);	1718 : 43.
Fürstenau	„	ca. 105 (1718);	1718 : ca. 90.

Eine Güterzersplitterung hatte bereits vor dem 30jährigen Kriege in größerem Umfange bestanden[2]). Dieser hatte im allgemeinen zur Folge, daß Teilgüter und losgetrennte Stücke mit dem Hauptgute wieder vereinigt wurden. Da jedoch Vermessungen der Güter nicht stattgefunden hatten, und auch die Gültbücher

[1]) vgl. insbes. die Designationen der frohnbaren Hubgüter in LTA. I, XI (d. a. 1718): Fasz. Erb. (Amt) Frohndwesen; Heyl, SLB. Auch die fronfreien und in der Fron moderierten erbach. Güter sind hierbei berücksichtigt.

[2]) Für d. 15. Jahrh. vgl. z. B. Weist. d. Zent Beerf. v. 1450 bei Simon, Urk. S. 264.

kein Verzeichnis der einzelnen zu den Huben gehörigen Ländereien enthielten, sondern sie lediglich unter einer bestimmten Bezeichnung, meist nach dem Namen eines ehemaligen Besitzers, mit den darauf ruhenden Lasten aufzählten, der Ländereibestand daher, soweit er nicht lediglich im Güterstriche lag, oft nur traditionell feststand, so waren infolge der durch den Krieg bewirkten Entvölkerung und der hiermit um sich greifenden Unkenntnis über die Zugehörigkeit einzelner Gewanne bei der Wiederbesiedelung des Landes vielen Huben oft erhebliche Teile, z. B. der Güterwald, entzogen und von einem Nachbar angeeignet worden. Die im Gültbuche verzeichneten Lasten aber blieben für die vergrößerte und die verkleinerte Hube dieselben. Vom Grundsatze der gleichen Belastung der Güter eines Dorfes ausgehend, suchte man der auf die geschilderte Art entstandenen Ungleichheit der Lasten zu Anfang des 18. Jahrhunderts im Interesse der Herrschaft wie des Hübners dadurch abzuhelfen, daß man durch Vermessung den Ländereibestand der Güter ungefähr auf gleichen Umfang brachte. So wurden 1700 in Lauerbach die dortigen Güter und Grundstücke zusammengeworfen und in vier arrondierte Komplexe ausgeteilt, auf welche die bisherigen Lasten gleichmäßig verteilt wurden. Doch war ein solch rationelles Verfahren nicht immer erforderlich und möglich, und beschränkte sich auf eine Ausgleichung zwischen einzelnen Gütern [1]).

Allein, gab es bereits im 16. Jahrhundert einige Dörfer ohne Hubgüter (Schönberg, Stockheim, Dorf Erbach), so finden sich in der zweiten Hälfte des 18. Jahrhunderts in einer größeren Zahl von Orten einzelne von Huben losgerissene Parzellen, welche ohne Zusammenhang mit einer Hube beliebig veräußert und verteilt werden konnten. Auch kamen Teilungen von Gütern seit etwa der zweiten Hälfte des 18. Jahrhunderts häufiger vor, wenigstens in den fruchtbaren Gegenden. Die in der Geschlossenheit begründeten Beschränkungen wurden aufgehoben durch die Großherzogl. hess. Verordn. v. 9. Febr. 1811, doch wurde an

[1]) vgl. die oben S. 159 n. 3 gen. Prozeßakten über Untersensbach. Ähnlich in Steinbach, Momart, Weidengesäß u. a. O.

der Unteilbarkeit der Güter in unfruchtbaren Orten der Sitte gemäß auch weiterhin häufig festgehalten [1]).

Im Amte Wildenstein im Spessart fanden sich in zwei Ortschaften bereits seit Ausgang des 16. Jahrhunderts keine geschlossenen Huben mehr, sie waren zerrissen oder zerteilt; in den übrigen Dörfern dagegen gab es 1733 noch einige ganze, hauptsächlich aber Viertel- und Achtelgüter [2]).

Ebenso konnte man von den Gütern in der Herrschaft Breuberg „nicht eigentlich sagen, wie groß sie seien oder sein sollen, weil niemals eine accurate Messung geschehen, so sinds auch keine Hubgüter außer zu Kimbach, und haben die Untertanen Erlaubnis Stücker aus ihren Gütern zu verkaufen, dahero mancher hier und da so etwas zusammen kauft und sodann einen Pflug führt“ (1718).

Gegen Ende des 18. Jahrhunderts gelangten mit Rücksicht auf die stetig zunehmende Bevölkerungszahl und die auch nach der 1775 f. erfolgten Einführung des Kleebaues noch sehr extensiv gebliebene Wirtschaftsweise auf den Hubgütern folgende „Staatswirtschaftsverbesserungsvorschläge“ zur Erwägung: es sollten die Hubgüter, u. zw. ein starkes Gut in zwei Teile geteilt, von einem geringeren aber ¹/₄ und von einem noch schwächeren nach Proportion ¹/₅ oder auch ¹/₆ abgenommen, und beide letzteren Gütergattungen mit Einspännigen besetzt, jedoch vor allen Dingen diesen solche Ländereien angewiesen und eingeräumt werden, die wegen ihrer steinigen oder sumpfigen Lage usw. die Gutsbesitzer bisher wenig oder nicht gebaut, folglich ihnen auch fast gar nichts eingetragen haben, welche Felder aber, wenn sie gesäubert, die Sümpfe ausgetrocknet und nach Verlauf etlicher Jahre in gutem Bau seien, ihren Nutzen bringen, mithin die an solche verwendete Arbeit und Mühe reichlich belohnen würden [3]).

---

[1]) Beck u. Lauteren, Erb. Ldr. 367. v. Miaskowski, Das Erbrecht und die Grundeigentumsverteilung im Deutschen Reiche I (1882) 144 f., II (1884) 151, 181, 194 f.

[2]) LTA. XI. Amtsberichte v. 1733 u. 1735.

[3]) F. Erbach-Erbach, Polizeisachen (Promemoria ohne Angabe von Zeit und Verfasser).

Als gegen Mitte des 18. Jahrhunderts die bespannten Untertanen der Herrschaft Breuberg sich wegen allzu ungleicher Austeilung der herrschaftlichen und dienerschaftlichen Fronen beschwerten mit der Anzeige, daß die Güter täglich mehr verteilt würden und in die Hände von Leuten gelangten, welche kein Zugvieh hielten oder sonst fronfrei wären, wodurch die bespannten Untertanen unter der Fron endlich ganz erliegen müßten, wurde 1752 beschlossen, durch eine Regierungsverordnung alle weiteren Güterteilungen bei Konkursen, anderen Käufen, Vertauschungen und Erbteilungen in Ansehung eines jeden Stückes, wie dessen Größe in einer contiguität dermahlen sei und in den Gewannbüchern stehe, bei Strafe den Zentschultheißen als Aufsehern und den Besitzern zu verbieten und zugleich hinsichtlich der bereits verteilten Güter ein einjähriges jus retractus für denjenigen, der schon einen Teil des Stückes besitze, oder, wenn dieser nicht retrahieren wolle oder könne, für den nächsten Anlieger, der sich zuerst darum melde, mit dem Vorzug vor allen andern Gattungen von Vorkäufern einzuführen, welche retrahierte Güter sodann dem Retrahenten im Kataster unter das Stück, zu welchem er sie retrahierte, zugeschrieben und von ihm nicht wieder anders als mit diesem Stück verkauft noch nach seinem Tode verteilt werden sollten[1]).

Als grundherrliche Lasten erscheinen die Gülten und Zinsen, das Hubholz, Laudemien und Herdrecht; Fronen wurden dem Grundherrn als solchem nicht geschuldet.

Die Martinizinsen oder ständigen Gülten und Zinsen lagen ihrer Natur nach auf dem ganzen Gute und allen Teilen desselben; deshalb konnte im Falle einer Teilung des Gutes der Grundherr sich an jeden Teilhaber halten[2]). Ihr Betrag richtete sich im allgemeinen nach dem Inhalte der aus dem 16. und

[1]) Außerdem sollte das Jurisdiktionalamt sich gutachtlich äußern, wieviel Morgen Land einem Handfröner frei zu gestatten, und in welchem Maße dieser von seinen übrigen Gütern zur Konkurrenz bei den Fuhrfronen heranzuziehen sei. F. Breub. Meliorat. Spec. Act. d. d. Höchst 20. Aug. 1759, XXII.

[2]) Erb. Ldr. 371. Doch wurden bei Güterteilungen mit behördlicher Erlaubnis diese und die sonstigen Lasten proportional verteilt.

17. Jahrhundert stammenden Gültbücher und Heebregister, und auch für diejenigen, welche in der zweiten Hälfte des 17. Jahrhunderts die zahlreichen im 30 jährigen Kriege vakant gewordenen Huben übernahmen, verstand es sich ganz von selbst, daß sie in die Verpflichtungen eintraten, die von altersher am Boden hafteten[1]), und auch im Laufe des 18. Jahrhunderts änderte sich im allgemeinen nichts.

Die ständigen Zinsen und Gülten der Hubgüter bestanden in einigen Maltern Frucht, in Federvieh und soweit sich sehen ließ, stets auch in Geld. Unter den Fruchtarten stand in erster Linie der Hafer, der fast überall und in den meisten Dörfern der Ämter Fürstenau und Freienstein, häufig auch im Amte Erbach allein entrichtet wurde; in den übrigen Dörfern des letzteren Amtes und in den andern Ämtern trat eine Quantität Korn, an einigen Orten zu beiden auch Spelz hinzu. Das Federvieh bestand in einigen Faßnachthühnern, einigen Sommerhahnen, bisweilen auch in einem oder zwei Kapaunen. Der Geldbetrag schwankte zwischen $\frac{3}{4}$ und etwa $2\frac{1}{2}$ fl. Die einzelnen Huben eines Dorfes waren häufig ungleich belastet, je nachdem es bessere oder geringe Güter waren[2]).

Die Lieferung erfolgte regelmäßig auf Martini auf Gefahr

---

[1]) vgl. Gothein, Bilder aus d. Kulturgesch. d. Pfalz, Bad. Neujahrsbl. 1895 S. 15. Erb. Ldr. 363 f.

[2]) So stand z. B. auf einer Hube in Hiltersklingen: 2 fl. 18 alb. $4\frac{1}{2}$ ₰ Gült, 2 Malter 3 Simmer $1\frac{1}{2}$ Molzer Hubhaber, 2 Faßnachthühner, 1 Sommerhahn, 2 Koppen. — Laut Gültbuchs für d. A. Erbach v. 1611 hat in Elsbach X 2 Huben Guts, davon gibt er jährlichs zu rechter Beeth u. Gült an Geld $1\frac{1}{2}$ fl. 11 alb. 5 ₰, Habern $6\frac{1}{2}$ Malter Erb. Maas, 7 Faßn.-hühner, 3 Sommerh., sein Nachbar, der ebenfalls 2 Huben hat, 2 fl 8 alb. 6 ₰, Haber $6\frac{1}{2}$ M. 1 Sr. u. 8 bzw. 4 Hühner. — Von den 27 Huben in Untermossau fielen insgesamt zur ständigen Gült 47 fl. 22 Kr. 2 ₰, an Haber 78 M. 3 Sr., an Hühnern 103 Stück, an Hahnen 63. — In Oberostern gab nach einem Zinsbuch v. 1538 jede Hube „7 alb. 4 ₰ zu rechter Bede mit der kleinen Bede 1 M. Korn, 1 M. Haber Burckmaß, 2 M. Haber Mainzer Maß, 3 Faßnachth. u. 2 Sommerh., fronen uff der Herrn Gnad." Auf der Weißenhube in Untersensbach mit $148\frac{1}{2}$ Morgen lasteten 1 fl. 4 Bazzen $8\frac{1}{2}$ ₰ an Geld, 3 Malter Hafer Beerfeller Maaß, 2 Hühner, 2 Hahnen (1717).

und Kosten des Pflichtigen. Wegen besonderer Unglücksfälle fand, weil diese Gülten nicht die Natur einer Pachtvergütung hatten, kein Nachlaß, andrerseits wegen verspäteter Zahlung keine Erhöhung (Rutscherzins), wegen völliger Nichtzahlung kein Heimfall des Gutes an den Grundherrn statt[1]; im Konkurs hatte dieser als Realgläubiger ein Vorzugsrecht und bekam seine Stelle unmittelbar nach dem landesherrlichen Fiskus, nach der Konkursordnung für die Herrschaft Breuberg v. 1805 § 14 jedoch nur hinsichtlich der Rückstände aus den drei letzten Jahren vor Ausbruch des Konkurses[2].

Vereinzelt kamen Befreiungen von den Gülten vor, aus Gnade oder gegen Übernahme einer Geldrente, erblich oder auf Zeit, ganz oder teilweise, etwa um ein viertel[3].

Auch Naturalien andrer Art, wie 120 Brechhandvoll Flachs von den Gütern in Haisterbach oder etwa 110 Eier im Amte Schönberg, waren bisweilen zu prästieren.

Eine besondere Gült haftete jedoch auf den einzelnen auf den Hubgütern erbauten Häusern, und die Herrschaft besaß das Recht, jedes auf einem erbachischen Gut neu erbaute Haus mit jener Gült zu belegen. Sie betrug im Amte Erbach im 18. Jahrhundert durchweg 30 Kr., 1 Faßnachts- und 1 Sommerhuhn[4].

Eine weitere auf den Gütern des Amtes Erbach haftende Reallast war das Hubholz. Die Untertanen waren verpflichtet, die Herrschaft zu beholzen. Daraus ergab sich einerseits die Verpflichtung zu Fronen, indem aus den herrschaftlichen

[1] So Beck u. Lauteren, Erb. Ldr. 370. — Dagegen wurde 1593 „den Kellern bei Leibesstrafe befohlen, wenn fürterhin ein Bauer seine Gült des Jahres nicht ausrichte, soll er ihn gleich vom Gut heißen ziehn", und 1641 wird im Landgericht gedroht, daß bei Lieferung schlechter Früchte dieselben zw. behalten würden, aber noch einmal gute dazu geliefert w. müßten. F.: Erb. Amt, Polizeis. I. Bei dem 1680 in Kirchbeerfurth gehalteuen Vogteigericht wurde das Gut eines neu angelobten Untertanen, der der Herrsch. Erbach nur die halbe Gült zahlte, aufgekündigt und in der Gemeinde um die Gülten ausgeboten (Heyl, SLB).

[2] Erb. Ldr. 371, 500.

[3] Einige Fälle im A. Freienstein in LTA. XI d. a. 1731.

[4] F. Amt Erbach, Allerlei Gefälle, 1.

Waldungen das nötige Brennholz für die Hofhaltung beizuführen war, andrerseits das eigentliche Hubholz, welches eine aus den Güterwaldungen der Hübner zu entrichtende Abgabe bedeutete. Als Hubholz hatte ein Hübner 1, ein Halbhübner ½ (usw.) Wagen Buchenholz aus seinem Güterwalde jährlich an Martini zu entrichten, während das sog. Stangenholz eine jährlich an Petri von jedem Hübner in gleichem Maße, ohne Unterschied, ob er mehr oder weniger als 1 Hube besaß, dem Amtmanne oder dem Pfarrer zu prästierende Fronleistung war, so daß die Fronfreiheiten auch hinsichtlich des Stangenholzes, nicht aber des Hubholzes Platz griffen. Dem Hubholze im Amte Erbach entsprach im Amte Freienstein das Stangenholz[1]).

In einigen erbachischen und ritterschaftlichen Orten finden sich sodann Laudemien als Reallast der Hubgüter[2]).

Während die angeführten Fälle, in welchen Laudemien

---

[1]) F.: Erbach (Amt) Amts- und Hubholz.

[2]) So hatte sich bei Wiederbesetzung des Dorfes Untermossau, dessen 27 Güter im 30jährigen Kriege alle vakant geworden waren, die Herrschaft im letzten Drittel des 17. Jahrhunderts ein Handtlohn von 5 % ausbedungen, welches beim Verkauf eines Gutes fällig wurde. LTA. I d. a. 1718.

In Ritschweyher im Amte Schönberg wurde als Erbschatz von verkauften Gütern der 50. Pfennig entrichtet. LTA. I 75, 98, II 100 d. a. 1718.

In dem Freiherrl. von Prettlackschen Vogteiorte Rimhorn in der breubergischen Zent Höchst wurde bei jedem Übergang liegender Güter auf einen anderen Besitzer, sei es durch Kauf, Erbschaft oder kindlichen Anschlag, unter dem Namen „Zehnter Pfennig" der 10. Teil des Kaufpreises oder Gutswertes an die Herrschaft abgegeben (Erb. Ldr. S. 369). Im gräfl. Ingelheimischen Teile von Würzberg wurden 5% als Handtlohn entrichtet (Design. des Ertrags von Würzberg).

Wenn in den vermischten Dörfern Laudenau, Kleingumpen, Winterkasten, Zent Reichelsheim, ein Hintersaß der adeligen Grund- und Untergerichtsherrschaft, welcher Erbachischer Leibeigener war, starb, so wurde seitens des Amtes Reichenberg das Besthaupt nach seinem Vermögen angesetzt, was die Erben zahlen mußten; der „Gutsjunker" prätendierte sodann das Heerdrecht, d. h. er nahm den dritten Teil des Betrags des leibherrlichen Besthauptes, „nicht von der Leibeigenschaft, sondern eben als Heerdrecht". Wahrscheinlich wurde das Heerdrecht hier auch in sonstigen Fällen erhoben. Heyl, SLB. Reichenb. (Laudenau).

erhoben wurden, im 18. Jahrhundert die einzigen waren [1]), war ehemals das Herdrecht in unsern Gebieten viel weiter [2]), allerdings nicht überall [3]) verbreitet. Insbesondere war es vordem in der Herrschaft Breuberg häufiger entrichtet worden, im Laufe der Zeit aber abgekommen; die Meliorationskommission, welche gegen Mitte des 18. Jahrhunderts hier zusammentrat, suchte auch dieses Gefäll wieder flüssig zu machen, doch gelangte der Plan nicht zur Ausführung [4]). Dagegen wurde im erbach-erbachischen Landesteil seit 1769 eine feste Gebühr von 3 fl. für die Erteilung der Konzession zur Teilung von Hubgütern als Beitrag zur Bildung eines Fonds zur Anlegung einer öffentlichen Landschaftsbibliothek zu Erbach erhoben [5]), und 1786 führte Graf Franz ein Gütertrennungskonzessionsgeld ein, bestehend in $1^2/_3$ % des Kaufwertes der abgerissenen Gutsparzellen [6]).

Ein Auslösungsrecht der Grundherrschaft für den Fall, daß Güter zum Verkauf kamen, wird in den Quellen des 17. und 18. Jahrhunderts nicht erwähnt [7]); auch findet sich für diese Zeit kein Beispiel seiner Ausübung.

---

[1]) Nach Erb. Ldr. 369 nur in Rimhorn.

[2]) Hierauf deutet die in älteren Amtsrechn. häufige Rubrik: Haupt- und Heerdrecht; vgl. auch Simon, Urk. S. 97.

[3]) z. B. Simon Urk. S. 235.

[4]) F. Breub. Meliorat. Spec. 102. d. d. 14. März 1752: Es kommen in den Breuberg. Amtsakten u. Rechnungen Rubriquen von Handlohn und Güterfällen vor, welche dermahlen als abgängig nur fortgeführt werden; daher nachzuforschen, warum? — Der Gutsfall scheint bisweilen bei Vereinigung von Grund- und Leibherrschaft in einer Hand im Besthauptrechte aufgegangen zu sein; so heißt es z. B. von Niederkinzig: das Besthaupt gehört hier, wann ein Untertan stirbt, gnäd. Herrrschaft, u. hat vor der Zeit der Gutsjunker den Guthsfall erhoben, nunmehr aber wird darauf nicht reflektiert, sondern wann ein Untertan das. stirbt, werden ein paar Gulden vor das Besthaupt angesetzt, u. von dem Gutsfall gar nicht gedacht. F. Breub. Meliorat. d. d. Schönberg 21. Febr. 1739.

[5]) F. Erb.-Erb. Polizeis. 1, 5.

[6]) F. Erb. Amt, Bauerngüter, Beisaß- u. Erbschutzgeld.

[7]) wohl aber laut Berichtes d. d. 20. 12. 1822 (F. Erb.-Erb. Polizeis.) von dem erb.-erb. Kammerdirektor Kaiser unter Berufung auf 2 — zweifelhafte — Fälle behauptet. vgl. unten S. 183 n. 1 und Weistum von Eschau v. J. 1400 bei Simon Urk. S. 147.

Trotz aller dieser umfangreichen auf den Hubgütern ruhenden Lasten und der in dem Grundsatze ihrer Geschlossenheit begründeten weitgehenden Beschränkungen und Verpflichtungen der Hübner kann deren Eigentum an den Huben nicht angezweifelt werden. Obgleich der Sprachgebrauch des 18. Jahrhunderts zwischen Eigentum und erblichem Besitzrecht nicht immer scharf unterschied, und zuweilen nur erblehnbare Güter als erb- und eigentümlich bezeichnet wurden [1]), sodann ursprünglich das Besitzrecht des Hübners auch bei den erbachichen Waldhufen wohl nur ein Erbzinsrecht gewesen sein mochte [2]), so erscheint es doch für das 18. Jahrhundert als verfehlt, die Hubgüter auf Grund jener Eigentumsbeschränkungen und Verpflichtungen zu den Feldlehen-, Colonat- oder Landsiedelgütern zu rechnen, der Grundherrschaft ein Obereigentum zu vindizieren [3]). Mit vollem Recht schreiben vielmehr Beck und Lauteren dem Hübner das Eigentum zu, mit Rücksicht auf den Inhalt der bei den Ämtern geführten Kontraktenprotokolle über Veräußerungen liegender Güter, insbesondere auch der nach dem dreißigjährigen Kriege ausgestellten Kaufbriefe über als vakant heimgefallene Güter [4]), im Hinblick ferner auf die gerichts-, nicht grundherrliche Natur der die Teilbarkeit und Veräußerungsfreiheit beschränkenden Vorschriften der Landesordnung [5]). Durch das großh. hess. Gesetz v. 9. Febr. 1811 § 2 wurden die Hübner als Eigentümer anerkannt [6]).

Betrachten wir zum Schlusse die auf den Huben übliche Wirtschaftsform.

Entgegen der Behauptung Jägers [7]), die Dreifelderwirtschaft sei im Odenwalde wie überall die ursprüngliche Wirt-

---

[1]) Th. Knapp, Beiträge 336, 398.

[2]) A. Meitzen, Siedelungen und Agrarrecht II 340 f.

[3]) So der erb.-erb. Kammerdirektor Kaiser d. d. 20. Dez. 1822 in F. Erb.-Erb. Polizeis. 1.

[4]) welche nach den in den LTA. enthaltenen Beispielen mehrfach ausdrücklich zu pleno dominio an Ansiedler vergeben wurden.

[5]) Erb. Ldr. 362 f.

[6]) Goldmann, Gesetzgeb. des Großh. Hessen (1831) 21, 184.

[7]) Land- u. Forstwirtsch. des Odenwaldes (1843) 101 f.

schaft gewesen, weist schon G. Hanssen[1]) nach, daß dies im westlichen Odenwalde in den breiteren und niederen Talgegenden mit Dorffeldmarken zwar der Fall gewesen sei, in den höheren Nebentälern aber und auf den Höhen, wo die Hufen einzeln liegen, die Feldgraswirtschaft das herrschende System gewesen sei[1]).

Diese Angaben Hanssens treffen auch für den östlichen Teil des Odenwaldes zu.

Für die Wirtschaftsführung des erbach. Hübners sei folgendes Beispiel angeführt[2]):

„H. G. Müller in Elsbach[3]), Amt Erbach, besitzet 2 Huben Guts, welche wegen ihrer Geringheit von altersher also beisammen gewesen und nur für 1 Hube verfröhnt worden sind, mit nötigem alten noch ziemlich gutem Gebäu versehen.

Dabei befinden sich an Wieszwachs ungefähr 14 Morgen, welche an Heu und Grumeth ertragen können 18 Wägen. An Baufeldern möchten dabei sein nach ungefährem Überschlag und genommenem Augenschein 45 Morgen.

Weil nun mit diesen Feldern der Landesart und ihrer Nässung halben, es nicht Gelegenheit hat, wie in andern Fruchtbauländern, daß man selbige flührlich bauen und jährlich ¹/₃ davon brach liegen lassen dürfte, und die übrigen ²/₃ halb mit Winter- und halb mit Sommerfrüchten besamet und genüzet werden könnten, sondern, soviel jährlich mit genugsam Dung überführt werden kann, (welches ungefähr auf 3—4 Morgen Feld sich erstrecken dürfte, weil auch ein nötiges Pflanzgärtgen und Krautland etwas Dung hinwegnimmt), 2 Jahr mit Korn und 2 Jahr mit Haber gebauet werden und hernach, um Gras zum Heumachen darauf wachsen lassen zu können, wieder liegen bleiben muß, so erscheint, daß auf 4jährig gedüngt gewordenen Feldern ein Jahr ums andere auf diesem Gut jährlich mehr nicht als etwa 4 Malter Korn und 9 Malter Haber nebst etwas Heydenkorn (welches letztere gar mißlich und selten gerät, doch darum gepflanzt werden muß, damit das gedüngte Kornfeld dadurch mürb gemacht und in Bau gebracht werde) ausgesäet und davon bei reichlicher Erndte erdroschen werden möchten: 20 Mlt. Korn, 36 Mlt. Haber und 3—5 Mlt. Heydenkorn.

[1]) Agrarhistor. Abhandlungen I (1880) 143f.

[2]) nach der z. Zwecke einer Schatzungsrenovation angefertigten Beschreibung des Amtes Erbach durch den Amtmann Wannemacher v. J. 1708.

[3]) „Elsbach bestehet in 8 Huben, welche aber vermög Gültbuches von alters her um ihrer Geringheit halber jeder Zeit nur für 4 Huben verfröhnt worden sind.“

Auf den übrigen Feldern möchten annoch 6 Wagen Heu gemacht werden, und da alles Geströh, außer dem, so man zur Erhaltung der Gebäu an Deck- und Sailstroh vom Rocken ausschüttelt, mit dem Rindvieh gefüttert wird, so kann ein fleißiger Besitzer dieses Guts etwa 20—24 Stück Rindvieh, so viel er dermahlen wirklich hat, über Winter erhalten.

An Feldthecken befinden sich bei diesem Gut gegenwärtig annoch bei 60 Morgen, davon je in 2 Jahren etwa 1¼ Morgen gerodet und mit Heidekorn u. Korn besamet und also jährlich, wanns wohl geräth, bei 4 Mlt. Korn u. 2 Mlt. Heydenkorn noch weiter erworben werden könnten.

Gleichwie aber zu Bestreitung eines solchen Guts ein Knecht, eine Magd und ein Viehhirt notwendig erfordert wird, so consumiert sich das erbaute Korn, Heydenkorn u. der 4. Teil des Habers zum notdürftigen Brod, und nach Abzug der Gülten und des Samens bleiben dem Bauer, wann es die Marsch- u. Winterquartiere, wie viele Jahre geschehen, nicht wegfressen, zum Verkauf mehr nicht übrig als etwa 10—15 Mlt. Haber.

An ständigen Gülten hat er jährlich zu entrichten gnädigster Herrschaft, der Kirchen und sonsten:

Geld	5 fl. 5 alb 6 ₰
Korn	1 Sr
Haber	7 Mlt. 2 Sr.

Dieses Gut ist bisher verschätzt worden um 190 fl. Capital. Wenn also etwa alle 3—4 Jahr der Mann ein paar Ochsen ungefähr à 60 fl., sofern keine Seuche beim Vieh einreißet, zu Geld machen kann, so ist ihm nicht möglich, neben Unterhaltung des Gesindts, Schiff und Geschirrs, die erforderliche Beschwerden beizuschaffen u. zu entrichten.

Bis dato hat dieser Untertan bei abtragung seiner Schuldigkeiten sich jederzeit willig und also verhalten, daß er wenig an Cassengeldern restiert, u. solches, wofern durch Kriegslasten oder ander Unglück, es nicht behindert, nebst dem currenten nach und nach wohl abtragen wird.

Es muß auch dieses Gut mit Hand und Geschirr ungemessen Frohndt auf der Herrn Gnad u. Ungnad verrichten, welches dann keine geringe Last ist, und sofern Gnädige Herrschaft dieselbe bezahlt nehmen wollten, und der Mann es nur anderwärts aufbringen u. erwerben könnte, er wohl sänfter solche mit 20 fl. bezahlen, als, wie bisher geschehen, wirklich praestieren sollte.

An diesem Ort befinden sich gemeine Allmuthhecken, worauf das nötige Brennholz zum Hauswesen acquirirt wird.

Was sonsten von Feldhecken dann und wann zu Röder gemacht, davon wird das Aufhauholz gemacht u. jährlich zur Hofstatt geliefert, allwohin jedes Jahr 10 Klaffter entrichtet werden müssen.

Weiter ist wenig Nutzen aus den Hecken zu schöpfen, denn obschon jährlich nacher Michelstadt und Erbach bis 2000 Klaffter Holz verkäufflich anzubringen, so sind aber auch der umliegenden Dörfer viel, und mag ein Mann kaum soviel durch Holzverkauf erlößen, daß er das nötige Salz zum Vieh und Wagenschmier zum Geschirr dafür anschaffen kann.

: Dieses Gut ist das beste an hiesigem Ort, gleichwohl, wann es ohne Zugab einigen Viehes oder ausgestroten Früchten, sollte verkauft w., würden dafür über 200 fl. nicht erlöst werden können."

Ähnlich war es mit den übrigen Hubgütern des Amtes; nur waren die wenigsten Besitzer in gleich guter Lage. Insbesondere war der Bauer nur selten Eigentümer seines Viehes: sehr oft war dasselbe nur auf halben Gewinn und Verlust von Juden bei ihm eingestellt, was jedoch zu Ende des 18. Jahrhunderts verboten wurde[1]).

Wir ergänzen die obige Beschreibung des Landwirtschaftsbetriebes noch durch folgende Angaben[2]).

Gutes Erdreich wurde jährlich etwas gedüngt und eingesäet; Äcker, die nicht gern Getreide trugen, nur alle 2 bis 3, kalte, nasse, magere, weit entlegene nur alle 5—10 Jahre.

Bei der Weitläufigkeit der Felder konnten die Äcker nur wenig Dünger erhalten, oder aber die abgelegenen bekamen nichts. Daher half man mit Asche nach.

Asche aber wurde als Düngemittel nur zum kleinsten Teile von auswärts eingeführt[3]); in der Hauptsache gewann man sie durch das sog. Rotten.

Die Sträucher, Bäume, das Farn- und Heidekraut usw., was während der längeren Ruhezeit des Ackers angewachsen war, wurde nämlich zu Ende des Herbstes niedergehauen, die Grasnarbe in Form von Rasenstücken mit einer breiten scharfen Hacke im Laufe des Frühlings abgehoben („geschuppt"), das ganze zu kleinen Haufen aufgehäuft zur Trocknung durch Luft und Sonne, nach einiger Zeit verbrannt, die Asche herumge-

[1]) Erb.-Erb. Verordn. v. 1790 § 7, Erb.-Fürsten. Verordn. v. 1804 § 4. Erb. Ldr. 444f.

[2]) Nach den Angaben des erbach. Hofphysikus Kleinius 43ff.

[3]) So wurden in den Ämtern Erbach und Reichenberg, wo die Untertanen bei weitem nicht genügend Stalldünger für ihren Feldbau hatten und auch ihre Asche nicht ausreichte, noch mehrere 1000 Pfd. Asche aus der Main- und Neckargegend eingeführt. F.: Erbach (Amt) Polizeis. (Konzess.) III 2c v. J. 1807.

streut; dann wurde geackert oder (auf Bergen) gehackt, endlich im Brachmonat gesät.

Der Turnus war regelmäßig:

1. Korn oder Heidekorn;
2. Hafer;

oder

1. Heidekorn;
2. Korn, gedüngt;
3. Hafer.

Hierauf ließ man diese Felder wieder 3 und mehr Jahre ruhen und gewann in der Zwischenzeit das ausgezeichnete Feldheu, welches eine größere Viehzucht auf diesen Hubgütern sehr begünstigte.

In fruchtbareren Gegenden, insbesondere wo Dreifelderwirtschaft möglich war, wurde auch Spelz und Gerste gebaut[1]); in den Tälern finden sich um die Mitte des 18. Jahrhunderts auch Handelsgewächse wie Hanf, Raps, Tabak, überall aber schon die in großem Umfange angebauten Kartoffeln.

Von größter Bedeutung war die durch die Grafen eifrig geförderte Einführung des Kleebaues (nach 1775).

III. DIE HÖFE.

Während die Höfe und Hofgüter der erbachischen und breubergischen Vasallen[2]), die der Kirchen[3]) sowie auch die Mehrzahl der herrschaftlichen Höfe aus dem Mittelalter stammten,

---

[1]) Nach Kleinius 51 wurden um die Mitte des 18. Jahrhunderts in beiden Territorien jährlich gebaut:

30 800	Malter	Korn,	27 000	Malter	Hafer,
9 600	„	Spelz u. Weizen,	2 300	„	Gerste.
4 200	„	Heidekorn,			

[2]) Ein Verzeichnis der erbach. Vasallen samt ihren von Erbach rührenden Lehensgütern (insbes. Höfen, nur ganz vereinzelt wurden sie mit Hubgütern belehnt, welche dann ihrer Landesherrschaft Erbach gegenüber — nicht aber auch den betr. Vasallen gegenüber, weshalb sie begrifflich als Hubgüter, nicht als Höfe, weiterfigurierten — schatzungs- und fronfrei waren) findet sich bei Simon 254f.

[3]) Insbesondere besaßen die Kirchen Erbach und Michelstadt einzelne kleinere Höfe.

war eine Reihe von Hofgütern der Landesherrschaft erst seit Ende des 17. Jahrhunderts dadurch zur Entstehung gelangt, daß etwa 40 Hubgüter, welche im 30jährigen Kriege als vakant der Herrschaft heimgefallen waren, nicht mehr an Bauern ausgetan, sondern zur eigenen Bewirtschaftung zurückbehalten wurden; außerdem waren einige der älteren herrschaftlichen Höfe durch je eine oder zwei Huben seit derselben Zeit vergrößert worden.

1.

Wir betrachten zunächst die älteren aus dem Mittelalter stammenden Höfe und Hofgüter.

Sie verteilten sich auf die einzelnen Ortschaften in sehr verschiedenem Maße. Die Höchstzahl finden wir in König mit 7 Höfen neben 22 Huben Gutes[1]). Sonst kamen mehrere Höfe in einer Gemarkung nur vereinzelt vor, in einer großen Zahl von Dörfern gab es neben dem Huben- und sonstigen Land (besonderen Hofstätten und walzenden Grundstücken und Allmenden) einen Hof, in vielen aber keinen. Bisweilen lagen die zu einem Hofe gehörenden Ländereien in mehreren Gemarkungen. Ihre Lage in der Gemarkung war verschieden: in Orten mit Gemengelage der Äcker lagen auch die zu Höfen gehörenden Stücke mit denen der Bauern im Gemenge, in anderen Orten bildeten sie größere zusammenhängende Komplexe. Im ganzen betrug die Zahl dieser älteren Höfe in der Grafschaft etwa 40 bis 50, wovon etwas mehr als die Hälfte der Landesherrschaft gehörte.

Eine hervorragende Stellung nahmen unter den älteren Höfen diejenigen ein, welche in herrschaftlichem Eigenbetriebe standen oder ehemals gestanden hatten. Solcher Hofgüter gab es noch im 18. Jahrhundert fast in jedem Amte wenigstens eines. Sie waren meist erheblich größer als die übrigen Höfe und kamen etwa 1 bis 3 Hubgütern gleich[2]). Auch drei frei-

[1]) Hier gab es 1 großen und 3 kleine herrschaftliche, 1 freiherrl. Echterischen und 2 Kirchenhöfe.

[2]) Hierher gehörten der Erbacher Hof mit ca. 200 M., der Kalkhof in Michelstadt mit ca. 200 M. Ländereien, im Amte Reichenberg der

herrl. echterische Höfe in Michelstadt und Stockheim waren ehemals von den etwas entfernteren echterischen Vogteiuntertanen und Grundholden in der Fron bebaut worden, im 18. Jahrhundert aber erblich verliehen.

Auch im 18. Jahrhundert stehen sie fast alle unter Administration der Hofkellerei und unter Aufsicht der Rent- oder Hofkammer, welche sie entweder durch einen Hofbauern kraft Dienstvertrags bewirtschaften ließ oder in kurzfristigen, meist sechsjährigen Temporalbestand an Hofbauern vergab. Die erforderlichen Ackerspanndienste wurden nur im Amte Schönberg noch in natura prästiert, indem dort auf 1 Hube 1 Tag „zackern" zu verrichten war, im übrigen waren diese sog. „ordinaire Frohnden" in ein Frongeld reluirt, welches zum Unterhalt eines eigenen herrschaftlichen Gesindes und Geschirrs diente und auch im Falle der Verpachtung zur Erhebung gelangte. Die erforderlichen Handfronen, hauptsächlich in der Besorgung der Wiesen, im Mähen und Schneiden der Frucht bestehend, wurden dagegen überall von den Fronpflichtigen in natura geleistet und bei Verpachtung der Güter gegen Übernahme der Verpflichtung zur Gewährung der Frongebühren seitens des Pächters mitvergeben.

Die Größe der sonstigen Höfe war im einzelnen sehr verschieden[1]).

Zwei jener größeren Hofgüter und fast alle übrigen herr-

Frohnhof mit etwa 170 M. und dem herrschaftl. Hofgut in Reichelsheim mit etwa 86 M. Feld, im Amte Schönberg das Hofgut zu Schönberg mit etwa 140 M. Feld, im Amt Wildenstein der Wildensteiner Hof mit ca. 145 M. Ländereien, in Eschau einen herrschaftl. Hof von 93 M. Land, ebenso ein Hofgut in König; u. a. — Zur Herrschaft Breuberg gehörten als Domänen 5 Höfe mit zus. 555 M. Land, von 85 M. bis 150 M. im einzelnen, zum Schloß Breuberg selbst noch 44 M. Gärten, Äcker, Wiesen, sodann noch etwa 100 M. Wiesen und rund 10000 M. Wald (1718).

[1]) So gab es in Erlenbach ein den Herrn von Habern zu Lehen gegebenes Höfchen mit ½ Morgen Wießen, 10 M. Feld, 4 M. Hecken; in Michelstadt ein freiherrl. Echterisches Höfchen mit 13 M. Feld und etwas Wiesen, ein herrschaftliches Hofgut in Brensbach mit etwa 48 M. an Gärten, Wiesen, Äckern, ebendaselbst einen Lehenhof mit etwa 63 M. an Hofraithe, Garten, Äckern, Wiesen; usw.

schaftlichen und fremdgrundherrlichen Höfe waren jedoch an Bauern und sonstige Personen, nicht selten ehemalige Beamte, häufig in kleine Teile zerlegt zu Erbbestand ausgegeben[1]).

Andrerseits aber kam es hauptsächlich bei den kleineren Höfen vor, daß sie einem Hübner unzerteilt verliehen wurden, der dann den Hof neben seiner Hube bewirtschaftete.

Mehrfach vermochte man die zu einem Hofe gehörigen Ländereien in der Gemarkung nicht mehr zu identifizieren; man mußte es „Gott, der Zeit und geschickten Leuten überlassen, die solche auf daßigen Erdboden, welcher noch wie von alters da ist, suchen"[2]).

Vereinzelte Ausnahmen waren es, wenn einerseits zwei Höfe der Freiherrn von Mayerhof in der zweiten Hälfte des 18. Jahrhunderts in Temporalbestand gegeben, andrerseits einige herrschaftliche Höfe nach dem 30jährigen Kriege zu Eigentum[3]) verkauft worden waren.

Die erwähnten kleineren älteren Höfe bildeten, von den vereinzelt vorkommenden Kirchenhöfen abgesehen, regelmäßig einen Teil der Lehengüter, mit welchen die erbachischen und

---

[1]) So war in König der sog. große Herrenhof mit drei kleinen herrschaftlichen Höfen 1515 „unter viel Leut nach erhaltenem Erbbestand verteilt worden, in Ansehung die 22 Hubgüter dergestalt gering sind, daß auf 1 Hube kein Bauer auskommen kann, und aber gnäd. Herrschaft Absicht dahingegangen, in desto besserer Erhaltung der Kirchen und Schulen eine rechte Gemeindt dahier aufzurichten, und dadurch die Leute mit notdürftigen Gütern zu versehen". Amtsbeschr. d. Amtes Erb. v. 1708 im A. z. E. Und ebenso waren die Hofgüter zu Reichelsheim in 30 Stücke zerteilt an 15 Leute um eine gewisse ständige Gült, jedoch unter Vorbehalt der Wiederaufkündigung (LTA. I 107. 132. d. a. 1717), ein Hof in Beerfelden in 48¹|₄ Lose zertrennt verliehen worden, welch letztere um 1795 in 24stel zersplittert waren (Verzeichn. der Freigüter in den erb.-fürsten. Ämtern v. J. 1795).

[2]) So lagen in Schönnen ein Hubgut und ein Kirchenhof 1708 untrennbar zusammen; einen Erblehenbrief über letzteren v. J. 1416 s. bei Simon Urk. S. 179. Andere Beispiele in Brensbach und Niederkeinsbach.

[3]) z. B. ein Lehenhof in Niederkeinsbach 1676; wegen des vom Hofe zu stellenden Lehnknechtes zu Fuße wurden dem Käufer 15 Jahre Freiheit versprochen. LTA. V 108.

breubergischen Vasallen ausgestattet waren; nach Heimfall fast aller dieser Lehen im Laufe des 16. und 17. Jahrhunderts standen sie meist dem gräfl. Hause wieder unmittelbar zu. Die älteren herrschaftlichen Hofgüter an den einzelnen Amtssitzen dagegen, zu deren Bewirtschaftung die Fronpflicht der Hubgüter bestand, entsprechen den herrschaftlichen Eigenbetrieben im System der alten Villikationsverfassung.

Das Erbbestandsrecht war, soweit sich sehen ließ, seiner Natur nach überall römisch-rechtliche Emphyteuse, keine deutschrechtliche Erbleihe, wenngleich bisweilen von Erbleihegütern die Rede war. Demgemäß vererbte sich der Hof an alle Erben, nicht bloß an die Leibeserben[1]).

Die Pflichten und Rechte der Erbbeständer waren in besonderen Erbbestandsbriefen formuliert, für welche in privatrechtlicher Hinsicht das Gemeine Recht subsidiäre Geltung besaß.

Die einzelnen Erbleihe- und Erbbestandsbriefe trafen vor allem Bestimmungen über den jährlich an den „Obereigentümer“ zu entrichtenden Kanon (Gült, Pfacht, Zins), der hauptsächlich in Frucht bestand, während eine Geldleistung entweder fehlte oder im Verhältnis zur Frucht sehr unbedeutend, zuweilen jedoch neben einigen Hühnern allein zu prästieren war. Der Kanon des Erbbeständers war im allgemeinen höher als die Gült der Huben. Bisweilen wurde er nur in einer, meist aber in zwei oder mehreren Fruchtarten, z. B. im Gegensatze zu den Huben, auch in Hülsenfrüchten, geleistet.

Besonders wird sodann regelmäßig die Pflicht des Erbbeständers zur Instanderhaltung und Meliorierung betont, und ihm auferlegt, ohne Vorwissen und Bewilligung, bisweilen auch bloß ohne Vorwissen der Herrschaft weder den Hof im ganzen noch einzelne dazu gehörige Grundstücke zu veräußern, zu verpfänden oder sonst zu belasten; doch konnte die Begebung

[1]) Über den Unterschied zwischen Erbleihe- und Erbpachtgütern vgl. Th. Ludwig, bad. Bauer 53, J. Koch, Gesch. u. rechtl. Beschaffenh. der Erbleihen oder Erbpächte im Erzstifte Mainz (1791) 62. Gaupp in Kritische Zeitschrift f. Rechtswissensch. Bd. VI S. 22f.

an die Kinder oder sonstige Familienglieder in der Regel und ohne besonders erheblichen Grund nicht versagt werden[1]).

Für den Fall der Nichtzahlung des Kanons oder der Verletzung der sonstigen Pflichten behielt sich die Herrschaft stets das Recht vor, den Erbbeständer der Hofgüter zu entsetzen ohne Entgelt für Meliorationen.

Ausnahmsweise hatte sich die Herrschaft das Recht der beliebigen Wiederaufkündigung ausbedungen; hier läßt sich in gewissem Sinne von einem unterminierten Erbbestand sprechen[2]).

Den Grundsatz der Unteilbarkeit stellte die Landesordnung nur für die Hubgüter, nicht für die Höfe auf[3]); gleichwohl war in einzelnen Erbbestands- und Erbleihebriefen das Verbot der Teilung ausdrücklich festgesetzt worden[4]). Von diesen Ausnahmen abgesehen, galt das Prinzip der Unteilbarkeit für Höfe nicht. Daß die Herrschaft bei ihnen kein großes Gewicht auf die Unteilbarkeit legte, geht schon daraus hervor, daß sie selbst Höfe in kleine Teile zerlegt in Erbbestand gab, und auch sonst finden sich nicht selten mehrere Besitzer eines Hofes.

Waren doch, anders als bei den Hubgütern, von den Höfen keine Spannfronen zu leisten! Denn regelmäßig[5]) findet sich die Bestimmung: „Weil dieses ein herrschaftlicher freier und eigentümblicher Hof, so soll Beständer von allen andern Auflagen als Schatzung, Kontribution, Türken-, Kreis- und andrer Landsteuer, Einquartierungen, Zentsätzen, sie haben Namen wie sie wollen, wie die sonsten auf gemeinen Gütern stehen oder noch aufgelegt werden möchten und könnten, voll-

---

[1]) Erb. Ldr. 376.

[2]) vgl. Bücher, Bevölkerung v. Frankfurt 281, 683. Bsple: Die Höfe in Reichelsheim, Dorf Erbach.

[3]) vgl. Statuta v. 1520 Art. II § 9. Untergerichtsordn. v. 1552 Tit. 17 § 9. Erb. Landr. 56, 107. Nur das Einlösungsrecht und das Verbot des Wohnens mehrerer Besitzer galt auch für die Höfe, ebenso die Pflicht zur Besetzung durch die Erben und zur ordentlichen Erhaltung der Gebäude. Das. 97, 99, 101.

[4]) z. B. Erbleihebrief v. 1570 in F. Reichenb. (Amt. Erbleihebriefe; Brensbach; LTA. V p. 112 d. a. 1716 (Steinbuch).

[5]) vgl. auch Erb. Landr. 377.

kommen befreit, ohnbefordert und ohnbekränket sein und bleiben, sogar daß auch ein oder mehr Beständer, die von diesem Hof teil haben würden, deshalb auch mit keiner Leibeigenschaft oder anderm onere unterworfen, sondern samt und sonders unter unsern obrigkeitlichen Schutz und Schirm frei stehen, und dabei kräftigl. manuteniret und vertreten werden sollen[1])". Doch finden sich ausnahmsweise auch herrschaftliche Erbbestandshöfe, welche in der Schatzung lagen[2]), oder wenigstens zu außerordentlichen Anlagen zugezogen wurden[3]); auch leibeigene Erbbeständer gab es bisweilen, indem die Übernahme des Hofes zu Erbbestand beinen Befreiungsgrund bildete, sondern jenes Privileg nur für bisher schon leibfreie Personen Bedeutung besaß[4]), auch einzelne fronbare Höfe kamen vor. Von Schatzung und Fronen waren aber auch die fremdgrundherrlichen Erbbestandshöfe regelmäßig befreit. Besaß der Erbbeständer neben dem Hofe auch eine Hube, so war er fronpflichtig nach Maßgabe der letzteren[5]).

Laudemien dagegen wurden von Erbbestandshöfen, soweit sich sehen ließ, nicht entrichtet[6]), wohl aber mehrfach bei Erbbestandsmühlen, z. B. 10% Handtlohn, bei welchen sich die

---

[1]) z. B. LTA. XI 127 (Dorf Erbach 1695); nicht dagegen in dem oben S. 180 n. 4 cit. Erbleihbrief v. 1570.

[2]) Die 1515 an die Untertanen begebenen herrschaftl. Höfe in König waren in die Schatzung gelegt worden, ebenso ein frhl. echterischer Erbbestandshof in Michelstadt, jedoch nicht die zwei anderen, sodann einige, aber nicht alle Kirchenhöfe.

[3]) So gaben die Beständer des Hofgutes Hoheberg keine ordinäre Schatzung, wohl aber in Kriegszeiten und bei Extraausschlägen, Römermonaten, Fräuleinsteuer auf ein Kapital von 150 fl. Verzeichn. der in den Erb.-Fürsten. Ämtern befindl. Freigüter d. a. 1795.

[4]) Leibeigen war z. B. ein Erbbeständer in Steinbuch, der Erbbeständer des hess.-darmst. Hofes in Niederkeinsbach.

[5]) Vereinzelt war in der 2. Hälfte des 17. Jahrh. herrschaftlichen Beamten, welche ein Hubgut käuflich erworben hatten, erbliche Freiheit von allen Lasten erteilt u. zugesichert worden, daß sie ihr Gut in Zukunft „als einen Freyhof" innehaben sollten; vgl. z. B. den sog. Kiehlschen Freibrief v. 1696 in F. Amt Erbach, Allerlei Gefälle.

[6]) Erb. Ldr. 377.

Herrschaft bisweilen auch ein Vorkaufsrecht vorbehielt für den Fall der Veräußerung, und ein Bestätigungsrecht hinsichtlich der Person des Erwerbers[1]). Denn außer Höfen und Hofgütern waren häufig auch Mühlen, Schäfereien, gewerbliche Monopolberechtigungen aller Art Gegenstand des Erbbestandrechtes.

Die Bevorzugung des Erbbestandes seitens der Herrschaft hatte, wie mehrfach angegeben wird, ihren Grund in dem Wunsche, der mit der Temporalverpachtung verbundenen Schwierigkeiten und Kosten enthoben zu sein und „lieber reine Gefälle zu haben"[1]). Den Temporalbestand dagegen finden wir hauptsächlich dort, wo es auf die Erzielung möglichst hoher Einnahmen ankam, demnach hauptsächlich bei der jetzt zu besprechenden zweiten Gruppe der neueren herrschaftlichen Höfe und Hofgüter.

2.

Die neueren herrschaftlichen Hofgüter.

Es ist bereits an anderer Stelle ausgeführt, daß nicht selten herrschaftliches Land seit dem 16. Jahrhundert in den erblichen Besitz von Angehörigen der ländlichen Bevölkerung überging, indem auf herrschaftlicher Waldmark teils einzelne Bauerngüter, teils kleine Arbeiterkolonien angelegt, und eine Anzahl von herrschaftlichen Höfen ganz oder zerteilt an Bauern in Erbbestand gegeben wurden[2]).

Dieser „inneren Kolonisation" steht eine Erscheinung gegenüber, welche uns im Westen und Süden Deutschlands — im Gegensatze zum deutschen Osten — nur vereinzelt begegnet[3]),

[1]) z. B. Erbbestandsbrief v. 1751 bei Heyl, SLB. Reichenb.

[2]) Vgl. S. 88, 94, 165, 178, 180, 196.

[3]) Über die rechtliche Möglichkeit zur Einziehung von Bauernland auch im deutschen Süden vgl. Th. Knapp, Beiträge 442f.; sie war bei nicht erblichen Besitzrechten ohne weiteres, bei erblichen durch die Möglichkeit des Abkaufes ebenfalls allgemein, außerdem dann gegeben, wenn der Grundherr das Recht der Abmeierung, des Vorkaufes, des Heimfalles besaß; bei der Landsiedelleihe der Frankfurter Landgemeinden und allgemein in der Wetterau war das Recht, den Besitzer auszutreiben, falls der Grundherr das Gut in Selbstbewirtschaftung nehmen wollte, aus-

in unserem Gebiete jedoch einen etwas größeren Umfang angenommen hat: die Einziehung von Bauernland durch die Herrschaft zur Vergrößerung des herrschaftlichen landwirtschaftlichen Betriebes.

Der anscheinend erste Versuch der Einziehung eines Bauerngutes in unserm Gebiete wurde bereits vor dem 30jährigen Kriege, in den Jahren 1615 bis 1619, von einem Herrn von Burckhaußen unternommen, welcher Grund- und Vogteiherr einer Reihe von Hubgütern in drei zur erbachischen Zent Reichelsheim gehörigen Dörfern war. Infolge der im 1. Kapitel

drücklich statuiert (Bücher, Bevölk. v. Frankf. a. M. (1886) 281, 683; v. Thudichum, Wettereiba in Festschr. f. d. Jurist. Fakult. Gießen (1907) 191). Auch bei den im Eigentum der ländl. Bevölkerung stehenden Gütern war besonders nach dem 30jähr. Kriege das Heimfallsrecht des Grund- bzw. Gerichtsherrn bei Erblosigkeit des Besitzers von Bedeutung. — Landwirtschaftlicher Grundbesitz in Selbstbewirtschaftung einer Herrschaft war auch im Süden nicht selten, doch überstieg er zu Beginn der Neuzeit nur selten das Maß eines großen Bauernhofes, blieb häufig weit dahinter zurück; Th. Knapp, Beiträge 221f.; Ruoff, ländl. Verfass. des Nordostens des Kgr. Württemberg im 18. Jahrh. in Württemb. Jahrb. f. Statistik u. Landesk. 1909 S. 197f., 207f. Häufigeres Vorkommen von Selbstbewirtschaftung bei den im Besitze von Ritterbürtigen befindl. Gütern in Franken im späteren Mittelalter: Fellner, Die fränk. Rittersch. v. 1495—1524 (1905) S. 66; dazu v. Inama Sternegg, Deutsche Wirtschaftsgesch. III 1 (1899) S. 178, 201, 267f. — In der Landgrafsch. Hessen wird dem Legen der Bauernhöfe schon im 15. Jahrh., besonders aber 1535 und 1545 durch landesherrl. Verordnungen entgegengetreten; v. Thudichum, Gesch. d. d. Privatrechts (1894) 145; Ders., Wettereiba in Festschr. f. d. Jurist. Fakult. Gießen (1907) 222; für das Erzstift Mainz vgl. J. Koch, Gesch. d. Erbleihen im Erzstift Mainz (1791) 60f. — In Baiern war das Bauernlegen nicht verboten, wohl aber durch Festsetzung des Höchstmaßes der Fronen indirekt gehemmt; Brentano, Beil. z. Allg. Zeitung 1896 Nr. 4 S. 2. — Das Rittergut der Frh. v. Gemmingen in Bonfeld, OA. Heilbronn, wurde nach dem 30jähr. Kriege durch Einziehung von 9 Bauerngütern von 100 auf 690 Morgen vergrößert und zu Lasten der 4 übriggebliebenen Bauern bewirtschaftet; weitere Fälle von Bauernlegen von geringerer Bedeutung bei Th. Knapp, Beiträge 223f. (Biberach, OA. Heilbronn) und Ruoff a. a. O. 205f. (bes. Hohenlohe). — Weit erheblicher war das Bauernlegen in der Wetterau; v. Thudichum, Wettereiba a. a. O. 222 zählt 18 nach dem 30jähr. Kriege dadurch entstandene große Gutshöfe auf, daß die früher von Landsiedeln bebauten

geschilderten Rivalität zwischen Zent und Vogtei gelangte der Versuch nicht zur Ausführung[1]).

Während aber der Widerstand der Zentherrschaft Erbach diesen Versuch des Gutsjunkers zum Scheitern brachte, war es diese selbst, welche nach dem 30jährigen Kriege 50 bis 60 heimgefallene Bauerngüter ihrem eigenen Landwirtschaftsbetriebe einverleibte.

Ungefähr $5^1/_2$ derselben wurden bisher schon bestehenden herrschaftlichen Hofgütern zugeschlagen[2]); im übrigen wurden neue Hofgüter gebildet von verschiedener Größe und Hubenzahl.

Ländereien infolge Wegsterbens oder unter Vertreibung der Bauern von den Lehnsherrn (darunter Kloster Ilbenstadt mit 20 Huben Lands) in eigene Bewirtschaftung durch Verwalter oder Pächter und zahlreiches Gesinde genommen wurden; aber auch die Fronen zur Bebauung der Güter wurden verschärft. — Im allgemeinen wurde südlich des Maines auf die Erweiterung des herrschaftlichen Landes verzichtet; vielmehr suchte man, oft mit großer Mühe, neue Ansiedler zu gewinnen, welchen die Güter unter den alten, bisweilen erleichterten (Ruoff a. a. O. 205) Bedingungen überlassen wurden, während die Grundherrn sich nach wie vor auf den Bezug ihrer Renten beschränkten; Th. Knapp, Beiträge 223; Gothein, Bilder aus der Kulturgesch. d. Pfalz in Bad. Neujahrsbl. (1895) 15; insbes. v. Below, Territorium und Stadt (1900) 19 u. die das. gen. Autoren.

[1]) Hierüber berichtet der erbach. Rentmeister Heyl in seinem 1750 verfaßten Saal- und Lagerbuch des Amtes Reichenberg bei Besprechung der häufigen Differenzen zwischen Zent- und Vogteiherrschaft in den Orten Laudenau, Kleingumpen und Winterkasten: „Es haben die dortigen adeligen Hintersassen selbst bei hiesigem (erbach.) Amte geklagt und Schutz und Hilfe gesucht, als der Herr von Burckh. das „alte Gesäß" kaufte, obwohl noch viele andre Leute im Amt es gern gekauft hätten, zu einem Hof und sie dazu frohnbar machen wollen; der gräfl. Bescheid auf diese Klage war, daß solches Zweiviertel Bauerngut ein Bauerngut wie bisher bleibe, keines dem andern zu fröhnen schuldig, sich anders nit beschwehren sollen lassen als bittweis, mögen die Junker, was sie hierin zu suchen und vermeynen befugt zu seyn, beim Grafen Erbach suchen. Nota: Der alte Gesäßbauer muß sich bei der Cent verpflichten lassen, auf der Wacht auf Schloß Reichenberg erscheinen und ist erbachisch leibeigen."

[2]) $1^1/_2$ Huben dem Hofgut in Günterfürst, 2 dem in Gammelsbach, je 1 den beiden Hofgütern in Eschau (Spessart). Das Hofgut in Günterfürst umfaßte 1826 an Gärten 4 M., Wiesen 7 M., Ackerfeld 188 M.

Zunächst wurden seit ca. 1690 zwei ganze Gemarkungen, Roßbach mit 9 1/2 Huben und 1 Lehen, und Eulbach mit 11 Huben, in zwei Hofgüter verwandelt, ein drittes Dorf, Rehbach, mit 10 1/4 Huben und 1 Kirchenhof, in 3 Hofgüter zerlegt[1]).

Sodann wurden aus 4 Huben in Elsbach, 4 in Steinbach, 2 in Weitengesäß und 2 in Hüttenthal 4 Hofgüter gebildet; 1700 wurde auch der Weiler Asselbronn mit 3 Huben in ein Hofgut verwandelt, 1706 aber wieder an 2 Hübner zu Eigentum gegen Übernahme der ehemals darauf haftenden Lasten ausgetan. Ferner erscheinen in Kirchbeerfurth[2]) 1 ehemaliges Hubgut, in Gronau[3]) 3 1/2 Güter später als herrschaftlicher Hof.

Im ganzen wurden demnach, soweit sich sehen ließ, bis zu Beginn des 19. Jahrhunderts etwa 12 neue Hofgüter auf ehemaligem Bauernland angelegt, 4 weitere um je 1 bis 2 Huben vergrößert. Im Laufe des 19. Jahrhunderts nahm die Vergrößerung des standesherrlichen[4]), aber auch sonstigen Großgrundbesitzes in unsern Gebieten weiteren Fortgang.

Unter den Gründen für diese für Südwestdeutschland eigenartige Erscheinung stehen die verheerenden Wirkungen des 30jährigen[5]) und der folgenden Kriege, durch welche die Grafschaft schwer heimgesucht wurde, an erster Stelle.

Eine größere Zahl von Dorfschaften war im 30jährigen Kriege völlig vakant geworden, in zahlreichen andern wenigstens

[1]) Der Roßbacher Hof umfaßte 1708: Wiesen 30 M., gebutztes Bauland 130 M., ungebutztes Bauland (Hecken, Niederwald, Hackwaldwirtschaft!) 180 M.; 1731: 957 M., davon 385 M. Wald; 1826: Gärten ca. 17 M., Wiesen 58 M., Ackerfeld 457 M. — Das Hofgut Eulbach umfaßte 1731 ca. 300 M., 1826: Gärten ca. 9 M., Wiesen 122 M., Ackerfeld 576 M.

[2]) Vgl. Simon 126. 129.

[3]) LTA. II. p. 151 f. d. a. 1718. Diese 3 1/2 Güter besaß zunächst ein herrschaftlicher Beamter als einen herrschaftl. Freihof, doch gelangte derselbe anscheinend in unmittelbaren herrschaftlichen Besitz, wurde aber im 19. Jahrh. parzellenweise veräußert.

[4]) z. B. Simon 110, 149. 112; für die Herrschaft Breuberg das. 225.

[5]) Vgl. Robert Hoeniger, Der dreißigjährige Krieg und die deutsche Kultur in Preußische Jahrbücher, Bd. 138 (1909) S. 402 f., bes. 423 f., 437.

die Mehrzahl der Güter; zu ersteren gehörten Roßbach, Eulbach, Rehbach [1]. In der zweiten Hälfte des 17. Jahrhunderts war das Bestreben der Herrschaft in erster Linie auf Heranziehung neuer Ansiedler gerichtet [2]. Allein die Neubesiedelung des Landes zog sich bis in das zweite Jahrzehnt des 18. Jahrhunderts hinein; zwar wurden die Güter meist nur um wenige Gulden verkauft, den Käufern zur Errichtung der erforderlichen Gebäude das nötige Bauholz unentgeltlich verabreicht und auf längere Zeit Befreiung von Gülten, Zinsen, Schatzung, Fronen und sonstigen Lasten bewilligt [3]; man verbot zur Konservation der eigenen wenigen Lande und Leute und gemäß einem Kaiserl. Reskript fremde Werbungen und untersagte den Untertanen, Beisassen, Dienstboten und sonstigen Einwohnern bei Androhung der Vermögenskonfiskation, sich in fremde Kriegsdienste zu begeben [4]. Der erbachische Hübner war zwar nicht wie der ostdeutsche Erbuntertan oder der Leibeigene in Baiern zur Übernahme eines Bauerngutes auf Verlangen der Herrschaft verpflichtet [5], aber das dringende wirtschaftliche Bedürfnis führte doch zu Maßnahmen, durch welche man die Wiederbesetzung vakanter Huben zu beschleunigen suchte; so erließ man 1700 die Aufforderung an sämtliche Untertanen, sich um die noch vakanten Güter binnen drei Monaten zu melden, andernfalls sie an Ausländer begeben, und ein Abtrieb nicht gestattet würde [6]; man erhöhte im Amte Erbach, um auf die jüngeren Söhne der Hübner einen Druck anszuüben, deren Erbschutzgeld von 2 auf 3 fl., ihre Fronen von 6 auf 12 Tage [7]; man verbot, daß Hübner allzufrüh ihre Güter an ihre Kinder übergaben und gestattete ihnen nur einen verheirateten Sohn oder Tochter bei sich aufzunehmen [8]. Trotzdem gab es noch 1731 eine Reihe unbesetzter

[1] Luck, Reformationsgesch. d. Grafsch. Erb. (1772) 255.
[2] Erb. Ldr. 147. Simon 429.
[3] Verordn. v. J. 1670.
[4] Verordn. v. J. 1672. F. Erb. Amt. Allerlei Gefälle.
[5] vgl. Th. Knapp, Beitr. 92, 356, 379.
[6] F. Erb. Amt. Allerlei Gefälle.
[7] F. Erb. Amt, Beisaß- u. Erbschutzgeld. d. a. 1706.
[8] Verordn. v. 1706 im F. Erb. Amt. Allerlei Gefälle.

Güter[1]), und mancher neue Ansiedler konnte sich nicht halten, insbesondere als die französischen Kriege zu Ende des 17. Jahrhunderts neue Verwüstungen und Lasten brachten[2]).

Infolgedessen hatte sich auch die Lage des landesherrlichen Hauses ungünstig gestaltet. Man war zur Veräußerung des Amtes Seeheim, eines Teiles des Amtes Wildenstein, des Fleckens Kleinheubach, zur Aufnahme von Darlehen gegen Verpfändung nicht unbedeutender Gefälle genötigt[3]). In den Jahren 1690 bis 1700 konnten die Kreissteuern nicht mehr aufgebracht, und auch in den späteren Kriegszeiten mußten „Remiß oder Aufrechnungen gestattet werden“[4]).

Da aber die Herrschaft infolgedessen auf die Einnahmen aus dem Landwirtschaftsbetriebe auf den Huben damals nicht verzichten konnte, war sie zu einer vorläufigen Verwertung derselben bis zu der langsam erfolgenden Wiederbesetzung mit Hübnern geradezu genötigt. Die eine Form dieser vorläufigen Verwertung bestand darin, daß man ganze Huben oder die besseren Stücke davon an Untertanen verpachtete, bis sich ein Käufer fände, gegen einen Pachtzins, den sog. Landteil, oder auch nur gegen Übernahme der Verpflichtung zur Meliorierung. Die andere Form war die Selbstbewirtschaftung einer größeren Zahl vakanter Güter in geeigneter Lage, und ein Teil der vorläufig durch einen besoldeten Hofbauer bewirtschafteten Huben wurde schließlich endgiltig zurückbehalten.

Aus diesen ungünstigen Verhältnissen, welche noch in der ersten Hälfte des 18. Jahrhunderts nachwirkten, erklärt es sich in erster Linie, wenn man zur Erhöhung der Einnahmen den eigenen Gutsbetrieb auf Kosten des Bauernlandes vergrößerte. Es war ein Notbehelf, ein Ersatz für den durch die Folgen des 30jährigen und der späteren Kriege bewirkten empfindlichen Ausfall an Revenüen.

Die nunmehrige Hofesfreiheit jener ehemals lastenpflich-

---

[1]) vgl. LTA. I 1.

[2]) Erb. Ldr. 147. Simon 432.

[3]) Simon 241, 243, 432, 441 f.

[4]) J. J. Moser, Teutsches Staatsrecht XXX 480.

tigen und mit Untertanen nicht wieder besetzten Huben bedeutete zunächst insofern eine Mehrbelastung der übrig gebliebenen, als die bisherigen gleich hoch gebliebenen Beschwerungen an Fronen und Schatzung, an Gemeinde- und Zentanlagen nunmehr von einer geringeren Zahl von Pflichtigen aufgebracht werden mußten. Doch waren die einzelnen Ämter sehr verschieden betroffen: einzelne gar nicht, andere kaum merklich, am meisten das Amt Erbach, auf welches 22 der eingezogenen Güter und 3 der neuen Hofgüter entfielen.

Außerdem aber wurden die Handfronen auch direkt erhöht, ebenso die Fuhrfronen, soweit sie der Erbauung und Instanderhaltung der Hofgebäude dienten, nicht jedoch die Ackerspanndienste. Deshalb fand auch keine Reluition solcher Fronen in ein Frongeld noch eine Erhöhung eines bereits eingeführten Frongeldes statt. Die Fronpflicht der Hübner beschränkte sich nach wie vor hinsichtlich der Ackerspanndienste auf die oben bezeichneten aus dem Mittelalter stammenden Höfe, und als Ablösung nur dieser Dienste wurden die Frongelder gezahlt.

Diese Hofgüter wurden teils durch einen besoldeten Hofbauer bewirtschaftet; meist aber waren sie auf 6 oder 9 Jahre verpachtet[1]), nur ausnahmsweise[2]) zu Erbbestand vergeben.

Die größere Rentabilität der Hofgüter gegenüber dem Hubensystem stand wenigstens für das Hofgut Rehbach außer Frage: dasselbe stand schon 1718 mit 534 fl. 10 Kr. in jährlichem Ertrag, während „es im Dorfanschlag nicht wohl jährlich in ständigen und unständigen um 200 fl. kann benutzet werden“[3]).

Weniger war dies hinsichtlich des Hofgutes Roßbach der Fall, welches 1708 an Wießen 30, an „gebutzten Feldern“ 130, an „ungebutzten Feldern und Hecken“ (Hackwaldbetrieb) 180 M. umfaßte. Infolge des besonders schlechten Bodens dieses Ortes war bis zum Jahre 1708 die Viehzucht auf nicht mehr als 40 Stück in allem zu bringen, und obwohl durch die Erbacher herrschaftliche Schäferei jährlich ein großes Stück Feld gepfercht

[1]) z. B. der Hof Rehbach zu Halbpacht (1718).

[2]) Das Hofgut zu Steinbuch 1716 f.

[3]) LTA. VII p. 134 d. a. 1718.

wurde, betrug der Durchschnittsertrag der letzten 4—5 Jahre doch nicht mehr als ca. 80 Malter Korn, 50 Malter Hafer und 8 Malter Heidekorn. Davon waren aber, da für das Gut 1 Hofbauer mit 2 Knechten, 2 Mägden und 2 Hirten gehalten werden mußte, als deren Lohn in Abrechnung zu bringen an Geld 101 fl., Korn 26, Hafer 3, Gerste 1, Dünkel 6, Heidekorn 3 Malter, Erbsen 3 Simmer, ferner als Kosten für Anschaffung und Erhaltung von Wagen und Geschirr 30 fl., so daß also der Nutzen gering war, zumal da nunmehr die Einnahmen des früheren Dorfes: an Geld 25 fl. (ohne das Weidgeld 16 fl. 6 albus), alte Hühner $30^1/_2$ fl., Sommerhahnen $16^1/_2$ fl., Hafer 22 Malter (ohne den Rauch- und Forsthafer) wegfielen. Trotz des Vorschlages (1708), den Ort wieder mit 4—5 Hübnern zu besetzen, blieb auch später bei dichterer Bevölkerung das Hofgut bestehen.

Wenn dagegen das 1700 angelegte Hofgut Asselbronn 1706 wieder mit Hübnern besetzt wurde, so geschah dies, wie es in dem Kaufbriefe heißt, „in reiferer Erwägung Unseres anderwärten mitfürwaltenden Interesse, fürnemblich aber uff abgezweckte Wiederherstellung und Giebigmachung Unserer darauf hergebrachten ständigen und unständigen Civilgefällen, dann daß gedachter Hof dereinst in die publique praestationes imperii wieder retabiliert und mit zwei frohnbaren Fuhruntertanen vermehrt und besetzt werden möchte".

Da die 5 (alten) Hofgüter der Herrschaft Breuberg „fast gering" rentierten, bezweckte man 1739 eine Verbesserung[1]. Einziehung von Hubgütern durch die Kondominatherrschaften ließ sich nicht nachweisen.

Bei äußerlicher Betrachtung des geschilderten, für Süddeutschland in diesem Umfange vorläufig einzig dastehenden Vorganges im ganzen liegt ein Vergleich mit den Zuständen des deutschen Ostens nahe; wir werden jedoch später sehen, daß er, auch abgesehen von den im Verhältnisse zu den ostelbischen Rittergütern geringen Umfange unsrer Hofgüter, aus inneren Gründen durchaus von der Ausbildung einer Gutsherrschaft im ostdeutschen Sinne verschieden ist.

[1]) F. Breub. Meliorat. Spec.

Andrerseits aber läßt sich jene Erscheinung, soweit die neuen Hofgüter 2—4 Huben umfaßten und ferner soweit sie zu Temporalbestand oder schließlich auch zu Erbbestand vergeben wurden, mit dem in Niedersachsen im 12. und 13. Jahrhundert stattgehabten Vorgange vergleichen, der als Auflösung der Villikationsverfassung und Ausbildung der sog. neueren Grundherrschaft sich charakterisiert: Bildung größerer Güter aus mehreren bisherigen Hufen, ihre Begebung an freie Bauern, Verschlechterung ihres bisherigen Besitzrechtes zu bloßer Zeitpacht. Allein auch dieser Vergleich ist nicht zutreffend.

Es handelt sich vielmehr um einen Vorgang eigener Art: um eine Wiederverstärkung der grundherrlichen Basis der Herrschaft, jedoch innerhalb des Rahmens der südwestdeutschen Agrarverfassung.

Die auf den herrschaftlichen Domänen (S. 146) betriebene Wirtschaftsform war nicht überall, aber zu Ausgang des 18. Jahrhunderts überwiegend Dreifelderwirtschaft. Insbesondere wurde auch auf die Viehzucht großes Gewicht gelegt[1]. Einige Höfe nahm gegen Ende des 18. Jahrhunderts Graf Franz zu Erbach-Erbach, ein eifriger Förderer der Bodenkultur, in Selbstverwaltung als Musterwirtschaften für die Untertanen[2].

Einen Einblick in die Wirtschaftsführung auf 5 Hofgütern um 1732 gibt nebenstehende Tabelle.[3]

IV.

Im Gegensatze zu den zu geschlossenen Hubgütern und Höfen gehörigen Ländereien standen die sog. „frey eigentümblichen“ Grundstücke, in Wiesen, Gärten und Äckern bestehend, zu welchen aber auch die nicht zu Huben und Höfen gehörigen Häuser und Hofstätten zu rechnen sind, soweit sie nicht Eigentum der Grundherrschaft waren.

---

[1]) Beispiele für die Wirtschaftsführung auf einigen erbach. Hofgütern im 18. Jahrh. behandelt Sehner, Landwirtsch. im Kreise Erbach (Diss. 1904).

[2]) Dieffenbach, Graf Franz zu Erbach-Erbach (1879) 37.

[3]) LTA. IX.

Hof	Felder (Morgen)	Die Wiesen ertragen Wagen:	Ertrag an Geld	Früchten: Korn		Hafer		Spelz		Gerste		Heidekorn		Die abzuziehenden Unkosten	Schäfereieinnahmen	Reinertrag
			fl.[1]	Malter	fl.	Malter	fl.	Malter	fl.	Malter	fl.	Malter	fl.	fl.[2]	fl.	fl.
1. Erbacher . .	ca. 200	ca. 115	854	46	140	63	63	306	460	31	63	—	—	482	200	1300
2. Roßbacher .	früher ein Dorf		244	30	92	40	40	—	—	—	—	2	3	Verpachtet	—	379
3. Eulbacher . .	„	„ „	243	28	84	40	40	—	—	—	—	—	—	„	—	367
4. Kalkhof . . .	ca. 100	ca. 18	ca. 35	6	18	33	33	85	127	6	12	—	—	„	150	374
5. Güntherfürster . . .	vergrößert um 1 1/2 Hubgüter		50	25	75	30	30	—	—	—	—	4	5	„	130	290
6. Eschauer . .	—	—	—	—	—	—	—	—	—	—	—	—	—	—	—	320

[1]) Hierunter sind zu verstehen die in Geld abgeschätzten Einnahmen aus der Viehzucht, Eiern, Heu, Stroh, Land-, Wild-, Holz- u. a. Fuhren der Beständer u. dergl.

[2]) bestehend in Gesinde- und Hirtenlohn in Geld oder Naturalvergütung. Fronbrod und Erntegans für die Fröner, Reparaturkosten der Gebäude u. a.

Derartige walzende Grundstücke bildeten in einigen Gemarkungen[1]) die Regel, waren jedoch in den meisten Dörfern der Grafschaft entweder nicht oder doch nur vereinzelt vorhanden. Sie waren durch Zersplitterung von Huben, Abtrennung einzelner Stücke davon oder von Allmenden, bisweilen auch von Höfen oder herrschaftlichen Wießen entstanden; sie waren frei veräußerlich und teilbar, mit Zinsen und Gülten, und wo Dreifelderwirtschaft und Gemengegelage der Äcker bestand, mit „flürlicher Pfacht" belegt[2]).

Sodann lasteten auch auf den bebauten wie unbebauten Hofstätten, welche sich außerhalb der Huben und Höfe in vielen, jedoch nicht in allen Dörfern, und meist nur in sehr geringer Anzahl befanden, besondere Gülten, regelmäßig in Geld und einem oder zwei Hühnern bestehend, bisweilen auch einige Handfrontage[3]). Auch auf den einzelnen Gärten lasteten besondere Gülten[4]).

Für die Besitzer jener Hofstätten und Häuser bestand nach der Untergerichtsordnung von 1552 die Pflicht, sie ordnungsgemäß instand zu erhalten und ohne Vorwissen und Verwilligung der Herrschaft nicht zu „verändern"; die Erben des Besitzers hatten binnen Jahresfrist für die Wiederbesetzung zu

[1]) In den Städtchen, im Dorf Erbach, Stockheim, Schönberg, Eschau, Hofstätten, in geringerem Maße in König, wo es 1708 bereits Äcker von $^{1}/_{12}$ und $^{1}/_{24}$ Morgen gab, Brensbach u. a.

[2]) Daneben aber gab es in Brensbach vereinzelt Äcker, welche man „erbachisch frey" nannte, weil sie keine Grundbeschwehrung auf sich trugen. Heyl SLB.

[3]) So haften nach dem Gültbuch des Amtes Erbach v. 1611 z. B. in Güntherfürst auf 1 Hofstatt, worin der Censit wohnt, 1 fl., 1 Faßnachtshuhn und 1 Sommerhahn; in Ebersberg von 1 Hofstatt 10 $^{1}/_{2}$ alb. u. 1 Faßn. usw. — Je 2 Frohntage, 1 im Heu und 1 in der Erndte zu verrichten, haften auf 12 erb. Hofstätten in Stadt und Dorf Erbach und Lauerbach, je 2 oder 5 auch auf einigen frh. echterischen Hofstätten. — F. Amt Erbach, Allerlei Gefälle, 5.

[4]) z. B. Gültbuch des Amtes Reichenberg v. 1709 p. 11: X gibt von 1 Hausplatz, den die Herrschaft ihm von der sog. Amtswiese verkauft hat, 15 alb. Gülten, 1 Faßnachtshuhn, 1 Hahnen mit ihren Rechten; ferner aus einem Garten, den er aus einem gräfl. Stück Wiesen gemacht, 22 alb. 4 ₰ Gülten. F. Erb.-Erb. Polizeis. 2.

sorgen, ähnlich wie bei den Huben, „damit der Herrschaft und der Gemein an gepürlichen Diensten und Hülf nit abgehe"[1]).

Mit den bisher besprochenen Huben, Höfen, walzenden Grundstücken, Hofstätten und Häusern sind jedoch die Modalitäten der Grundherrschaft noch keineswegs erschöpft.

Hervorzuheben sind vielmehr noch die sog. herrschaftlichen Waldmarken. Dies waren aus dem herrschaftlichen Walde abgesteinte Stücke Land von sehr verschiedenem Umfange, welche an Angehörige der ländlichen Bevölkerung zu erblichem dinglichen Besitzrecht, meist aber zu Eigentum, bisweilen unter Vorbehalt der Wiederaufkündigung, gegen einen sog. Grundzins, der hauptsächlich in Geld, bisweilen außerdem in einigen Hühnern bestand, verliehen waren. Auch bei Eigentum des Besitzers wurden diese Grundstücke stets als herrschaftliche Waldmark oder als Herrenmark besonders gekennzeichnet. Sie lagen nicht in der Schatzung, ihre Besitzer waren häufig, aber nicht immer auch von Zentanlagen und Fronen befreit und oft der nächstliegenden Gemeinde angegliedert. Nur selten handelte es sich hierbei um größere Güter[2]), meist um vereinzelte kleine Hausplätze mit etwas Garten- und Ackerland, bisweilen um größere zusammenhängende Ansiedelungen dieser Art[3]).

---

[1]) Erb. Ldr. 100. Untergerichtsordn. Tit. 13.

[2]) So entstand 1563 durch Anlegung von 4 Gütern Oberrohrbach; in Hiltersklingen gab es „eine Waldmark", welche etwa einer Viertelshube gleichkam, usw. LTA. I 239; Heyl, SLB. Reichenb.

[3]) z. B. die Dörfchen Hinterbach, Raubach, mit zus. 61 Einw. im J. 1806; ferner Neudorf bei Steinbuch: hier waren seit 1721 von einem in der Gemarkung Steinbuch gelegenen herrschaftlichen Walde Stücke zu je 3 oder 4 Morgen Land an Untertanen um 6 fl. pro Morgen zu Eigentum verkauft worden. Der Käufer versprach, ein Wohnhaus darauf zu bauen und das Land als Feld zu bewirtschaften, sodann als Grundzins auf Martini jährlich von dem Hause 30 Kr., 1 Faßnachtshuhn und 1 Sommerhahn, 1 großes Simmer Forsthaber, und von jedem Morgen Land 15 Kr. zu entrichten. Als Einspännige waren sie handfronpflichtig und zahlten 1801 dafür 3 fl. Frongeld. Der Zehnte gehörte als Waldmarkszehnt ausschließlich der Herrschaft. Sodann sollte „das verkaufte Stück Wald künftig mit dem Recht einer Waldmark consideriret und

Sollten diese Waldmarken Zwecken dauernder Ansiedelung dienen, so waren die Hackwaldländereien oder Röder in den herrschaftlichen Forsten nur vorübergehend für einige Jahre oder längere Zeit den Untertanen gegen das sog. Landteil, Ländelkorn, oder den Röderzins pachtweise überlassene Waldstücke. Besonders in der ersten Hälfte des 18. Jahrhunderts war diese Art der Waldnutzung in unseren Gebieten noch außerordentlich verbreitet.

Vereinzelt begegnet sodann in Günterfürst ein ehemals freiherrl. Echterisches Feldlehen, ein Komplex von Feldern ohne Gebäude, welches sich 1708 im Eigentum von zwei Leuten befindet, die außerdem noch je eine erbachische Hofstätte mit einigen Feldern besitzen[1]. In Niederkeinsbach wird 1676 ein Lehenhof seitens der Herrschaft zu Eigentum verkauft und dem Erwerber „wegen des vom Hofe zu stellenden Lehenknechts" 15 Jahre lang Freiheit versprochen[2]. Vereinzelt kamen anscheinend geschlossene, in den Reihendörfern auch räumlich geschlossene Söldnersgütchen oder Taglöhnerwerke vor, und in Obermossau stellte das Gültbuch den 13 Huben 8 „schlechte Güter" gegenüber: „wie nun die Huben ihre ordentliche Frohnde nebst der ständigen Gült prästiren müssen, also geben diese Güter zwar auch die Gült, aber nicht so hoch, und verrichten nur wenige Frohnden, daher sie nicht völlig ganze, auch etwas über 3/4 Huben sein mögen"[3].

---

nicht anders als unsere eigentümliche Hofgüter tractiert werden, von allen Cassa-, Centh-, Kirchen-Geldern, Einquartierungen, wie auch allen andern Beschwerden und Anlagen, vollkommene Freiheit genießen, wie nicht weniger, daß keinem Schäfer, noch weniger durch das Dorfvieh, es sei denn Martini vorbei, besagtes Feld zu betreiben, auch wegen des unter ihnen selbst zu besorgenden Schadens keinem dieser Käufer mehr als 4 Stück Hühner bei Straf eines Rthlrs erlaubt sein sollte". Diese Ansiedler (17 im J. 1801) bildeten eine selbständige Gemeinde; insbesondre besaßen sie an der Allmende der Gemeinde Steinbuch keinen Anteil. F. Michelst. Cent I.

[1]) Beschr. d. Amtes Erbach v. 1708 im Arch. z. Erb.

[2]) LTA. V 108.

[3]) LTA. I p. 143. 235. d. a. 1718.

V.

ANHANG. ZUR WALDVERFASSUNG.

Zunächst gehörte in den odenwäldischen Ämtern der Grafschaft zu den meisten Hubgütern der sog. Güterwald, der als Teil der Hube in den Reihendörfern regelmäßig im sog. Güterstrich lag. Er stand wie das Hubgut selbst im Eigentum des Hübners, als Reallast ruhte auf ihm die Abgabe des Hubholzes.

Hochwald fand sich auf den Hubgütern im 18. Jahrhundert selten; regelmäßig bestand der Güterwald in sog. Hecken (Niederwald).

Die Nutzung des Güterwaldes durch Holzverkauf war obrigkeitlich beschränkt[1]).

In der Grafschaft, nicht auch in der Herrschaft Breuberg, wurde von dem ins Ausland verkauften Holze ein Holzzehnt als Ausfuhrzoll erhoben; ebenso auf Potasche und Holzkohlen.

Im übrigen stand als Nutzungsart der Röderwaldbetrieb im Vordergrunde, der eine wichtige Ergänzung zu dem extensiven Wirtschaftsbetriebe auf dem übrigen Teile der Hube bildete. Deshalb wurden diese Hecken häufig als „ungebuztes

[1]) So bestimmt die Forstordn. f. d. Herrsch. Breuberg v. J. 1565 § 5, daß den Untertanen, welche eigene Wälder auf ihren der Herrschaft zinsbaren Gütern besäßen, nicht gestattet sein solle, Holz zu hauen oder zu verkaufen, ohne Vorwissen u. Bewilligung der Amtleute, Keller oder Förster, es sei denn daß es als Bau- oder Brennholz für den eigenen Guts- und Wirtschaftsbetrieb bestimmt sei; Bau- oder Zimmerholz „außerhalb der Herrschaft zu führen oder sonst zu verkaufen“, wird verboten, „dann so man ihnen das nachgebe, so trieben sie ihre hölzer ab und blieben lezlich der herrschaft die güter ödt liegen“; wäre ein solcher Untertan in Fällen dringender Not zum Verkaufe von Holz gezwungen, so sollte dies mit Vorwissen der Amtleute usw. geschehen, „die auch den Untertanen jeder Zeit nach Gelegenheit ein maß geben u. sehen sollen, was und wieviel ein jeder also aus seinem eigenen holz verkaufe oder hingeben möge“. Sodann sollen die Bestimmungen der Zentartikel und die Dorfsgebräuche betr. Besichtigung der Gebäude und Bestrafung wegen Verfallenlassens derselben zur Schonung der Wälder schärfer gehandhabt werden.

Bauland" dem „gebuzten Bauland" als dem dauernd zu Feld benutzten Teile der Hube gegenübergestellt[1]).

Neben diesem privaten Güterwald stand der Allmendwald der Gemeinden. Die Zahl der Gemeinden, welche keinen Allmendwald im 18. Jahrhundert mehr besaßen, war gering; die Almen, ursprünglich wohl nicht bedeutend, waren hier in Feld verwandelt, verteilt, verlehnt oder veräußert.

Die Nutzung, welche sich unter forstpolizeilicher Aufsicht bewegte, erfolgte teils durch Holzverkauf, teils durch Ausgabe eines Losholzes für jedes Gemeindemitglied, teils dadurch, daß abwechselnd ein Teil des Waldes in Lose zerlegt den einzelnen Gemeindsleuten zum Rödermachen gegen eine an die Gemeinde zu erlegende Vergütung meist auf 2 Jahre überlassen wurde. Außerordentliche Ausgaben, die von der Gemeinde zu leisten waren, wurden regelmäßig aus dem Erlös besonderer Holzhiebe gedeckt. Daneben bestanden die Nutzungen des Äckerichs und der Viehweide, des Streulaub- und Reisigholens; zum Laubsammeln und Reisigholen wurden auch die Beisassen precario zugelassen.

Bisweilen gab es Markwaldungen, welche mehreren Gemeinden gehörten[2]).

In erster Reihe sind hier die bereits an andrer Stelle berührten Zentmarken der drei Zenten Höchst, Kirchbrombach und König zu nennen; während an der Zentallmende der pfälzischen Zent Schriesheim die zwei erbachisch-vogteilichen Gemeinden Ritschweiher und Kanzenbach als Mitmärker beteiligt waren [3]).

Eine größere Waldmarkgenossenschaft bildeten sodann bis in die 40er Jahre des 19. Jahrhunderts die zu 3, früher zu 2 verschiedenen Zenten (ohne Zentallmenden) gehörigen Orte Vielbrunn, Kimbach, Momart, Weidengesäß, Eulbach.

---

[1]) Ein Beispiel mit längerer Umtriebszeit bietet die oben S. 172 f. mitgeteilte Beschreibung des Wirtschaftsbetriebes auf einer solchen Hube.

[2]) Eine größere Weidegenossenschaft (Kuppelweide) für Rind-, Schaf- und Schweinvieh bestand zwischen Hofstätten und 10 benachbarten Gemeinden (Gebiet der ehemal. Zent zur Eiche, Spessart).

[3]) Siehe S. 47.

Als In- und Mitmärker beteiligt waren an der im Gebiete der kurmainzischen Zent Heppenheim gelegenen Heppenheimer Mark die meisten Ortschaften des Amtes Schönberg; an der Rodensteiner Mark (469 Morgen i. J. 1821) die 3 zur erbach. Zent Reichelsheim gehörenden Gemeinden Kleingumpen, Laudenau, Winterkasten.

Eine kleinere Mark bildeten die 2 Gemeinden Brensbach und Klingen[1]).

Zu den geschilderten Privat- und Kommunalwaldungen tritt der ausgedehnte Waldbesitz des landesherrlichen Hauses.

Derselbe lag fast ausschließlich innerhalb des erbachischen und breubergischen Zentgebietes[2]) und bildete hier innerhalb der einzelnen Zenten meist große geschlossene Komplexe; nur selten lagen gräfliche Waldungen innerhalb von Dorfmarkungen.

Die Größe des herrschaftlichen Waldbesitzes betrug im 18. Jahrhundert für beide Territorien ungefähr 35000 Morgen. Inwieweit derselbe etwa auf ehemaligen Zentallmendwald zurückzuführen ist, war nicht festzustellen.

Heute stellt der Waldbesitz auf Grund der vorzüglichen Forstwirtschaft des 19. Jahrhunderts das erheblichste Vermögensobjekt des gräfl. Stammgutes dar. Aber auch im 18. Jahrhundert besaß er bereits erhebliche Bedeutung gegenüber den sonstigen privaten wie auch den in der öffentlich-rechtlichen Stellung des gräfl. Hauses begründeten Revenüen, wenngleich die Waldwirtschaft noch sehr darnieder lag.

Zwar gab es in der ersten Hälfte des 18. Jahrhunderts eine Reihe von Waldungen, in welchen das Holz- ordnungs-

[1]) Während Brensbach 2 Wälder allein besaß, hatte es einen dritten Wald mit der Gemeinde Klingen als eine Mark gemeinsam. Von jeder Gemeinde war ein Förster darüber bestellt. Da der Wald im Otzberger Zentbezirke lag, bestand das Märkergericht, welches nur selten noch, oft 10 Jahre lang nicht zusammentrat, aus den kurpfälz. Beamten, Forstmeistern und dem Otzberger Amtsschultheißen, sodann je 2 Märkerschöffen von Klingen und Brensbach. Abgehalten wurde es als sog. Märkerstuhl im Wald. Die Gerichte beider Orte saßen mit dabei. Die Strafgelder erhielten beide Gemeinden, die dafür auch die Zehrung zahlen mußten. Heyl, SLB.

[2]) Im Amte Schönberg dagegen nur 55 M. i. J. 1718.

und forstgemäß gehauen wurde, und nicht unbedeutende Summen gingen durch Holzverkauf ein; allein der größte Teil befand sich damals in traurigem Zustande[1]).

Eine wichtige Art der Waldnutzung bestand damals in der Verlehnung einzelner Waldparzellen auf einige Jahre an Untertanen zum sog. Rödermachen gegen einen Röderzins und den Neurottzehnten. In der Annahme, die Waldungen seien nicht zu vertilgen, ließ man diesen Hack- und Brennwaldbetrieb planlos allgemein, auch in Hochwaldungen, zu, und viele Forsten bestanden mehr in Hack- als in Hochwaldungen. Infolgedessen waren an vielen Orten die Hochwaldungen völlig ruiniert, der Nachwuchs, soweit er nicht schon durch das Brennen selbst geschädigt wurde, durch allgemeines Zulassen des Einweidens von Rind-, Schaf- und Geißvieh gehemmt. Dazu kam die große Inanspruchnahme des Waldes nach dem 30jährigen Kriege. Große Flächen, worauf ehedem dichter Wald gestanden, waren mit wertlosem Gestrüpp und einigen verkrüppelten Bäumen bedeckt. Erst seit den 30er Jahren des 18. Jahrhunderts wurde hierin Ordnung geschaffen, seit der Mitte des Jahrhunderts in größerem Umfange mit der Aufforstung begonnen, und gegen Ende eine rationelle Forstwirtschaft eingeführt.

Eine weitere Waldnutzung bedeutete der sog. Forsthaber, dessen regelmäßig in engem Zusammenhange mit dem Zent- oder Rauchhaber Erwähnung geschieht[2]).

Er bedeutete eine Vergütung und Rekognition an die Herrschaft dafür, daß die Untertanen in den herrschaftlichen Waldungen nach eigenem Bedarfe abgängiges Holz und Streulaub holen durften. Die Abgabe wurde bald als Personallast, bald als auf jedem Hause ruhende Reallast behandelt. Sie betrug im allgemeinen 1 Simmer = $^1/_4$ Malter Hafer, doch finden sich bisweilen Abstufungen, indem bespannte oder dem Walde näher wohnende Untertanen etwas mehr zu geben hatten als andere

---

[1]) vgl. ein Gutachten mit Verbesserungsvorschlägen in LTA. VI p. 13f. d. a. 1732.

[2]) vgl. Fasz.: Erb. (Amt) Rauch-, Zent-, Forsthaber; Allerlei Gefälle 1; LTA. I; Erb. (Amt), Rezeptionen.

Inwohner. Pflichtig war jeder „Untertan", gleichviel welchen Grund- oder Leibherrn er besaß, ob er Erb- oder Temporalbeständer eines schatzungsfreien Hofes oder Hübner, ob er unmittelbarer oder nur mittelbarer[1]) Zentuntertan war; auch wer infolge zu großer Entfernung keinen oder nur geringen Nutzen aus den Waldungen ziehen konnte, hatte den Hafer zu leisten. Beisassen waren teils als Inwohner, teils nur als Hausbesitzer pflichtig; stand das Haus auf einem Hubgute, so galt bisweilen der Hübner der Herrschaft gegenüber als verpflichtet.

Der vorzügliche Wildstand der gräfl. Forsten zog für die ländliche Bevölkerung den Nachteil eines außerordentlichen Wildschadens nach sich. Die Bauern waren zur Haltung besonderer Feldhüter genötigt, diese aber durften weder mit größeren Hunden noch mit Flinten zum Blindschießen versehen sein. Zur Abhilfe kam wenigstens für das Amt Erbach 1795 ein Vertrag dahin zustande, daß die Herrschaft, unter einmaliger Beitragsleistung von 20 000 fl. und Übernahme der erforderlichen Fuhren seitens der Untertanen des gen. Amtes, einen Teil ihrer darin gelegenen Forsten mit einem Wildzaun zu umgeben und alles Hochwild außerhalb desselben auszurotten versprach[2]).

---

[1]) So nach Gültbuch des Amtes Erbach v. 1611 (Würzberg), dagegen nicht (mehr?) nach Bericht v. 25. 6. 1818 im F. Amt Erb. Allerlei Gefälle 1.

[2]) Kurze Darstellung der Beweisgründe, daß dem reg. Herrn Grafen zu Erb.-Erbach das Recht zustehe, die Hochdero Wildbann unterworfenen Michelstädter Stadtwaldungen zu umzäunen, Gedruckt bei Aug. Fr. Macklot, Stuttgart 1797.

IV. Kapitel.

DIE ZEHNTHERRSCHAFT.

Die Zehntherrschaft sei im Anschlusse an die Grundherrschaft besprochen, da sie mit der in unserem Gebiete verbreitetsten Art von Grundherrschaft — derjenigen, welche sich in einer Reihe von Reallasten erschöpfte, — im 18. Jahrhundert die juristische Natur eines zivilrechtlichen jus in re nach gemeinem Rechte teilte. Gleichwohl beansprucht sie gesonderte Darstellung, da sich als Überrest ihrer ursprünglich öffentlichrechtlichen Natur als einer Steuer die Durchkreuzung von Grund- und Zehntherrschaft in unserem Gebiete bis ins 18. Jahrhundert erhalten hat: Der Grundherr war nicht immer auch Zehntherr seines Gutes[1]).

Herkömmlich unterschied man mehrere Arten des Zehnten.

Der Neurott- oder Noval- und der Waldmarkzehnte standen ausschließlich der Landesherrschaft zu[2]). Beide Arten des Zehnten

[1]) Vgl. A. Kopp, Zehntwesen und Zehntablösung in Baden (1899), S. 9f., 14f., 17f. O. Gierke, Deutsches Privatrecht II (1905) S. 744f. Fuchs, Art. „Zehnt" in Elsters Wörterbuch f. Volkswirtschaft II (1907) 1369. Th. Knapp, Beiträge (1902) S. 417f. Beck und Lauteren, Erbacher Landrecht (1824) S. 372 f. Gönner, Nik. Thadd., Entwicklung des Begriffs deutscher Staatsrechtsdienstbarkeiten (1800) S. 76f. Fasz.: Erbach, Amt. Zehnte, Generalia; Heyl, Saal- u. Lagerbücher (1750f.); LTA. I, XI; König, Amt, Cameralia. — Nur dem Noval- und Holzzehnten (s. u.) ist in unserem Gebiete auch für das 18. Jahrhundert öffentlich-rechtliche Natur zuzusprechen.

[2]) Auch in Baden gehörte der Novalienzehnt dem Landesherrn: Ludwig, Baden 58; ebenso in Ansbach-Bayreuth, Hartung, Hardenberg u. die preuß. Verw. in Ansb.-Bair. S. 211. In Württemberg kam er durch päpstliche Verwilligung in den Besitz des Landesherrn zur Erhaltung der Universität und zu andern frommen Zwecken. Th. Knapp, Beiträge 155 A. 3. Auch die Dorfallmenden waren ausschließlich der Landesherrschaft zehntpflichtig.

wurden von Früchten aller Art erhoben, welche auf einem bisher nicht als Feld benützten, neu gerotteten Grundstücke gebaut wurden. Lag dasselbe auf Waldmark, so stand der Zehnte für immer als Waldmarkzehnt der Landesherrschaft zu, lag es auf Feldmark, so gehörte der Zehnte von den zwei zuerst darauf gebauten Fruchtarten als Neurottzehnt ebenfalls der Landesherrschaft, von allen weiteren Früchten jedoch dem ordentlichen Zehntherrn, in dessen Zehntdistrikt das Grundstück lag.

Der zehnte Teil des Ertrags aus den Waldungen der Untertanen, jedoch nur soweit er verkauft wurde, stand als Holzzehnt ebenfalls ausschließlich der Landesherrschaft zu. Ähnlich verhielt es sich mit dem Holzkohlen- und Potaschenzehnten.

Im übrigen unterschied man zwischen dem großen, dem kleinen und dem Blutzehnten[1]).

Welche Fruchtarten zum großen, welche zum kleinen Zehnten gehörten, war in den einzelnen Ämtern und Orten sehr verschieden[2]). Zum großen Zehnten[3]) gehörten jedoch stets die Hauptfrüchte: Korn, Hafer, Heidekorn[4]), auch Spelz, Dinkel und Gerste. Zum kleinen Zehnten dagegen wurden in der Regel gerechnet „alle kleinen Creszenzien“: Kraut, Rüben, Hanf, Flachs, Obst, ohne Unterschied, ob diese Früchte in Gärten[5]) oder auf dem Felde gebaut wurden. Im Amte Reichenberg bezog die Landesherrschaft allein als besondre Art den Nußzehnten. Im Amte Erbach wurde der kleine Zehnt nur von Hanf und Flachs entrichtet.

Der Versuch, die seit den 1730er Jahren angebauten

---

[1]) Hie und da wurde auch ein Heuzehnt von den Wiesen der Gemarkung entrichtet, z. B. in Niederkeinsbach.

[2]) Ebenso in Württemberg. Th. Knapp, Beiträge 152. In Baden gehörte zum kleinen Zehnten in der Regel alles, was mit der Hacke gebaut oder nicht in der Mühle gebrochen oder außerhalb der regelmäßigen drei Felder gepflanzt wurde. Ludwig, Baden 58.

[3]) Bisweilen auch als Feldzehnt bezeichnet.

[4]) In Heebstahl gab es einen besonderen Heidekornzehnten.

[5]) Es sei denn, daß dieselben Zehntfreiheit erlangt hatten, was im Amte Erbach die Regel war.

Kartoffeln dem Zehnten zu unterwerfen, scheiterte im Amte Erbach am Widerstande der Bevölkerung. In den übrigen Ämtern dagegen wurden sie dem Zehntrechte unterworfen und, wie der gegen Ende des 18. Jahrhunderts angebaute Raps, ebenfalls mit Ausnahme des Amtes Erbach, dem kleinen Zehnten zugewiesen [1]).

Eine Abgabe vom Viehbesitze war der Blutzehnte, welcher jedoch bisweilen zum kleinen Zehnten gerechnet und teils in natura, teils in Geld entrichtet wurde [2]).

Inhaber des großen, kleinen und des Blutzehnten war vorwiegend, aber bei weitem nicht ausschließlich die Landesherrschaft [3]). Wir finden vielmehr sehr häufig Kirchen, aber auch adelige Familien, Städte, Klöster, bisweilen auch auswärtige Landesherrn als Zehntherrn in unserm Territorium. Nur selten kam es vor, daß in einer Gemarkung alle Arten des Zehnten in einer Hand vereinigt waren. Der große, der kleine, der Blutzehnte standen vielmehr sehr häufig in demselben Dorfe verschiedenen Inhabern zu. Oft besaß sogar jede einzelne Zehntart in derselben Gemarkung mehrere Inhaber, indem entweder mehrere Zehntherrn nach Bruchteilen an derselben

---

[1]) Ähnliche, zum Teil sehr langwierige Streitigkeiten über die Unterwerfung derartiger erst im 18. Jahrhundert eingebürgerter Gewächse unter das Zehntrecht waren auch in andern Territorien häufig. Th. Knapp, Beiträge 153. — Wurden in einem Jahre auf demselben Grundstücke 2 Fruchtarten nacheinander gebaut, so wurde der Zehnte nur von einer erhoben. — Herrschaft Breuberg: Als angezeigt wurde, daß verschiedene Untertanen ihre Kartoffeln zum Nachteil des großen Zehnten in die Sommerflur bauten, wurde beschlossen, die in das Brachfeld gebauten Kartoffeln zum kleinen, die in der Winter- oder Sommerflur gepflanzten zum großen Zehnten zu rechnen. Act. Höchst d. d. 20. Aug. 1759 in F. Breub. Meliorat. I.

[2]) Im Amte Fürstenau (1718; LTA. I 247.) waren Enten ausgenommen. Hühner und Gänse wurden nach dem 10. Stück abgezählt; im übrigen wurde er in Geld entrichtet: von 1 Füllen 30 Kr., 1 Kalb 2 Heller, 1 Lamm und 1 Geiß 6 H., 1 Schwein 3 Kr. In andern Ämtern wurden die Lämmer in natura an die herrschaftlichen Schäfereien entrichtet.

[3]) Es gab nicht selten Dörfer (z. B. Obermossau), in welchen sie am Zehnten gar nicht berechtigt war.

die ganze Gemarkung ergreifenden Zehntart berechtigt waren[1]), oder eine Gemarkung in zwei oder drei oft gegenseitig abgesteinte Zehntdistrikte abgeteilt war, in deren jedem die Berechtigung einem Zehntherrn, aber auch diesem nicht immer ausschließlich, zustand[2]). Bisweilen hatten auch einzelne Güter besondere Zehntherrn[3]).

Dem Zehntrechte waren grundsätzlich alle Grundstücke einer Gemarkung unterworfen, auch die Allmenden und die herrschaftlichen, adligen und Kirchengüter[4]). Soweit Hubgüter

[1]) Meistens war die Herrschaft am großen Zehnten zu $^1/_3$ oder $^2/_3$ beteiligt, zu $^2/_3$ oder $^1/_3$ eine Kirche oder ein anderer Zehntherr. Auch der kleine und Blutzehnte war sehr häufig in dieser Weise geteilt. — In Württemberg stand in der Regel der große Zehnt dem Landesherrn, der kleine den Geistlichen zu. Th. Knapp, Beiträge 151 A. 3. Ebenso in Baden-Baden. In Baden-Durlach dagegen waren beide Zehnten fast ganz in den Händen des Markgrafen. Th. Ludwig, Baden 58. Im Gebiete des heutigen Oberamts Heilbronn bezog sehr häufig die Ortsherrschaft einen Teil des Zehnten. Th. Knapp, Beiträge 158.

[2]) So z. B. in Weidengesäß und Momart. In Untermossau gab es sogar 4 gesonderte Zehntdistrikte hinsichtlich des großen Zehnten, in deren jedem die Berechtigung wiederum nach Bruchteilen ($^1/_3$ oder $^2/_3$) unter verschiedene Zehntherrn verteilt war. In einem der 3 Zehntdistrikte zu Momart zog die Landesherrschaft $^1/_5$, die Kirche zu Erbach $^1/_{10}$ und die Kirche zu König $^7/_{10}$ des großen Zehnten. Daß aber auch bisweilen der kleine und der Blutzehnte von den verschiedenen Hofstätten eines Dorfes verschiedenen Zehntherrn zukam, zeigt das Beispiel von Brensbach: Die 38 erbachischen Hofstätten entrichteten ihn dem Grafen zu Erbach, und „von einigen derselben zog ihn ein zeitiger Pfarrer und auch von einigen ein zeitiger Schultheiß"; die 14 landgräflich-hessischen Hofstätten dagegen entrichteten ihn dem Landgrafen. Heyl, SLB. Brensbach (1756).

[3]) So hat z. B. in Winterkasten „die Grafschaft den großen und kleinen Zehenden, soweit ihre Güter gehen, desgl. Rodenstein und Eulner auf ihren Gütern, wiewohl es etwas gemengt ist. Doch hat die Pfarr zu Neunkirchen den dritten Teil durchaus am Zehenden". Heyl, SLB. Reichenberg 1753. In Olffen bezog die Landesherrschaft $^2/_3$, die Kirche zu Güttersbach $^1/_3$ am großen und kleinen Zehnten; von $^5/_4$ Huben kam er jedoch ausschließlich Kurpfalz zu, welche auch Grundherr dieser $^5/_4$ Huben war. LTA. XI (A. Freienstein).

[4]) Einige Pfarräcker in Beerfelden, zwei ehemals freiherrl. Echterische Höfe in Michelstadt und Stockheim waren zehntfrei, ein dritter Echterischer Hof daselbst war jedoch zehntpflichtig.

durch die Herrschaft eingezogen worden waren, blieben die Rechte fremder Zehntherrn daran bestehen[1]). Doch waren diese Hofgüter, auch soweit sie verpachtet oder zu Erbbestand vergeben waren, sehr oft[2]) der Herrschaft gegenüber, soweit ihr der Zehnte in der Gemarkung zustand, gegen Entrichtung eines Rekognitionszinses zehntfrei; die Rechte etwaiger anderer Zehntherrn wurden hierdurch nicht berührt.

Auch Bauernland war zuweilen, sei es bloß der Landesherrschaft für deren Zehntanteil, sei es auch etwaigen andern Zehntherrn gegenüber zehntfrei. Zunächst galten als zehntfrei solche bisher zehntpflichtige Grundstücke, welche in Gärten oder Wiesen verwandelt oder überbaut worden waren, Kulturveränderungen, welche nur mit Erlaubnis der Zehntherrn vorgenommen werden durften; der Inhaber eines solchen Grundstückes hatte jedoch als Entschädigung jährlich eine dem Werte des von dem Grundstücke bisher in natura entrichteten Zehnten entsprechende Abgabe als ständige Grundrente, den sog. Zehntzins, an den bzw. die ehemaligen Zehntherrn zu zahlen. Auch durch Abkauf des Zehnten entstand für einzelne Güter Zehntfreiheit, in andern Fällen dadurch, daß der Zehnte dem Gutsbesitzer zu Erbbestand vom Zehntherrn verliehen wurde, wobei die Entrichtung eines bestimmten Zehntzinses[3]) seitens des Zehntherrn häufig vorbehalten wurde; hier besaß der Zehntzins den Charakter eines Canons. Zahlreicher waren die Fälle, in welchen einzelne Güter und Grundstücke, bisweilen ein ganzes Dorf[4]), bloß den Dreißigsten als Zehnten entrichteten. Diese letzteren und ebenso die zehntfreien Güter und Grundstücke waren durch besondre Zehntsteine ausgemarkt.

Die Landesherrschaft zog ihren Anteil am Zehnten oft

---

[1]) So stand z. B. im Amte Erbach auf den herrschaftl. Domänen zu Roßbach und Elsbach das ganze, zu Eulbach $^2/_3$, auf allen übrigen herrschaftlichen Höfen und Gütern des Amtes $^1/_3$ des Zehnten den Kirchen und Städten Michelstadt und Erbach zu.

[2]) Der herrschaftl. Erbbestandshof in Steinbuch entrichtete dagegen auch der Herrschaft den Zehnten.

[3]) z. B. von einem Gut in Oherkeinsbach 1 Malter Hafer.

[4]) z. B. Ebersberg (LTA. XI. Amt Erbach).

durch besoldete Zehntsammler in natura ein, sehr häufig aber verlieh sie ihn an den Meistbietenden, Gemeinden oder Einzelpersonen, manchmal zu Erbbestand, in der Regel auf Zeit. Im erstern Falle mußten ihn die Bauern in der Frohnde in die ihnen angewiesenen Scheuern führen. Wer den Zehnten „um eine gewisse Malterzahl“ bestand, zahlte dem Zehntherrn einige Gulden als Zehnthandlohn. Durch Vereidigung der Zehntsammler fremder Zehntherrn suchte die Rentkammer den häufigen Übergriffen derselben vorzubeugen.

V. KAPITEL.

DIE FRONEN.

Fronen wurden der Zent, der Gemeinde, der Kirche geleistet. An dieser Stelle gelangen die herrschaftlichen oder Kameralfronen zur Darstellung.

Den Rechtsgrund der herrschaftlichen Fronen bildete im 18. Jahrhundert die Gerichtsherrschaft, die Vogtei und die Zent. Grundherrliche Fronen kamen nur ganz vereinzelt, leibherrliche gar nicht mehr vor[1]).

In der Grafschaft war es die Vogtei, welche grundsätzlich alle Untertanen zu Fronen an die Landesherrschaft verpflichtete.

Die rechtliche Natur der Fronverpflichtung war hier doppelter, teils dinglicher, teils persönlicher Art.

Auf den Hubgütern ruhte die Verpflichtung zu Fronen als Reallast. Der Hübner diente, weil er „sein Hubgut in der Frohnde zu vertreten", „sein Gut zu verfröhnen" hatte. Zur Erhaltung der Prästationsfähigkeit der Hübner war für die der Herrschaft „mit Gült und Frohnd verhafteten" Güter der Grundsatz der Geschlossenheit aufrecht erhalten. Die Kameralfronen der erbachischen „Frohnhuben" bildeten somit in gewissem Sinne „die von der Arbeitskraft derselben erhobenen Grundsteuern"[2]).

Bisweilen wurde die Fronpflicht auch als auf den nicht

---

[1]) Möglicherweise hatten die S. 208 n. 3 erwähnten, der Landesherrschaft gegenüber fronfreien fremdgrundherrlichen Huben ihren Grundherrn einige Dienste zu leisten. — Bis zum Erlöschen der frhl. Familie Echter v. Mespelbrunn und dem Heimfalle ihrer erbach. Lehen (1663) hafteten auf einigen ihrer Hofstätten und Häuser zu Erbach und Dorf Erbach je 5 Frontage. — In einem Erbleihebrief des Klosters Höchst v. J. 1475 behält sich dasselbe 1 Frontag, 1 Wagen Brennholz, auf Verlangen Bauholzfuhren vor; Simon Urk. S. 303 f. — Über die leibherrlichen Fronen vgl. oben S. 129.

[2]) Heusler, Institutionen des deutschen Privatrechtes I 352.

zu geschlossenen Gütern gehörenden Hofstätten und Häusern ruhende gerichtsherrliche Reallast aufgefaßt.

Fronpflichtig war jedoch auch der übrige Teil der ländlichen Bevölkerung, soweit er keine mit Fronen belasteten Güter und Häuser inne hatte. Auch Beisassen, welche überhaupt keine Immobilien besaßen, waren dienstpflichtig. Für diesen Teil der ländlichen Bevölkerung war der Rechtsgrund ihrer Dienste rein persönlicher Natur.

Wird auch nicht selten die Dienstpflicht schlechthin als allgemeine Untertanenpflicht hingestellt, so bewahrten die Fronen immerhin ihren dinglichen Charakter in den Teilen der Grafschaft, in welchen die Geschlossenheit der Güter erhalten blieb.

Anders im Amte Wildenstein im Spessart, wo im 18. Jahrhundert weitgehende Güterzersplitterung bestand. Hier erscheint die Dienstpflicht als rein persönliche Untertanenpflicht mit der Besonderheit, daß die Inhaber von Zugtieren die Fuhrfronen, die übrigen Untertanen die Hand- und sonstigen Dienste verrichteten. Die dingliche Natur der Fronen war hier für das 18. Jahrhundert zweifelhaft[1]).

[1]) „Ob die Frohnden auf den Gütern, Häusern oder der Person haften, darüber finde ich bei Ambt nicht die geringste Nachricht, kann dahero auch nichts gewisses berichten u. habe deshalben nähere Information u. herrschaftl. gnädigste Verordnung öfters gewünscht; daß sie auf der Person haften, ist ohnstreitig, indem die angesessenen Personen nicht nur, sondern auch alle Beisassen, so doch weder Haus noch Güter im Vermögen haben noch auch gndstr Herrschaft mit der Leibeigenschaft verwandt sind, fröhnen müssen. Ob aber eine sonst befreite Person, als ein geist- oder weltlicher Bediente von dahiesigen acquirierten Güterstücken nicht ebenfalls einige servitia praestiren lassen oder doch wenigstens mit einer Gemeinde, welcher der Abgang der Frohnde zu Last kommt, sich deshalben abzufinden schuldig sei, stehe meines Orts an, jedoch finde affirmativam billiger als negativam, zumalen da in der herrschaftl. Landesordnung, Tit.: Von Einlösungen, ausdrücklich verordnet, daß ein jeder alle von seinem besitzenden Guth abgekommene Güther-stücke zu dem Ende einlösen solle, damit gndstr Herrschaft dero Zinßen, Renth und Gülten, Frohn und andere Dienste desto stattlicher mögen verrichtet werden. Als woraus denn anscheinet, als ob die Frohndienste allerdings auch auf den Güthern haften". Bericht des Amtmannes Stockhausen d. a. 1733, LTA. XI.

Wieder anders lagen die Verhältnisse in der Herrschaft Breuberg[1]). Hier waren die Fronen eine den Zenten als solchen obliegende und demnach den einzelnen Zentuntertan persönlich treffende Verbindlichkeit, welche für ihn zur Entstehung gelangte, sobald er bei den jährlich oder alle zwei Jahre abgehaltenen Zentgerichten seinen Eid als Untertan abgelegt hatte. Die Untertanen, welche Zugtiere besaßen, leisteten die Fuhrfronen, alle anderen die Handdienste. Die Fron galt als Personal-, nicht als Realprästation[2]).

Soweit jedoch die breubergischen Zentuntertanen einen vom Zentherrn verschiedenen Vogteiherrn besaßen, leisteten sie die gewöhnlichen herrschaftlichen Fronen nicht dem Zentherrn, sondern dem Vogteiherrn, während ersterer lediglich auf die eigentlichen Zentfronen Anspruch hatte. Aber auch bloße Grundholden einiger breubergischen Vasallen schuldeten der Gerichtsherrschaft noch im 18. Jahrhundert keine Fronen, obwohl die Lehen der Herrschaft Breuberg längst heimgefallen waren[3]).

[1]) F.: Herrsch. Breub. Frohndwesen. LTA. XI.

[2]) „Und stehet die Frohn uff keinen gewißen güttern, sundern sie seyndt solche schuldig vun waßer undt weydt zu verrichten". Nur die Kirchbrombacher Zent bildete eine Ausnahme, indem die Untertanen hier nicht von Wasser und Weide, sondern „von gewissen Viertelsgütern" frohnten; sie waren schuldig, von jedem solchen Viertelsgut, deren man 124 ½ im J. 1681 zählte, ein Stück Vieh anzuspannen: doch frönten verschiedene wegen schlechten Anspannes nur mit der Hand. Frohndbeschreibung v. 1681. Fronen von Wasser und Weide dem Kaiser bezw. Landesherrn auch in der Umgebung von Frankfurt, K. Bücher, Bevölk. v. Frankf. I (1886) 479 n.

[3]) So werden in der Designation alles Zugviehs usw. v. 12. Sept. 1739 (F. Breuberg, Meliorationen I.) in der Zent Kirchbrombach 26 Zentuntertanen, die sich auf 8 Orte verteilen, als fronfrei aufgezählt, „weil sie pfälzische (gansische, echterische, adlige) Güter besitzen", über welche z. B. Kurpfalz zwar nach breuberg. Darstellung nur ein Hubgericht, tatsächlich aber im 18. Jahrh. die Vogtei und Landeshoheit besaß. Die Lehen der Herrn Gans von Otzberg, von Jahn, der Freiherrn Echter waren jedoch nach Erlöschen des Mannsstammes dieser Familien längst heimgefallen; sie hatten ehemals teils die Vogtei (z. B. Gans in Höllerbach), teils nur ein Hubgericht besessen. Ebenso galten in der Zent Höchst der Zentherrschaft gegenüber als fronfrei die Vogteiuntertanen der Freih. v. Sickingen, v. Wambold, v. Prettlack in Obernauses, Hetschbach, Rimhorn.

Außerdem waren fronfrei die Zentschultheißen, Bürgermeister, Schäfereibeständer, die herrschaftlichen Hofbauern usw.

Umgekehrt besaß die Herrschaft Breuberg in den Vogteiortschaften Wersau, Bierbach, Mömmlingen Anspruch auf Fronen kraft ihrer Vogtei.

Die Beisassen leisteten keine Dienste, „außer daß sie wohl einen Brief von einem Ort zum anderen tragen"[1]).

In der Grafschaft waren auch die Befreiungen von Fronen teils dinglicher, teils persönlicher Natur.

Zunächst lasteten die Fronen nur auf Bauerngütern, insbesondere den Huben, nicht auf den herrschaftlichen oder fremdgrundherrlichen Höfen und Hofgütern, auch soweit dieselben an Bauern oder sonstige Personen zu Eigentum oder zu Erb- oder Temporalbestand begeben waren; Personen, welche neben einem Bauerngute noch einen Hof oder einen Teil eines solchen besaßen, waren dienstpflichtig lediglich nach Maßgabe ihres Hubgutes.

Sodann sind als Fälle der Fronfreiheit hier wie soeben bei der Herrschaft Breuberg zu nennen die wenigen fremdgrundherrlichen Hubgüter innerhalb des erbachischen Vogteigebietes. Ihre Fronfreiheit erklärt sich daraus, daß sie erbachischen und breubergischen Vasallen zu Lehen gegeben und zu deren Gunsten zu den Fronen nicht herangezogen wurden[2]).

Ferner gab es vereinzelt einige Hubgüter, welche von altersher fronfrei waren[3]). In einigen andern Fällen hatten einzelne Hübner die Fronen „abgekauft", waren jedoch gegen Wiedererstattung des Geldes seitens der Herrschaft jederzeit zur

[1]) LTA. XI (Herrsch. Breub.)

[2]) Aus der Fronfreiheit dieser fremdgrundherrlichen Huben gegenüber der Gerichtsherrschaft einen Schluß zu ziehen auf die etwa grund-, nicht gerichtsherrliche Natur wenigstens der auf den grundherrlich-erbachischen Huben als Reallast haftenden Fronen erscheint m. E. verfehlt. Denn der gleiche Befreiungsgrund bestand in der Herrschaft Breuberg, hier aber ist die gerichtsherrliche Natur der Fronen unzweifelhaft.

[3]) So $2 \frac{2}{2}$ Viertel Güter im Amte Reichenberg, 1 Hube im Amt Freienstein u. a.; einer Hube das. war erblich Gült- u. Fronfreiheit verliehen worden gegen Abtretung eines Hammerwerkes.

Verrichtung der Dienste verbunden[1]). Oder es war einzelnen Personen, meist ehemaligen Beamten, welche ein oder zwei Hubgüter erworben hatten, Fronfreiheit in der Art gewährt worden, daß sie ihr Gut künftig „als einen Freyhof" von Fronen und sonstigen Lasten erblich innehaben sollten[2]).

Viel häufiger kam es vor, daß Hübnern, welche 2 oder 1 1/2 oder 1 Hube besaßen, die Dienstpflicht nach den Gültbüchern dergestalt moderiert war, daß sie dieselben „nur für eine, drei viertel oder eine halbe Hube zu verfröhnen" brauchten; aus landesherrlicher Gnade war dies besonders nach dem 30jähr. Kriege häufiger geschehen[3]).

Zahlreicher waren die Fronbefreiungen persönlicher Natur. Kraft ihres Amtes oder in partem salarii genossen Fronfreiheit die herrschaftlichen Beamten, auch die niederen Angestellten (z. B. Jäger), sodann die Ortsschultheißen[4]) und die Schäfereierbbeständer, dagegen nicht die Zentschöffen[5]).

Von allen Kameralfronen befreit waren die Bürger, nicht auch die Beisassen der Städte Erbach, Michelstadt und von den meisten auch der Gerichtsstab Neustadt. Auch sonst kamen nicht selten einzelne Befreiungen oder Moderationen aus herr-

---

[1]) So 1/4 Gut im A. Reich. gegen 40 fl., einige Güter in Obermossau, A. Fürstenau. — Lenhardt Bass besitzt in Erbuch 1 Hube, schon früher zu 2/3 von Fronen befreit; 1540 wird auch das letzte 1/3 auf sein Ansuchen, damit er die ganze Hube desto stattlicher erbauen und erarbeiten könne, erblich befreit gegen ein jährliches Frongeld von 2 fl. gegen Wiederaufkündigung; diese erfolgte 1557; ausgenommen von der Befreiung war: hagen, jagen, wege und stege, Pfarr- und Zentfron. Revers in F. Erbach (Amt) Frohnd I 1.

[2]) vgl. z. B. den Kielschen Freibrief v. 1696 über 1 Hube in Erlenbach in F. Erb. (Amt) Allerlei Gefälle; ähnlich 1 Gut in Olfen, Gronau u. a.

[3]) So gab es z. B. im A. Fürstenau etwa 105 Huben, dagegen nur 72 Fronhuben; LTA. I, IV d. a. 1718; in Momart mit 11 3/4 Huben gab es 1718 nur 2 Mann, die ihre Huben und was sie darüber hatten, ganz „verfröhnten". LTA. I 236.

[4]) Wenigstens Freiheit von Handfronen, seit Anfang des 18. Jahrh. regelmäßig auch von Fuhrfronen.

[5]) Im Amte Freienstein auch die Heimbürger, Bürgermeister und Dorfboten und die Gerichtsleute in Beerfelden.

schaftlicher Gnade für bestimmte Zeit oder ad dies vitae vor; hierher gehören insbesondere auch die in der zweiten Hälfte des 17. Jahrhunderts den neu angesiedelten Hübnern bewilligten Freijahre.

Dem Umfange nach war die Verpflichtung zu Fronen teils gemessen, teils ungemessen.

Ungemessen hießen die Dienste, weil sie nicht nach Tagen gemessen waren. Der einzelne Untertan hatte nicht jährlich oder wöchentlich eine von vornherein bestimmte Anzahl von Tagen zu frönen, sondern bestimmte Arbeiten zu verrichten, mit deren Vollendung der Dienst endigte. Wurde der Dienst nicht gefordert, so brauchte kein Dienstgeld gezahlt zu werden. Die Dienste konnten nicht willkürlich erhöht werden, sondern die Pflichtigen leisteten nur bestimmte, sachlich genau abgegrenzte Arbeiten. Jede einseitige Veränderung derselben war als der Observanz zuwider unmöglich[1]). Wenn auch vereinzelt ganz erhebliche Fronforderungen zu Schloßbauten an die Untertanen gestellt wurden, so blieb, von diesen vorübergehenden Ausnahmen abgesehen, die hergebrachte Observanz durchaus gewahrt. Insbesondere hatte die Anlegung der neuen Hofgüter auf ehemaligem Bauernlande eine Erhöhung weder der Ackerspanndienste noch des im Amte Fürstenau 1611 vereinbarten Frongeldes im Gefolge, die allerdings stattgehabte Vermehrung der Bau- und der Handfronen im Mähen und Schneiden war nur von geringer Bedeutung.

Grundsätzlich ungemessen waren in der Grafschaft die auf den Huben und den sonstigen Bauerngütern lastenden Fuhr- und Handfronen. „Frohnt mit Hand und Geschirr auf der Herren Gnad und Ungnad" oder ähnlich lauten die in den Gültbüchern bei fast jedem einzelnen Hubgute ständig wiederkehrenden Worte zur Bezeichnung der ungemessenen Fronpflicht des Hübners.

Die Dienste der übrigen Untertanen, der Einletzigen, Handwerker und sonstigen Gemeindsleute, sei es, daß sie auf Hofstätten und Häusern als Reallast oder lediglich auf der Person

[1]) Diese Dienstverfassung unsres Gebietes entspricht der niedersächsischen Pflichtdienstverfassung; Wittich, Grundherrsch. in Nordwestdeutschl. S. 200 f.

ruhten, waren ebenfalls im allgemeinen ungemessen, nur bestimmte Arten von Diensten waren begrenzt[1]).

Ebenso wurden die Beisassen und Erbschutzverwandten im allgemeinen[2]) zu ungemessenen Diensten herangezogen; gemessen waren auch bei ihnen nur bestimmte Arten von Diensten[3]).

Ungemessen waren auch die Fronen in der Herrschaft Breuberg; nur insofern behaupteten die Untertanen eine Beschränkung, als sie die sog. kleinen Fuhren nur im Umkreise von einer Meile um das Schloß Breuberg zu verrichten schuldig wären, was aber von seiten der Beamten nicht anerkannt wurde und gegen Ende des 18. Jahrhunderts aus Anlaß der zum Bau des Schlosses in König geforderten Baufuhren zu Streitigkeiten und Prozessen führte.

Die Fronen wurden in der 1. Hälfte des 18. Jahrhunderts nirgends ausschließlich in natura geleistet, sondern waren in einem in den einzelnen Ämtern verschiedenen Umfange auf Grund der im 16. und 17. Jahrhundert geschlossenen Fronakkorde in ein jährliches Frongeld abgelöst.

Soweit die Dienste in natura zu verrichten waren, bestand lediglich die Pflicht zur Stellung einer Arbeitskraft. Die Vertretung des Pflichtigen durch einen Knecht, eine Magd, durch

[1]) So waren im Dorfe Schönberg die Besitzer der Hofstätten nach den Gültbüchern mit der Hand auf Gnad und Ungnad zu frönen schuldig, nur das Schneiden im Weingarten war auf 1 Tag festgesetzt und 1 Hacktag war ihnen aus Gnaden erlassen worden, weil sie nahe beim Schlosse Schönberg wohnten und daher öfters als andre Untertanen zum Frondienst gebraucht wurden. LTA. I 42 (d. a. 1718).

[2]) Dagegen hatten die Beisassen im A. Reichenb. in der 1. Hälfte des 18. Jahrhs. nur Jagddienste, im A. König die Botendienste zu verrichten, LTA. IV 311, VII 33, XI d. a. 1731.

[3]) Im A. Erbach waren sie in demselben Maße wie die einlezzigen Untertanen zu ungemessenen Handfronen bei der Hofhaltung, beim Bauwesen, den Brunnen- und Pflasterarbeiten, der Jagd und Fischerei und zu Botendiensten verpflichtet; nur die im gräfl. Lustgarten und auf dem Hofgut zu Erbach zu verrichtenden Dienste waren auf 6 bzw. 3 Tage festgesetzt, nachdem die 1706 erfolgte Erhöhung auf 12 Tage wieder rückgängig gemacht war; nach herrsch. Verordn. v. 1769 waren sie nach Erreichung des 60. Lebensjahres fronfrei.

Kinder war allgemein üblich. Gearbeitet wurde bei Handfronen von morgens 6 Uhr im Sommer, 7—9 Uhr im Winter bis abends 5 oder 6 Uhr, mit einstündiger Ruhepause mittags und einer halb- bis einstündigen Unterbrechung nachmittags.

Die Fronbestellungen gingen im allgemeinen an die Schultheißen von dem dem Amte oder Rentmeister oder der Kellerei unterstellten Dienstvogte oder „Frohndgebieter“ aus, aber auch vom Amtmanne selbst oder vom Forstamte oder der Jägerei, einem Hofbauern oder Erbleihemüller. Dadurch kam es häufig vor, daß auf denselben Tag von 3 oder 4 Stellen zugleich Fronen verlangt wurden, — ein oft vorgebrachter Beschwerdegrund [1]).

In der Herrschaft Breuberg dagegen erfolgte die Subrepartition auf die einzelnen Pflichtigen und deren Bestellung durch die Zentschultheißen, im Amte Wildenstein durch die Gemeinden. Die Aufbietung zu den Jagdfronen geschah im Amte Reichenberg durch die Zentschöffen.

Ihrer Art nach zerfielen die Fronen in die Fuhr- und Handfronen.

Die Fuhrfronen teilte man observanzmäßig in beiden Territorien in die Landfuhren oder Landwägen und in die kleinen Fuhren. Die ersteren erstreckten sich über den Amtsbezirk des Pflichtigen oder die Herrschaft hinaus bis an und über den Main, Rhein und Neckar, auf 7 bis 8 Meilen ins Frankenland, im Amt Wildenstein im Spessart bis nach Frankfurt, Aschaffenburg, Wertheim; die letzteren begriffen alle innerhalb des Amtes

[1]) Demgemäß bestimmte die 1801 vom Grafen Franz im Einverständnis mit den Untertanen des Amtes erlassene Fronordnung des Amtes Erbach § 9, daß alle herrschaftlichen Fronen, damit bei der Bestellung wie bei ihrer Ableistung kein Unterschleif geschehen, und keiner, der an der Reihe war, durchschlüpfen und übersehen werden möge, sondern die genaueste unparteiischste Ordnung so beobachtet werde, daß die Fronen gemeinschaftlich getragen und aus Nachsicht keiner vor dem andern prägravieret werde, nur durch einen einzigen verpflichteten Mann ausgeschrieben, darüber ein genaues Register geführt, dieses von Zeit zu Zeit von der Rentkammer untersucht, und auch darauf gesehen werden sollte, daß die Untertanen zu der Zeit, zu welcher ihre Feldarbeit keinen Verzug litt, möglichst mit Fronen verschont würden.

zu verrichtenden Fuhren in sich; bei ersteren spannten regelmäßig je vier Fronbauern, bei letzteren je zwei zusammen. Der Landfuhren bediente man sich zum Transport von allerhand Waren, die im herrschaftlichen Hofhalt benötigt wurden, und von Baumaterialien, der kleinen Wagen zu allen sonst erforderlichen zahlreichen Fuhren, insbesondere zur Beischaffung des Brennholzes aus den Waldungen auf die herrschaftlichen Schlösser und in die Beamtenwohnungen, von Baumaterialien, zur Einbringung der Zehnt- und andern Früchte in die herrschaftlichen Speicher, zum Transport des Jagdzeugs, des Wildprets und des Holzes aus den herrschaftlichen Forsten an den Main; sodann waren die Bauern schuldig, bestimmte herrschaftliche Höfe in der Frone zu bebauen, das Hoffeld zu pflügen, zu eggen und die erforderlichen Fuhren zu verrichten, allein tatsächlich wurden diese Arbeiten zu Anfang des 18. Jahrhunderts nur im Amte Schönberg noch von den Untertanen in natura prästiert, und hier beschränkte sich die Verpflichtung auf einen Tag Ackerdienst[1]).

Der Handfröner bediente man sich zu allen möglichen Diensten mannigfaltigster Art; sie wurden in ausgedehntem Maße bei der Hofhaltung gebraucht, zum Grasausstechen im Schloßhofe, zum Legen des Brennholzes, zu allen Brunnen-, Garten-, Pflasterarbeiten, zur Besorgung der herrschaftlichen Weiher und Teiche, sie hatten alle Bauarbeiten und Botengänge zu verrichten, bei der Erhebung des Zehnten mitzuwirken, auf den herrschaftlichen Äckern Heu und Frucht zu schneiden und zu mähen, Wiesen zu säubern, Gräben anzulegen, Fischerei-

---

[1]) In der Herrschaft Breuberg dagegen waren im 17. und 18. Jahrhundert die Untertanen, obwohl ihre Verpflichtung zu ungemessenen Fronen hier nicht durch Fronakkorde geregelt war, zu landwirtschaftlichen Arbeiten auf den herrschaftlichen Hofgütern nicht verpflichtet; dieselben waren sämtlich verpachtet, und die Beständer mußten auch die Heu- und Fruchternte allein, ohne Bezugsrecht auf Fronen, bewerkstelligen; nur die herrschaftlichen Wiesen, welche nicht zu Hofgütern gehörten, mußten die Untertanen in der Fron mähen und gegen ein Fronbrot in die Scheuern fahren. F. Erb. (Amt) Frohnd I (Bericht d. d. Schönberg 20. X. 1769).

und Jagddienste aller Art, insbesondere Treiber- und Klapperjagddienste zu leisten und die Pirschwege anzulegen und zu unterhalten, endlich seit der zweiten Hälfte des 18. Jahrhunderts in größerem Maße Frostfronen, so bei Ausstellung der Holzsaaten das Röderhacken und überhaupt alle die zur Forstkultur erforderlichen Arbeiten zu verrichten.

Häufig hatten einzelne Orte bestimmte Dienste allein zu bewerkstelligen [1]).

Das Maß, in welchem die Fuhrfronen den einzelnen Bauer trafen, richtete sich nach dessen Leistungsfähigkeit. Den Maßstab für diese bildete teils lediglich der Viehbesitz, teils aber die Zahl der Huben, welche er besaß.

Die Huben bildeten den Maßstab für den Umfang der Heranziehung des Einzelnen zu den Fuhrfronen in den odenwäldischen Ämtern der Grafschaft. Dies geschah im allgemeinen in der Art, daß an eine Fronfuhr zwei ganze oder vier halbe Hübner, an einen Landwagen dagegen vier ganze Hübner anspannten, jeder ganze Hübner mit einem Pferde oder einem paar Ochsen [2]).

[1]) So mußten die Handfröner in Gammelsbach die dortigen herrschaftlichen Wiesen allein besorgen, die Obergersprenzer waren „allein die Burgfröhner nach Fürstenau", um dort im Schloßhofe das Gras zu stechen oder das Brennholz zu legen, die Zent Lützelbach führte allein im Herbste die Trauben und Zehntfrüchte von Wörth und Trennfurth am Main, die Zent Höchst den Zehnten von Oberklingen, die Zent Kirchbrombach den des Wersauer Hofes auf das Schloß Breuberg; die Stockheimer hatten die Botendienste nach dem 2 Stunden entfernten Waldbullau zu verrichten und waren dafür von der gemeinen Jagdfron befreit u. drgl. m.

[2]) Auf diese Art erzielte man z. B. im Amte Freienstein von ungefähr 120 Untertanen, welche teils ganze, teils halbe Huben besaßen, 45 Fronfuhren. Im Marktflecken König, wo ebenfalls „die Hübner nicht nach der Mannschaft, sondern nach den Huben zu frohnen schuldig, wiewohl diese hier sehr gering und ungleich, auch niemand weiß, wieviel zu einer Hube gehörig, weshalb auch oft 2, 3, 4 an einen Frohnwagen spannen", konnte man nicht mehr als 9 Fronfuhren von den 23 Huben in Anschlag bringen; hier wurden gewöhnlich 6 Ochsen oder 4 Pferde angespannt. — Anscheinend nur im Amte Erbach wurde es so gehalten, daß die Untertanen alle in gleichem Maße, sie mochten ganze oder halbe Huben besitzen, die Fuhrfronen verrichteten, und je zwei oder vier

Einige Fuhrfronen waren in bestimmter Anzahl jeder Hube allein auferlegt [1]).

Insbesondere ruhte das Frongeld in den meisten Ämtern als Reallast auf den Huben derart, daß jede ganze oder Viertelshube einige Gulden zu zahlen hatte. In all diesen Fällen hatte jeder, welcher ein oder mehrere Viertel Guts mehr oder weniger besaß, entsprechend mehr oder weniger zu leisten, soweit er nicht seinen Besitz kraft besonderer Bestimmung der Gültbücher, Verträge oder Verordnungen nur für eine bestimmte geringere Einheit zu verfrönen brauchte. Nicht selten findet sich auch die Bestimmung, daß die Besitzer von einer oder zwei Hofstätten diese für eine Viertelshube in der Fron zu vertreten hätten.

Lediglich der Viehbesitz bildete den Maßstab für die Heranziehung des einzelnen Pflichtigen zu den Fuhrfronen im Amte Wildenstein im Spessart [2]) und in der Herrschaft Breuberg [3]).

---

zusammen spannten, wodurch jedoch „ein und andre geringe und halbe Hübner prägravieret worden, dahero nötig ist, daß die Frohnden wie an andern Orten nach den Huben eingerichtet werden" (1735). LTA. X 10.

[1]) So hatte z. B. im Amte Fürstenau jede Hube 8 Klaffter, im Amte Schönberg 1 Wagen Brennholz zu liefern.

[2]) Die Zahl der fronbaren Zugtiere belief sich hier 1733 auf 191: 2 Pferde, 153 Ochsen, 36 Stiere, welche sich auf 74 Besitzer verteilten. An eine Landfuhr wurden 2 Paar Ochsen, an sonstige Fuhren 2 Zugtiere angespannt. „Weylen aber hier die Hubgüter nicht mehr beysammen, ist auf das Zugvieh kein gewisses zu setzen, indem solches ab- und zugehet". LTA. X 35, XI 159 f.

[3]) Nach einer „Designation alles Zugviehes an Pferden und Ochsen in den vier Zenten" vom 12. Sept. 1739 zählte man in der Zent

Kirchbrombach	107	Wagen,	367	Stück	Zugvieh,	meist	Ochsen,
Lützelbach	109	„	407	„	„	„	„
Neustadt	25	„	55	„	„	„	„
Höchst	116	„	285	„	„	„	Pferde;
zusammen	357	„	1114	„	„	.	

Davon waren 34 Pferde und 199 Ochsen nicht fronbar, während die übrigen 170 und 721 fronbaren Zugtiere

an vierspännigen Pferdewägen	42
an sechsspännigen Ochsenwägen	120
an dienstbaren Wägen	162 ergaben.

F. Breub. Meliorat. I.

Die Handfronen wurden im allgemeinen grundsätzlich nur von denjenigen verrichtet, welche nicht schon mit dem Anspanne dienten. Nur zu den Treib- und sonstigen Jagddiensten wurden alle Untertanen in gleichem Maße zu Fuß herangezogen. Wenn es jedoch erforderlich schien, oder Fuhrfronen nicht verlangt wurden, mußten auch die Hübner die Handdienste mitverrichten (lassen). In einigen Ämtern waren auch die Handfronen nach der Leistungsfähigkeit des einzelnen Pflichtigen gemäß den Fronakkorden abgestuft[1]).

Eine besondere Stellung nehmen allgemein die Müller ein. Sie waren verpflichtet, herrschaftliche Jagdhunde in natura zu halten, brauchten jedoch für die Zeit, zu welcher ihnen keine zugelegt wurden, keine Abgabe dafür zu zahlen[2]); sodann oblagen ihnen häufig die Wildbretfuhren. Im übrigen waren sie von Hand- und Fuhrfronen teils befreit[3]), teils aber dienten sie wie andere Untertanen[4]), nur durften ihre Pferde zu gemeinen Diensten, bei Durchmärschen insbesondere nicht zu Vorspannleistungen herangezogen werden[5]). Vielmehr hatten die Erbbeständer einiger herrschaftlicher Mühlen, auf Grund ihres

[1]) So hatten im Amte Freienstein im 18. Jahrhundert ganze Hübner je 8, geringere Hübner je 6 oder 4, Taglöhner und Handwerker wie sonstige Beisassen je 4 Tage zu prästieren, abgesehen von den ungemessenen und für alle gleich gebliebenen Jagddiensten. In König mußten die Zentmänner, die nur eigene Häuser hatten, 4 Tage auf dem Kalkhof fronen, die, welche nichts eigenes hatten, und die Beisitzer nur 2 Tage, Wittweiber waren frei. LTA. X 22 f. 35 f. (1733).

[2]) LTA. I 372.

[3]) Z. B. Erbbestandsbrief v. 1751 (Mühle bei Reichelsheim, Heyl, Saal- u. Lagerb. Amt Reich.) § 6: Die Freiheit von Wachen, Frohndiensten, Einquartierungen u. allen andern oneribus um so mehr verstattet u. zugesagt, als dieses Mühlwerk u. Zugehörung ohnedem ein herrschaftl. freies Gut ist u. mit dergl. Beschwerden niemals beladen gewesen noch beladen w. kann.

[4]) So dient z. B. der Bestandmüller zu Lauerbach 12 Tage im Lustgarten; in der Herrsch. Breuberg werden für die Müller, die fronbare Güter an sich gebracht, $^1/_2$ Land- u. 1 kleine Fuhr, von der Mühle zu Grumbach $^1/_4$ Land- u. $^1/_4$ kleiner Wagen in Anschlag gebracht. LTA. X 10 f. Auch im Amte Schönberg sind sie handfronpflichtig.

[5]) LTA. I 348.

Erbbestandsbriefes, nicht selten ein Recht auf Fronen der anderen Untertanen, wofür sie ihrerseits die Frongebühren zu leisten hatten [1]).

Dem Rechte der Herrschaft auf Leistung der Fronen stand ihre Verpflichtung zur Gewährung der Frongebühren oder des Fronbrotes gegenüber. Im allgemeinen beruhte sie auf altem Gewohnheitsrechte, war aber häufig in den Fronakkorden inhaltlich mehr oder weniger genau festgelegt. Die Frongebühren waren nach Art und Dauer des geleisteten Dienstes abgestuft; sie bestanden teils in Geld, teils in Naturalien (Brot, Wein, Bier, bei Diensten, die einen vollen Tag in Anspruch nahmen, häufig in warmer Kost [2])), teils in beidem. Hinter dem im Amte üblichen Tagelohne blieben sie allerdings um mehr als die Hälfte zurück [3]).

Abgesehen vom Amte Erbach bestanden jedoch in der ersten Hälfte des 18. Jahrhunderts überall in der Grafschaft, in der Herrschaft Breuberg jedoch nur in den zu dieser gehörigen Vogteiortschaften, sog. Fronakkorde, Vereinbarungen zwischen der Herrschaft und den fronpflichtigen Untertanen eines Amtes oder einzelner Gemeinden, in welchen die Dienste zum Teil in ein jährliches Frongeld abgelöst, im übrigen aber nach Zahl, Art, Dauer, Leistungszeit und Geldwert, der zu entrichten war, wenn die Dienstleistung, für welche er festgesetzt war, nicht in natura verlangt wurde, mehr oder weniger genau bestimmt waren, ebenso wie die Frongebühren, welche die Herrschaft ihrerseits zu gewähren hatte.

---

[1]) Der n. 2 cit. Erbbestandsbrief § 4: Da auch die Untertanen die Frohnen als zu einem herrschaftl. Gebäude ohnehin schuldig sind u. durch das Bauen das Erbbestandgut melioriret wird, so werden ihm solche auch hiermit gegen Abgebung des gewöhnl. Frohnbrods versichert; ebenso § 11 u. 12 zum Bauen u. Ausgraben des Mühlgrabens.

[2]) So erhielt zur Erntezeit ein Schnitter morgens Suppe, mittags Suppe und Klöße, um 4 Uhr 1 Schoppen Bier und Brot, abends Suppe und Brei, am Schluß der Ernte die Erntegans; außerhalb der Erntezeit 1/4 Pfd. Brot pro Tag.

[3]) Der übliche Tagelohn betrug um 1718 im allgem. 10 Kr. mit Verpflegung oder 20 Kr. ohne solche. LTA.

Im allgemeinen war der den Fronakkorden zugrunde liegende Gedanke, einen Interessenausgleich zwischen der Herrschaft und den Untertanen zu schaffen. Für letztere war es weit günstiger, die Dienste möglichst in Geld statt in natura zu prästieren. Aber auch für die Herrschaft war häufig die Reluition gewisser Dienste in ein Frongeld aus verschiedenen Gründen vorteilhaft.

Abgelöst waren vor allem fast überall[1]) gerade diejenigen Fronen, welche im deutschen Norden und Südosten die weitaus wichtigsten waren, die Ackerspanndienste oder die sog. ordinären Fronen. Es wurde also den Bauern nicht nur nicht die Bestellung der seit ca. 1690 neu angelegten Hofgüter aufgebürdet, sondern sogar die Naturalbestellung der aus dem Mittelalter stammenden Höfe in steigendem Maße abgenommen. Als Grund wird die „liederliche und ungleiche", mit einer ordnungsgemäßen Wirtschaft offenbar nicht zu vereinbarende Arbeit der Untertanen bezeichnet[2]).

Inbesondere war für die Herrschaft der oft wechselnde und in den einzelnen Ämtern nicht gleiche Bedarf an Arbeitskräften maßgebend. Die Ämter, in welchen sich der Hofhalt eines regierenden Herrn befand, waren naturgemäß stärker belastet als die übrigen. Löste sich ein Hofhalt auf, wurde er verlegt oder fand man sonst für bestimmte bisher in natura geleistete Fronen keine Verwendung mehr, so erschien es in der Ordnung, wenn die Untertanen für den Erlaß dieser Dienste ein Äquivalent in Geld entrichteten. Aus dem Recht auf ungemessene Fronen überhaupt wurde ein Anspruch auf Frongelder nicht hergeleitet. Auch war es insofern vorteilhaft, für einzelne Fronen ein bestimmtes jährliches Höchstmaß festzusetzen, als dann die Möglichkeit gegeben war, für die einzelnen Dienstleistungen,

---

[1]) Nur im Amte Schönberg wurde noch 1 Tag „zackern" pro Jahr und Hube geleistet.

[2]) So ein Gutachten über die Fron im A. Fürstenau v. J. 1718 im LTA. IV p. 289f. — Ähnliche Klagen über Schlechtigkeit der Fronarbeit: Th. Knapp, Beiträge S. 144. R. Moser, Die bäuerl. Lasten der Würtemberger (1832) S. 63. Th. Ludwig, bad. Bauer S. 86.

welche man im Verlaufe des Jahres nicht in natura gebraucht hatte, eine Vergütung in Geld zu verlangen[1]). Sodann kam die Rücksicht auf den eigenen Feldbau der Untertanen, damit diese ihre eigenen Güter „hinfüro desto stattlicher erbauen und erarbeiten" könnten[2]), und überhaupt das in der landesherrlichen Stellung begründete Interesse an dem Wohle jedes einzelnen Untertanen des kleinen Landes in Betracht; denn auch abgesehen von dem persönlichen Wohlwollen der einzelnen regierenden Herren machte sich eine übermäßige Anspannung der Fronen in anderer Hinsicht unliebsam bemerkbar[3]).

Es gab demnach zwei Arten von Frongeldern, ein jährlich in gleichem Betrage wiederkehrendes und ein wechselndes.

Ersteres, als Ablösung der ehemals ebenfalls jährlich in gleichem Maße wiederkehrenden Ackerspanndienste, war in den odenwäldischen Ämtern der Grafschaft als Reallast auf die erbachischen Fronhuben gelegt[4]).

---

[1]) So mußte von den Ämtern Freienstein, Fürstenau, Reichenberg, Schönberg jährlich die feste Zahl von je 20—25 sog. Landfuhren gestellt, jede nicht in natura verlangte Fuhr mit 5 fl. bezahlt werden. In der Herrschaft Breuberg und im Amte Erbach dagegen konnte zwar die Herrschaft beliebig viele Landfuhren verlangen, wurden aber tatsächlich nur wenige gebraucht, so kam dies den Untertanen zugute.

[2]) Fronbrief für die Zent Keinsbach v. 1533, bei Heyl, Saal- u. Lagerbuch der Zent K. 1753. Auch LTA. IV 278, Amt Fürstenau.

[3]) So heißt es in einem 1718 „über die Frohnd im Amt Fürstenau abgeforderten Gutachten" in LTA. IV 289: „Als vor 1611 bei Lebzeiten des Herrn Graf Georgen des Jüngern das Fröhnen durch das kostbare Bauführen auf das höchste getrieben, und dabei auch andre Dienste besorget werden sollen, wollte die Last den Frohndleuten, ohnerachtet dermahlen das Land volkreich und alle Huben besetzt waren, fast unerträglich werden, welches dann auch, weil sie ihrer Feldarbeit nicht in der Ordnung abwarten können, zu vielen Restanten bei Amte Anlaß gegeben, wodurch denn auch die damahlige regierende Herrschaft bewogen worden, mit den Untertanen des Amts Fürstenau, als welche damahlen mit der Frohnde, weilen sie dem Residenzort am nächsten waren, am meisten beleget waren, 1611 einen Frohndaccord zu schließen."

[4]) So lasteten auf jeder Hube im Amte Fürstenau 6 fl., seit ca. 1690 5 fl. und 1 Malter Hafer; in der Zent Keinsbach war auf jedes der erbach. 42 Viertelsgüter 1 1/2 fl. schon 1553 gelegt worden; im Amte Reichenberg,

Seine Gesamthöhe richtete sich im allgemeinen nach dem Betrage, welchen die Herrschaft nunmehr selbst zur Besoldung eines Hofbauern und zur Anschaffung und Erhaltung des zur Bewirtschaftung erforderlichen Gesindes und Geschirrs benötigte[1]). Doch wurde es auch bei Verpachtung der Güter auf Zeit forterhoben[2]).

Neben diesem jährlich in ungefähr gleicher Höhe wiederkehrenden Frongelde stehen diejenigen Abgaben, welche die Untertanen zu zahlen hatten, wenn die in den Fronakkorden festgesetzte Zahl von Naturaldiensten nicht erreicht wurde[3]).

Die Höhe beider Arten des jährlichen Frongeldes belief sich in der ersten Hälfte des 18. Jahrhunderts in der gesamten Grafschaft auf etwa 2400 fl.[4]).

Die Höhe der Fronen steigerte sich einerseits infolge der Nichtwiederbesetzung von ca. 50—60 Hubgütern und andrerseits infolge der Vergrößerung des herrschaftlichen Gutsbetriebes; doch vermehrten sich aus letzterem Grunde nur die Handfronen und die Bau- und Transportfuhren, nicht aber die Ackerspann-

---

in Brensbach und Niederkeinsbach hatte jede Hube 8 fl., im Amte Schönberg 5 fl. Frongeld jährlich zu leisten, während im A. Freienstein ein Hübner 4, ein Halbhübner 3, ein Einspänniger 2 fl. zahlte. Im Amte König zahlte 1 Hube 1 RThlr., 1/2 Hube 1/2 Thlr. Az- und Frohngeld, Einlezzige 1/2 Thlr.

1) So ausdrücklich ein Gutachten über die Fronen im Amte Fürstenau in LTA. IV. Über die Behandlung der Frongelder in anderen Gebieten vgl. bes. Ludwig, Baden S. 25. Th. Knapp, Beiträge S. 145f.

2) Ebenso im Amte König, wo der herrschaftliche Hof 1515 verteilt und an die Hübner zu Erbleihe begeben, die Wirtschaftskosten damit also für die Herrschaft fortgefallen waren. Vgl. LTA. I 262, 272.

3) So waren für jede nicht in natura geleistete Landfuhr 5 fl., wenn das Holzhauen nicht in natura verlangt wurde, 1 1/2 fl. pro Mann, statt eines Wagens Stangenholz für den Amtmann 10 albus für den Hübner festgesetzt; im Amte Reichenberg zahlte jeder Einletzige 4 fl., wofür er der Botendienste zwischen Amt und Regierung entledigt war, u. drgl. m.

4) S. oben S. 220 n. 4. — In der Herrschaft Breuberg gingen an Az- und Frongeld etwa 70 fl. von den 3 Vogteiortschaften (Mömmlingen, Bierbach, Wersau) ein. — LTA. IV 290, 318. X. XII 15. Heyl, SLB. F.: König, Amt, Cam.; Breuberg, Cam.

dienste noch die Frongelder. Auch wurden die einzelnen Ämter sehr ungleich von jener Erscheinung betroffen, einige überhaupt nicht, andre kaum merklich; am meisten das Amt Erbach, auf welches 22 der eingezogenen Huben und 3 der neuen Hofgüter entfielen; aber auch hier[1]) überschritt die Höhe der Fronen das bisher sonst für Südwestdeutschland beobachtete Maß nicht[2]).

[1]) Die gemessenen Fronen des Amtes Erbach umfaßten das Brennholzhauen und Brennholzfahren mit 12 Klafftern pro Hube sowie die auf 6, bisweilen 3 oder 12 Tage festgesetzte Viehhofs- und Gartenfron. Zu den ungemessenen wurden gerechnet: die Landfuhren, deren das Dorf Zell 2 bestimmte hatte und jährlich dafür 10 fl. zahlte, die Baufronen, welche die weitaus meisten Fuhren erforderten, und die sonst hergebrachten Hand- und Jagdfronen. Eine Untersuchung, welche auf Grund von Klagen wegen Überlastung mit Fronen 1810 stattfand, ergab, daß in diesem Jahre nach Abzug von 50 öffentlichen Pflasterfronen 310 herrschaftliche Fronfuhren, bei 47 Fronpflichtigen von jedem einzelnen 6½ Fuhren geleistet wurden, die meist in einem halben Tage abgetan waren; 77 Handfröner verrichteten nach Abzug der gemessenen Garten- und Viehhofsfronen jeder im ganzen 14¾ Tage, wozu die Anspänner nur für 9 Tage beigezogen wurden, und wobei fast jede Fron, mit Ausnahme der Klapperjagden, nur ½ Tag erforderte, diese Jagdfronen aber meist durch Buben geleistet wurden, die sonst nicht viel zu versäumen hatten, und zudem in eine Zeit fielen, in welcher die Fröner von dringenden Arbeiten nicht abgehalten wurden. Außerdem zahlten die Hübner als Ablösung der auf dem Viehhofe zu leistenden Landwirtschaftsfronen ein Frongeld von 6 fl. pro Hube. F. Erbach (Amt) Frohnd I (bes. Bericht d. d. Erb. 22. X. 1810). Nach anderer Berechnung betrug für die Beisassen die Zahl ihrer Handfrontage im ganzen 30—33.

[2]) In der mittleren Markgrafschaft Baden diente i. J. 1765 ein Tagelöhner der Herrschaft im Durchschnitt 14⅓ Tage jährlich, ein Zugtier 16; im Oberamte Baden jener 23, dieses 65, immerhin eine schon erheblichere Belastung; in Rastatt der Tagelöhner 32 Tage. Ludwig, Baden S. 24. 86. In Ittlingen hatte im 18. u. 19. Jahrh. ein Hofbesitzer jährlich 72 Tage zu fronen, ein Hausbesitzer 12. Stocker, Chronik der Familie v. Gemmingen und ihrer Besitzungen 1865ff., II 3, 70. Für Bayern werden 50 Scharwerkstage als höchstes Maß angegeben. Brentano, Warum herrscht in Altbayern bäuerlicher Grundbesitz? Beilage zur Allgemeinen Zeitung 1896 N. 4 S. 4. Sehr häufig, besonders im heutigen Württemberg, waren die Frondienste von noch weit geringererm Umfange. Vgl. überhaupt Th. Knapp, Beiträge 136 A. 2. — In Niedersachsen hatte ein Vollmeier im allgemeinen etwa 57 bis 110 Tage zu frönen; vgl. Wittich, Grund-

In den andern Ämtern war die Fronlast meist geringer. Einige Beispiele mögen dies zeigen.

Im Amte Reichenberg hatte gemäß dem 1740 erneuerten Fronakkord zunächst jede Hube 8 fl. jährlich zu entrichten „vor die ordinaire Frohnen"; außerdem aber hatten die begüterten Untertanen zu den herrschaftl. Gebäuden alle nötigen Baumaterialien, das bei der Hofhaltung erforderliche Brennholz beizuführen und 4 Tage in der Heu- und Fruchterndte auf dem herrschaftl. Hof zu Frohnhofen mit der Hand zu fronen; sodann hatte das Amt jährlich 100 vierspännige Fuhren nach Erbach zu prästieren, um die Naturaleinkünfte dorthin zu transportieren; falls nicht so viele gebraucht wurden, waren sie von einer Geldvergütung befreit; ferner hatte das Amt jährlich etwa 20 Landfuhren an den Rhein, Main, Neckar, die Bergstraße usw. oder 5 fl. für jede nicht in natura geleistete zu prästieren; jeder begüterte Untertan hatte einige Klaffter herrschaftliches Brennholz zu hauen oder, wenn es nicht in natura verlangt wurde, 1 ½ fl. zu zahlen; bei herrschaftlichen Gebäuden mußten alle Untertanen aufschlagen helfen; endlich hatten die Einletzigen, ausgenommen diejenigen, welche auf herrschaftliche Wiesen gebaut hatten, alle Botendienste zwischen Amt und Regierung zu besorgen, oder jeder 4 fl. jährlich zu bezahlen und in der Heu- und Fruchterndte 2 Handfrontage zu verrichten. Die Jagddienste waren ungemessen, und an ihnen beteiligten sich alternative auch die sonst fronfreien Beisassen [1]).

Ähnlich verhielt es sich im Amte Fürstenau. Abgesehen von dem auf jeder Hube lastenden Frongeld von 5 fl. und 1 Malter Hafer mußte jeder Fronbauer, gleichviel ob er 1 oder ¼ Hubgut besaß, 1 ½ fl. Holzhauergeld zahlen, sofern die Arbeit nicht in natura verlangt wurde, und 3 Tage in der Ernte Dienste tun. Die Brennholzfuhren aber wurden nach der Zahl der Huben verrichtet, indem 1 Hübner 8 Klaffter Holz jährlich zu liefern hatte. Die Schloßbaufuhren dagegen wurden nach Bedarf und nach Geheiß des Dienstvogts prästiert, ohne Rücksicht, ob einer eine ganze, halbe oder viertels Hube besaß. Dazu kamen auf das Amt 21 Landfuhren oder 5 fl. für jede. Auch die Beisassen fronten 3 Tage in der Erndte und mußten die Handfronen beim Schloßbau mitverrichten. Jagd- und Fischereidienste blieben auch hier ungemessen [2]).

In dem etwas abgelegenen Amte Freienstein überwog weitaus das Frongeld von etwa 600 fl. Daneben wurden die Jagd- und Fischerei-

---

herrsch. in Nordwestdeutschl. S. 202f. — In den östlichen Provinzen Preußens betrugen die Dienste im Westen mindestens 3—4, im Osten 6 Tage in der Woche. (G. F. Knapp). Vgl. auch Wittich, Art. „Gutsherrschaft" im Handwörterb. der Staatswissensch. V (1910) S. 213.

[1]) Heyl, SLB. Reichenb.

[2]) LTA. IV 277 f. 286.

dienste wie die Baudienste ungemessen, außerdem etwa 864 Handfrontage prästiert. Die letzteren, von welchen auf die Bürger von Beerfelden 3, auf Hübner 8, 6 oder 4, auf Einletzige und Beisassen 4 Tage entfielen, wurden von den Gammelsbachern und den sämtlichen Beisassen des Amtes auf den herrschaftlichen Wiesen in Gammelsbach im Heu- und Ohmedmachen, die übrigen 682 Tage auf den herrschaftlichen Höfen zu Erbach, Eulbach und Roßbach im Schneiden und Mähen prästiert, denn im Amte Freienstein selbst gab es nur sehr wenig Gelegenheit, sie zu nutzen. Sodann hatte jeder Hübner 10 Klaffter Brennholz zu hauen und dem Amtmanne 1 Wagen Stangenholz oder 10 albus dafür zu prästieren [1]).

Viel günstiger lagen die Fronverhältnisse für die Untertanen des weit entfernten Amtes Wildenstein im Spessart. Besonders nach Veräußerung des Fleckens Kleinheubach (1721), wohin früher die Bau- und sonstigen Fronen hauptsächlich geleistet worden waren, gab es hier keine rechte Gelegenheit mehr, die Fronen mit Nutzen zu gebrauchen. In einzelnen Jahren konnte es vorkommen, daß ein Untertan mit einem Paar Ochsen durch den Transport von Scheidholz an den Main für die Herrschaft einen Wert von 3 bis 4 fl. bedeutete, viele Jahre aber nutzte er nichts oder höchstens ½ fl. Einschließlich des Frongeldes von etwa 77 fl. und abzüglich des Wertes der Frongebühren repräsentierten 1733 die dortigen Fronen insgesamt einen Wert von etwa 100 fl. [2]).

Auch die Zent Keinsbach und die Vogteiorte Brensbach und Niederkeinsbach befanden sich in sehr günstiger Lage. So wurden in jener von je einem Viertel Guts 1½ fl., je von 10 Vierteln 2 Wagenfahrten oder für jede 1 fl. geleistet. Sodann wurden z. B. die Obergersprenzer [3]) als sog. Burgfröner jährlich 2 bis 3 mal zur Legung des Brennholzes und zur Ausstechung des Grases im Schloßhofe zu Fürstenau gebraucht, bekamen für ihre schlechte Arbeit außer warmer Kost ein Fronbrod von 2 albus und ½ Maß Bier, „welches gegen ihre Verrichtung keine Proportion hatte“, und waren im übrigen, von Jagddiensten abgesehen, frei.

In dem gräfl. Ingelheim- vogtei- und grundherrlichen Unterwürzberg stand der Wert der jährlichen Fronen „samt dem Klaffter Holzhauen“ für jede der 10½ Huben mit 8 fl. in Anschlag [4]).

Die durch die Fronakkorde geschaffene Lage war demnach die, daß neben dem Frongelde, welches einen der erheblichsten

---

[1]) LTA. X 1733.

[2]) LTA. X.

[3]) LTA. I 237. — 1718.

[4]) Fürstl. Leining. Archiv zu Amorbach (F.: Rubr.: Adel. — Früher Echter-, später Ingelheimsches Lehen zu Würzberg).

Posten in den jährlichen Amtsrechnungen ausmachte, doch alle nötigen Dienste in Natura geleistet wurden. Das Kündigungsrecht, welches sich die Herrschaft in den Akkorden in der Regel ausdrücklich vorbehalten hatte, wurde daher, soweit sich sehen läßt, nie ausgeübt. Einerseits scheute man sich vor den „vielen Difficultäten“, welche der Versuch, „die Frohnd nach dem bisherigen Accord ganz aufzuheben und die Untertanen zu einer ungemessenen Frohnd wieder zu vermögen“, mit sich gebracht hätte, andrerseits hätte man eine dem Werte des Frongeldes entsprechende Naturalverwendung für die Dienste gar nicht gehabt.

Einige trotzdem in mehreren Vogteiortschaften unternommene Versuche scheiterten an der Unterstützung, welche den sich weigernden Vogteiuntertanen durch ihre Zentherrschaft aus territorialpolitischen Gründen zuteil ward; es blieb bei dem Frongelde [1]).

---

[1]) Niederkeinsbach, Brensbach, Wersau u. a. Heyl, SLB.

SCHLUSS.

Der hervorstechendste Zug der südwestdeutschen Agrarverfassung, derjenige, der nach den Ergebnissen der neuen Forschung ihr charakteristisches Merkmal im Gegensatze zur ländlichen Verfassung des deutschen Ostens und Nordwestens im 18. Jahrhundert darstellt, liegt in der Konstanz der agrarwirtschaftlichen Verhältnisse des Mittelalters, in der sog. Erstarrung der mittelalterlichen Villikationsverfassung. Während im Nordwesten die alte Villikationsverfassung seit dem 12. und 13. Jahrhundert zur sog. neueren Grundherrschaft, während im Kolonisationsgebiet des deutschen Ostens eine der letzteren ähnliche Agrarverfassung seit Beginn der Neuzeit zur eigentlichen Gutsherrschaft und Erbuntertänigkeit sich entwickelt, entbehrt der Südwesten einer wirtschaftlich-rationellen Weiterentwicklung, ja es zerfällt die ältere Grundherrschaft, die eine private Herrschaft über Menschen und Land nach Inhalt des Hofrechtes war, in zwei selbständige Institutionen, in eine private Herrschaft über das Land — die eigentliche Grundherrschaft des 18. Jahrhunderts —, und in eine hiervon sich lösende selbständige private Herrschaft über Menschen — die sog. Leibeigenschaft des 18. Jahrhunderts. Als drittes, ebenfalls selbständiges Abhängigkeitsverhältnis der ländlichen Bevölkerung tritt zur Leibeigenschaft und zur Grundherrschaft hinzu die Gerichtsherschaft, die öffentliche Gewalt über freie und leibeigene Menschen.

Die Funktion der Gerichtsherrschaft auf dem Gebiete der Agrarverfassung war in den einzelnen Teilen Deutschlands verschieden; sie soll in dem folgenden Überblick besonders hervorgehoben werden.

Im Nordosten war zwar die Gerichtsherrschaft für den

Herrenstand von größter Bedeutung. Aber diese Bedeutung lag hier für ihn in erster Linie in ihrer wirtschaftlichen Verwendbarkeit zur Schaffung einer rationellen Arbeitsverfassung für den kapitalistischen Großbetrieb in der Landwirtschaft. Die Gerichtsherrschaft erscheint im Osten vorwiegend als Element der dort typischen Form der Wirtschaftsverfassung, der Gutsherrschaft, und ihrer Arbeitsverfassung, der Erbuntertänigkeit.

Im Nordwesten dagegen ist die Gerichtsherrschaft als öffentliche Gewalt im Besitze des Herrenstandes nicht in den Dienst der Umänderung und rationellen Weiterbildung der bestehenden Wirtschaftsverfassung getreten. Die Ausbildung der neueren Grundherrschaft im Nordwesten vollzieht sich lediglich innerhalb der Grenzen und mit Mitteln des Privatrechtes, ohne Verwendung öffentlicher Gewalt. Die Gerichtsherrschaft bleibt hier lediglich eine Patrimonialgerichtsbarkeit, und ihre wirtschaftliche Bedeutung erschöpft sich in ihrer Eigenschaft als Quelle der üblichen fructus jurisdictionis. An Bedeutung für die Wirtschaftsverfassung steht die Gerichtsherrschaft hinter der neueren Grundherrschaft zurück. Charakteristisch hierfür ist der Umstand, daß als Rechtsgrund der Fronen in der Hauptsache die Grundherrschaft, nicht die Gerichtsherrschaft erscheint.

Wie im Nordwesten, so hat auch im deutschen Südwesten die Gerichtsherrschaft auf die Wirtschaftsverfassung einen Einfluß jedenfalls in dem Sinne nicht gehabt, daß ihr Besitz eine Weiterbildung der alten Villikationsverfassung zu einem rationelleren Wirtschaftssysteme beförderte; eine solche Weiterbildung ist vielmehr im Südwesten überhaupt nicht erfolgt. Indem aber eine rationellere Ausgestaltung der Wirtschaftsverfassung des Mittelalters nicht stattfand, indem vielmehr die Villikationsverfassung sogar an Intensität verlor, trat die Gerichtsherrschaft andrerseits für den südwestdeutschen Herrenstand wirtschaftlich als Quelle der fructus jurisdictionis in den Vordergrund. In demselben Verhältnis, in welchem die südwestdeutsche Grundherrschaft und Leibeigenschaft gegenüber der neueren Grundherrschaft in Nordwestdeutschland an wirtschaftlicher Bedeutung für den Herrenstand zurücktrat, rückt die wirtschaftliche Bedeutung der Gerichtsherrschaft als Quelle der fructus jurisdictionis in den Mittelpunkt der wirtschaftlichen Basis des südwestdeutschen Herrenstandes. Deshalb finden wir hier die fructus jurisdictionis im allgemeinen schärfer ausgebildet, insbesondere zählen die hauptsächlichsten Fronen dazu.

Allein nicht nur wegen der relativ geringeren wirtschaftlichen Bedeutung der Grund- und Leibherrschaft im Gegensatze zur neueren Grundherrschaft des Nordwestens steht die Gerichtsherrschaft im Vordergrunde der ländlichen Verfassung des Südwestens. Ihre hervorragende Bedeutung liegt vielmehr außerdem noch in der besonderen staatsrechtlichen Verfassung der südwestdeutschen Gebiete, in deren Natur als der sog. ungeschlossenen Territorien des Reiches begründet. Während die Gerichtsherrschaft im Nordwesten lediglich eine Patrimonialgerichtsbarkeit innerhalb dort relativ fester Staatsgefüge darstellt, ist der Südwesten das Gebiet der Landesherrschaft, wo auch der weitaus größte Teil des mittleren und kleineren Herrenstandes unmittelbar unter Kaiser und Reich steht und kraft dieser persönlichen Unmittelbarkeit die Landeshoheit innerhalb seines Gerichtsgebietes beansprucht. Die Verschmelzung von Gerichtsherrschaft und Grundherrschaft zur Gutsherrschaft gibt der ländlichen Verfassung des Nordostens, die Verschmelzung von Gerichtsherrschaft und Landeshoheit zum Territorium derjenigen des Südwestens das charakteristische Gepräge.

Die Erkämpfung und Behauptung der persönlichen Reichsunmittelbarkeit und der daraus abgeleiteten Unmittelbarkeit auch seines Gerichtsgebietes, das war das Ziel, welches der südwestdeutsche kleinere Herrenstand in jahrhundertelangem zähem Ringen mit den Fürsten und sonstigen größeren Territorialherren erstrebte, in deren umfassenden Zent- und Blutbannsbezirken, in deren Zoll-, Geleits-, Forst-, Wildbanns-, Heerbanns- und sonstigen Regalienbezirken seine mehr oder weniger zerstreuten Niedergerichts- oder Vogteidistrikte lagen. Die Verdrängung und möglichste Hinweginterpretierung dieser sein Gerichtsgebiet mitumfassenden Hoheitsrechte, der Wunsch, Alleinherr im Lande zu sein unter möglichstem Ausschluß fremder Hoheitsrechte, die Konsolidierung des Territoriums in diesem Sinne, das war die Aufgabe, welcher sich der südwestdeutsche Ritter mit der ganzen Kraft seiner korporativen Einigung hingab. Der Erreichung dieses territorialpolitischen Zieles und dessen staatsrechtlichen Anerkennung durch Kaiser und Reich, nicht der Verfolgung privatwirtschaftlicher Aufgaben, wie im Osten und Nordwesten, galt die Tätigkeit des südwestdeutschen Herrenstandes.

Erscheint aber einerseits die Verfolgung dieses territorialpolitischen Zieles als Symptom der vorwiegend öffentlich-rechtlichen Basis des südwestdeutschen Herrenstandes und seiner vorwiegend öffentlich-rechtlichen Auffassung von derselben nach außen im Verhältnis zu den Territorialfürsten und den benachbarten Ständen, so tritt andrerseits diese öffentlich-rechtliche Auffassung auch hinsichtlich seiner Stellung im Inneren seines Gebietes zutage.

Allerdings ist dies in den kleinen reichsritterschaftlichen Bezirken nicht immer der Fall; oft genug gleichen diese kleinen und zerstreuten Vogteidistrikte trotz ihrer staatsrechtlichen Unmittelbarkeit mehr einem Rittergute als einem Territorium, und in einigen Fällen ist die Ausbildung einer Gutsherrschaft im Sinne des Ostens nahezu erreicht, von einer öffentlich-rechtlichen Auffassung und Handhabung der öffentlichen Gewalt wenig zu merken.

Im allgemeinen aber, und insbesondere in den relativ größeren Reichsgrafschaften und Fürstentümern des Südwestens, steht die öffentlich rechtliche Natur der Stellung des regierenden Hauses auch gegenüber den Untertanen durchaus im Vordergrunde. Der Fürst oder Graf fühlt sich als Landes-, nicht als Gutsherr, als Inhaber der Staatsgewalt. In der „Conservation der Untertanen“, nicht in ihrer teilweisen Verdrängung und der unmittelbaren rationellen Verwendung des Restes zum eigenen Landwirtschaftsbetriebe sieht er als Landesherr seine Aufgabe. Wenn auch Erwerb und Verlust der Hoheitsrechte, insbesondere der Landeshoheit als des wichtigsten Bestandteiles des Stammgutes des landesherrlichen Hauses, in „patrimonialen“ Formen sich bewegten, so war doch ihre Ausübung den Untertanen gegenüber durchaus von staatlichem, landesherrlichem, öffentlichrechtlichem Geiste getragen, — soweit dies von den deutschen Territorien des 18. Jahrhunderts, auch den größeren, überhaupt gesagt werden kann. Trotz aller Karikatur; gerade diese bestätigt das. —

Reihen wir nunmehr die ländliche Verfassung der Grafschaft Erbach und der Herrschaft Breuberg, wie wir sie kennen gelernt haben, in die allgemeine Gliederung der ländlichen Verfassung Deutschlands ein.

Schon die geographische Lage unsrer Territorien deutet auf eine grundsätzliche Übereinstimmung ihrer ländlichen Verfassung mit der südwestdeutschen Agrarverfassung hin. Auch die ländliche Verfassung unsrer Gebiete setzt sich zusammen aus den drei Institutionen der Gerichts-, Leib- und Grundherrschaft.

Doch finden sich mancherlei bemerkenswerte Verschiedenheiten.

Betrachten wir zunächst die einzelnen Institutionen für sich.

Die Gerichtsherrschaft tritt in zwei selbständigen Erscheinungsformen auf, als Zent und als Vogtei.

Letztere war entweder eine mittelbare (landsässige) oder eine sog. unmittelbare Vogtei, je nachdem der Vogteiherr ein reichsunmittelbarer Stand oder Ritter oder aber ein bloßer Landsasse war.

Die „ohnmittelbare Vogtey“ im technischen Sinne aber war ihrem Wesen nach die Gesamtheit der Rechte, welche seit dem Mittelalter regelmäßig den Inhalt der Niedergerichtsbarkeit ausmachten, verbunden jedoch mit dem aus der persönlichen Reichsunmittelbarkeit des Vogteiherrn begründeten Merkmale der „Landeshoheit“, dem Grundsatze der Universalität der Staatsgewalt, der gegenüber fremde Hoheitsrechte, namentlich in der Hand des Zentherrn, nur als störend empfundene, einschränkend zu interpretierende öffentlich-rechtliche Servituten, nach Analogie der jura singularia und der jura in alieno des römischen Privatrechtes, Geltung haben sollten.

Ihre verfassungsgeschichtliche Bedeutung liegt in folgendem.

Die alten Grafenrechte waren an sich in Franken nicht minder als in den „geschlossenen" Territorien des Reiches geeignet, zum Kristallisationspunkt späterer Territorialstaatsgewalt innerhalb des von ihnen umspannten Gebietes zu werden. Diese in der alten Reichsverfassung begründete Entwicklungstendenz aber wurde seit dem späteren Mittelalter unterbunden insbesondere durch das zunehmend kräftiger werdende Aufstreben der Inhaber der niederen Gewalten. Nicht nur die Anerkennung ihrer persönlichen Reichsfreiheit und damit die Negierung persönlicher Unterordnung unter die fränkischen Fürsten vermochten sie durchzusetzen, sondern auf Grund dieses Erfolges auch die Unmittelbarkeit ihrer Vogteidistrikte in der soeben geschilderten rechtlichen Form. Dieses auf Unmittelbarkeit auch der Vogteidistrikte gerichtete Bestreben der Vogteiherrn führte namentlich in Schwaben und anderen ungeschlossenen Territorien zu einer zunehmenden Durchbrechung des alten Grafschaftsverbandes, aber auch soweit der Blutbann nicht erlangt werden konnte, zu einer meist erheblichen Lockerung der Beziehungen zwischen den Vogteibezirken und ihren Hochgerichtsverbänden. In Franken aber war eine Durchbrechung des Zentverbandes und ein Ausgleich der „Vermischungen" keineswegs so häufig erfolgt wie in Schwaben. In Franken leisteten die Zentherren jenen Ausscheidungsbestrebungen der Vogteiherrn weit größeren Widerstand. Deshalb sind auch die Wirkungen dieser territorialpolitischen Rivalität in wirtschaftlicher Beziehung für Franken viel einschneidender gewesen als etwa in Schwaben.

Daß in Franken eine der beiden Richtungen endgiltig in der Praxis die Oberhand gewonnen hätte, läßt sich nicht sagen. Die „Landeshoheitsstreitigkeiten" dauerten bis 1806, soweit nicht durch Vertrag oder in andrer Weise ein Ausgleich stattgefunden hatte.

Demgegenüber ist allerdings hinzuweisen einerseits auf die herrschende Theorie, welche, zum Teil im Zusammenhange mit den Bestrebungen der Reichsritterschaft, die in den übrigen ungeschlossenen Territorien bereits in weitem Umfange in der Praxis durchgedrungene Lockerung der Hochgerichtsverbände verallgemeinerte und auch auf Franken übertrug; andrerseits aber auf die Erscheinung der fränkischen Praxis selbst, wonach die Zentherren regelmäßig, soweit sie selbst Vogteien in fremden Zenten besassen, den Standpunkt der unmittelbaren Vogteiherrn vertraten. Will man mit Rücksicht auf beide Momente eine Entscheidung jenes Streites zugunsten der unmittelbaren Vogteiherrn zur Zeit des 18. Jahrhunderts auch für Franken annehmen, so gilt folgendes:

Nur soweit ein altes Zentgebiet keine fremden unmittelbaren Vogteidistrikte in sich schloß, hat die Ausbildung der Zentherrschaft (i. w. S.). zur späteren territorialen Staatsgewalt sich verwirklichen können; insoweit aber ist sie und ihr räumliches Gebiet auch als Ausgangspunkt und als Kern der späteren Territorien anzusehen. Von diesen Teilen abgesehen aber schließt sich die Bildung der neuzeitlichen Territorien an die Niedergerichts- oder Vogteidistrikte an, im Gegensatze zu der in der mittelalterlichen Verfassung begründeten Tendenz. Hierdurch aber vollzieht sich teils eine Verschiebung des räumlichen Substrates der Territorialbildung, teils aber das Entstehen zahlreicher neuer „Territorien". Eine Verschiebung insofern, als ein Zentherr nur den Teil seiner Zent zu seinem „Territorium" zählen konnte, in welchem er selbst (oder ein Landsasse) auch Niedergerichtsherr war; andrerseits aber diejenigen Vogteien hinzurechnen durfte, welche er in fremden Zenten innehatte. Eine Neubildung von „Territorien" aber fand insofern statt, als zahlreiche Inhaber von unmittelbaren Vogteien keine Zent besaßen und zum großen Teile auch später weder den Blutbann noch die mit demselben regelmäßig in einer Hand vereinigten sonstigen Regalien zu erlangen vermochten, also nach der Natur der mittelalterlichen Verfassung „Landesherren" nicht hätten werden können.

In scharfem Gegensatze aber zu diesen territorialen Bildungen der Neuzeit und ihren neuen Grenzen ragen im großen und ganzen unberührt und vielfach sie durchschneidend die alten größeren Regalienbezirke des Mittelalters herüber, in zähem Kampfe das alte Recht verteidigend, aber zersetzt durch den neuen Begriff der „Landeshoheit“, des „Territoriums“, und auf die Dauer dem unausgesetzten Nagen der niederen Gewalten preisgegeben.

So wie das alte Reich selbst durch das Erstarken der Territorien, seines Unterbaues, allmählicher Zersetzung verfiel, so wurde in Franken das Fundament der mittelalterlichen Territorien seinerseits unterwühlt und zersplittert durch das Aufstreben der untersten Gewalt, der Niedergerichtsherrschaft. —

Im übrigen ist für unser Gebiet auf die Funktion der Vogtei als öffentlich-rechtlicher Grundherrschaft besonders hinzuweisen.

Das Institut der Zent erwies sich in doppelter Hinsicht von beachtenswerter wirtschaftlicher Bedeutung.

Einerseits kam in Betracht die territorialpolitische Rivalität zwischen den Zent- und den unmittelbaren Vogteiherrn, welche infolge der außerordentlich weitgehenden räumlichen Durchkreuzung von Zent und Vogtei die wirtschaftliche Lage eines sehr erheblichen Teiles der ländlichen Bevölkerung Frankens in schlechtem, aber auch in gutem Sinne beeinflußte, und in ihrer Wirkung der Rivalität zwischen Vogtei- und Niedergerichtsherrn des späteren Mittelalters zur Seite zu stellen ist. Beide Erscheinungen sind den Gründen hinzuzuzählen, welche man zur Erklärung der sog. Erstarrung der Villikationsverfassung geltend macht, indem sie einer etwaigen Tendenz zur Ausbildung einer neueren Grundherrschaft wie im Nordwesten oder einer Gutsherrschaft wie im Osten hemmend im Wege standen.

Neben dieser Bedeutung der Zent für die Gestaltung der Agrarverfassung in Franken steht, mit vorläufiger Beschränkung auf unser Gebiet, die Bedeutung der Zent als eines weiteren Kommunalverbandes und als organisatorischer Einheit zur Mitwirkung bei der Ausübung der Strafgerichtsbarkeit, auf dem Gebiete der Milizverfassung und auf dem wichtiger Funktionen der Landespolizei. Sie war eine „Polizeianstalt“ im weitesten Sinne des 18. Jahrhunderts, mit juristischer Persönlichkeit auf dem Gebiete des öffentlichen und des privaten Rechtes, sie vereinigte die Insassen größerer Bezirke zur Erfüllung wichtiger kommunaler Aufgaben, somit die meist kleinen und wirtschaftlich schwachen Landgemeinden in weitem Umfange entlastend. Außerdem lernten wir einige Zenten als Markgemeinden kennen.

Die der Zentgemeinde obliegenden wirtschaftlichen Lasten standen allerdings hinter den in der Vogteiherrschaft begründeten Verbindlichkeiten und Beschränkungen erheblich zurück.

Im wesentlichen völlige Übereinstimmung mit dem übrigen Südwestdeutschland zeigt diejenige Rechtsinstitution, welche trotz ihres Inhaltes den perhorreszierenden Namen Leibeigenschaft führte. Wie auf ihren Inhalt, so bezieht sich diese Übereinstimmung auch auf die territorialpolitischen Bestrebungen nach räumlicher Abschließung von Landeshoheit und Leibherrschaft.

Mehrfache Besonderheiten dagegen bestehen hinsichtlich der Grundherrschaft.

Zunächst ist hinzuweisen auf den Gegensatz zwischen den lastenpflichtigen und im Eigentum der Bauern stehenden Hubgütern und den mit Hofesfreiheit begabten, von Bauern höchstens zu erblichem dinglichen Nutzungsrechte besessenen Höfen, dem privilegierten Grundbesitze unsrer Gebiete.

Sodann lernten wir das Hubgut der odenwäldischen Ämter der Grafschaft hinsichtlich seiner in der Gebirgsnatur begründeten rechtlichen und räumlichen Geschlossenheit kennen.

Die Rechtssätze, welche die rechtliche Geschlossenheit und die beschränkte Teilbarkeit der Hubgüter, nicht auch der Höfe, normierten, fußten in der Vogteigerichtsbarkeit und waren somit öffentlich-rechtlicher Natur. Wir finden daher eine öffentlich-rechtliche Grundherrschaft im Interesse der Prästationsfähigkeit der Hübner.

Aber nur insoweit war das Prinzip der rechtlichen Geschlossenheit mit der Folge der Individualsukzession festgehalten, als es durch die Gebirgsnatur des Landes wirtschaftlich gerechtfertigt war: in den ebenen fruchtbareren Gegenden nimmt die Teilbarkeit überhand.

Die rechtliche Geschlossenheit und beschränkte Teilbarkeit der Hubgüter bewirkte die Scheidung der ländlichen Bevölkerung in zwei wirtschaftlich-soziale Klassen: in Bauern und in solche Personen, die nicht Teil an einem Gute hatten, sondern vielleicht ein Haus und einige Grundstücke besaßen. Letztere waren in einigen Ämtern ebenfalls Gemeindemitglieder, sog. einlezzige oder einläufige Untertanen; in anderen dagegen, wo grundsätzlich nur Hübner zu Gemeindsleuten und Untertanen rezipiert wurden, und das Gemeinderecht als selbständiges, veräußerliches und pfändbares Vermögensrecht behandelt wurde, standen sie außerhalb der Mitgliedschaft zur Landgemeinde als sog. Beisassen und Erbschutzverwandte. Territorialangehörig, demnach von festem, obrigkeitlich genehmigten und seitens der Herrschaft nicht beliebig aufkündbarem Domizile, waren auch die letzteren, im Gegensatze zu den fremden, nicht im Inlande geborenen und von inländischen Untertanen abstammenden, wenn auch gemeindeangehörigen Beisassen im engeren Sinne.

Die Höfe ließen sich in ältere und neuere teilen.

Unter den älteren aus dem Mittelalter stammenden Höfen waren hervorzuheben die größeren im herrschaftlichen Eigenbetrieb stehenden oder kurzfristig verpachteten Hofgüter an den Amtsitzen, deren Bewirtschaftung mit den Fronen der Untertanen ehedem erfolgt war und zum Teil noch erfolgte. Ihnen stehen die kleineren auf die einzelnen Orte zerstreuten Höfe gegenüber.

Die wichtigste Besonderheit unsres Gebietes aber bildet die Nichtwiederbesetzung von 50—60 im 30jährigen Kriege vakant gewordenen Huben und die Verwendung dieses ehemaligen Bauernlandes zur Anlegung und Vergrößerung einer Reihe von herrschaftlichen Hofgütern. Auf diese für Südwestdeutschland in solchem Umfange singuläre Erscheinung ist im folgenden noch zurück zu kommen.

Die Kameralfronen sind in Übereinstimmung mit dem sonstigen Südwesten gerichtsherrlicher Natur. Als Besonderheit dagegen ist einerseits für die Grafschaft hervorzuheben die rechtliche Natur der Fronverpflichtung als auf den Huben, nicht auf den Höfen, ruhende vogteigerichtsherrliche Reallast, während andrerseits die Fronen in der Herrschaft Breuberg als eine den Zenten obliegende und den Einzelnen in seiner Eigenschaft als Zentuntertan treffende Verbindlichkeit sich darstellen, von welchen jedoch diejenigen der Zentherrschaft gegenüber befreit sind, welche hinsichtlich der Vogtei einer fremden Herrschaft unterstehen; zu den eigentlichen Zent- („Landes-") fronen dagegen sind auch diese sog. mittelbaren Zentuntertanen verpflichtet.

Werden in der Herrschaft Breuberg, soweit sich sehen ließ, Ackerspanndienste nicht geschuldet, so sind sie in der Grafschaft fast überall in ein jährliches Frongeld abgelöst. Im übrigen handelt es sich um Transportfuhren, welche aber mit Ausnahme des Amtes Erbach und der Herrschaft Breuberg zum Teil ebenfalls gemäß den Fronakkorden in ein Frongeld verwandelt oder nach Art und Umfang mehr oder weniger begrenzt und festgelegt sind. Die Handfröner dagegen, im einzelnen zu den verschiedenartigsten Verrichtungen gebraucht, finden insbesondere auch bei dem Gutsbetriebe auf den herrschaftlichen Hofgütern Verwendung.

Die Höhe der Fronen hält sich selbst in dem relativ am schwersten betroffenen Amte Erbach innerhalb des auch sonst in Südwestdeutschland beobachteten Maßes. —

Betrachten wir nunmehr die ländliche Verfassung unsres Gebietes im ganzen. In dieser Hinsicht ist als allgemeines Ergebnis zunächst festzustellen, daß die Konstanz in den Verhältnissen der ländlichen Bevölkerung in Übereinstimmung mit der Entwicklung im übrigen Südwestdeutschland im allgemeinen gewahrt blieb. In den rechtlichen und wirtschaftlichen Verhältnissen der ländlichen Bevölkerung unsrer Territorien zeigen sich jedenfalls seit dem 15. Jahrhundert wesentliche Änderungen nicht; vom Bauernkriege blieben beide Gebiete unberührt. Innerhalb dieses allgemeinen Rahmens jedoch sind zwei Besonderheiten hervorzuheben.

Zunächst bilden die Territorialisierung der Leibeigenschaft und in gewissem Umfange auch der Erwerb fremdgrundherrlicher Berechtigungen durch die Landesherrschaft seit dem 16. Jahrhundert beachtenswerte Momente einer Entwicklung, deren Ziel die Vereinigung der gesamten staatlichen und wirtschaftlichen Macht gegenüber sämtlichen Untertanen in der Hand der Landesherrschaft darstellt.

Denn während für Südwestdeutschland im allgemeinen die gegenseitige räumliche Durchkreuzung der drei Institutionen die Regel ist, bildet es in unseren Gebieten im 18. Jahrhundert durchaus die Ausnahme, wenn ein erbachischer und breubergischer Untertan eine andre Herrschaft als seinen Landesherrn zum Grundherrn oder zum Leibherrn besitzt. Die Regel ist vielmehr, daß die „Herrschaft" nicht nur Landes-, sondern auch Leib- und Grundherrschaft aller ihrer Untertanen ist.

Eine erheblichere Ausnahme hiervon besteht nur insoweit, als die Durchkreuzung von Zent und Vogtei auch im 18. Jahrhundert noch nicht ganz, immerhin aber infolge der auf Ausgleich der „Vermischungen" seit dem 15. Jahrhundert gerichteten Bestrebungen wenigstens für den größeren Teil unsres Gebietes beseitigt ist.

Die zweite Besonderheit unsrer Gebiete aber betrifft das sogen. Bauernlegen.

Die Frage: warum unterblieb in Südwestdeutschland die folgenschwere Verwandlung der Grundherrschaft in die nordostdeutsche Gutsherrschaft? hat Ruoff[1]), soweit der Besitzstand der südwestdeutschen Ritterschaft in Frage kommt, treffend dahin beantwortet:

soweit das südwestdeutsche Rittergut als ein ritterschaftlicher Besitz mit gerichtsherrlicher Streuverfassung sich darstellte, lag das entscheidende Hemmnis für eine derartige Entwicklung im Wesen eben dieser gerichtsherrlichen Streuverfassung;

aber auch soweit das südwestdeutsche Rittergut nicht bloß einzelne auf den verschiedensten näheren und entfernteren Gemarkungen zerstreut liegende Güter, sondern eine ganze, bisweilen zwei oder drei benachbarte geschlossene Gemarkungen als gerichtsherrliches Substrat umfaßte, scheiterte jene Entwicklung an der Kleinheit des Rittergutes; denn ein Teil der an sich schon relativ kleinen Gemarkungen hätte immerhin einer gewissen Anzahl von Bauern vorbehalten bleiben müssen, deren

---

[1]) F. Ruoff, Die ländliche Verfassung des Nordostens des Königreichs Württemberg im 18. Jahrh. in Württemberg. Jahrbücher f. Statistik und Landeskunde (1909) S. 217 f. 299 f.

Spanndienste bei der herrschenden Arbeitsverfassung für den Gutsbetrieb erforderlich gewesen wären; gutsherrlicher Eigenbetrieb auf solch kleiner Fläche hätte jedoch gegenüber der bisherigen Wirtschaftsform nur eine sehr bescheidene Ertragssteigerung zur Folge gehabt, die außerdem durch erhebliche Arbeit und Mühe hätte bezahlt werden müssen;

weiterhin standen häufig, jedoch keineswegs überall, die Bodenbeschaffenheit, bisweilen auch Siedelungsverhältnisse jener Entwicklung im Südwesten hemmend im Wege;

jedenfalls im 18. Jahrhundert verbot endlich, auch wo die sonstigen Voraussetzungen günstig lagen, das entwickelte Rechtsbewußtsein im allgemeinen die wesentliche Steigerung der bäuerlichen Lasten.

Diesen von Ruoff angeführten Hemmungsgründen ist, wie erwähnt, als weiteres Hindernis für eine der nordostdeutschen Gutsherrschaft ähnliche Entwicklung anzuführen die territorialpolitische Rivalität zwischen Zent und Vogtei vornehmlich in Franken, nicht nur für die Besitzungen der landsässigen und reichsfreien Ritterschaft, sondern auch für beträchtliche Teile der reichsständischen Territorien und späteren Standesherrschaften.

Von diesem letztgenannten Hinderungsgrunde abgesehen, lagen jedoch jenen Verhältnissen des ritterschaftlichen Gebietes gegenüber die Voraussetzungen zu einer Fortbildung der ländlichen Verfassung in ostelbischem Sinne in diesen späteren Standesherrschaften, insbesondere der Grafschaft Erbach und der Herrschaft Breuberg, zum Teil an sich erheblich günstiger.

Einerseits fehlte es in unserem Gebiete fast ganz an gerichtsherrlicher Streulage in obigem Sinne; das Territorium bildete in der Hauptsache einen großen geographisch geschlossenen Komplex, groß genug, um herrschaftliche Gutsbetriebe wenigstens von 1000—3000 Morgen aufnehmen zu können samt den zu ihrer Bewirtschaftung erforderlichen Bauern. Auch die Gebirgsnatur des Landes hätte die Anlage größerer Güter nicht überall gehindert (Mümmling- und Gersprenztal). Sodann war, wie bei der Gutsherrschaft des Nordostens, Grund-, Gerichts-

und Leibherrschaft über die gesamte in dem geographisch geschlossenen Herrschaftsgebiete lebende ländliche Bevölkerung, über den größeren Teil auch Zent und Vogtei in einer Hand vereinigt. Endlich mag hingewiesen sein auf die in der allgemeinen Erfahrung begründete Tatsache, daß in Gebieten späterer Kolonisation und verhältnismäßig primitiver Kulturstufe wirtschaftliche Neuerungen, insbesondere aber eine Änderung der Wirschaftsverfassung selbst, ungleich leichter durchzusetzen sind als in Ländern mit alter und höherer, auf einer traditionell allgemein eingelebten Wirtschaftsverfassung beruhenden Kultur; unsre Territorien aber sind für die hier fragliche Zeit den ersteren Gebieten zuzurechnen.

Dank dieser besonders günstigen Voraussetzungen finden wir denn auch tatsächlich in unserer Grafschaft einen Ansatz zur Gutsherrschaft, indem 50—60 vakante Huben seit ca. 1690 nicht wieder an Bauern ausgetan, sondern dem herrschaftlichen Gutsbetriebe einverleibt wurden.

Trotz dieser äußeren Ähnlichkeit läßt sich jedoch die Grafschaft und spätere Standesherrschaft keineswegs nach Analogie des ostdeutschen Rittergutes begreifen. Der Gegensatz ist dreifacher Art.

Zunächst wurden in unserem Gebiete nicht eines oder wenige zusammenhängende große Güter gebildet, sondern eine größere Anzahl mittlerer und kleiner Güter. Der Grund hierfür ist einerseits ein zufälliger insofern, als die vakant gewordenen Huben meist zerstreut in den einzelnen Gemarkungen lagen, andere als zufällig vakant gewordene Huben aber zur etwaigen Arrondierung oder zur Anlegung von Hofgütern in besonders geeigneten Lagen nicht eingezogen bzw. hinzu erworben wurden; andrerseits ein natürlicher insofern, als selbst zwei ganz eingezogene Gemarkungen relativ klein waren; endlich anscheinend ein wirtschaftlicher insofern, als das dritte, größere, ebenfalls ganz eingezogene Dorf in drei mittlere Hofgüter zerlegt wurde.

Im Gegensatze zum Nordosten steht ferner, daß in unserer Grafschaft zur Bebauung der neuen Güter Ackerspanndienste der Untertanen nicht gefordert wurden. Die Gründe hierfür dürften dieselben gewesen sein, welche die Herrschaft zum Abschlusse der Fronakkorde bestimmten: einerseits die Schlechtigkeit der Fronarbeit; nur möglichst intensive Bewirtschaftung des meist schlechten Bodens schien eine Mehrung des Ertrages zu versprechen; andrerseits aber die Rücksicht auf das eigene Wohl der Untertanen. Nicht die Bildung eines oder weniger großer Güter in Verbindung mit übermäßiger Belastung der ländlichen Bevölkerung, sondern die Schaffung mehrerer kleiner oder mittlerer, aber möglichst intensiv bewirtschafteter Güter unter Konservation eines relativ wohlsituierten, nicht überlasteten Bauernstandes schien der Herrschaft in glücklicher Verbindung ihres landesherrlichen Interesses mit ihrem privatwirtschaftlichen angemessen zu sein.

Ein dritter Gegensatz ergibt sich aus folgendem. Die nordostdeutsche Gutsherrschaft ist der kapitalistische Großbetrieb in der Landwirtschaft (G. F. Knapp). Dieser Gesichtspunkt aber läßt sich auf die Hofgutswirtschaft unsrer Gebiete nicht anwenden. Allerdings nicht deshalb, weil in einem System mittlerer und kleiner Hofgüter, die zwar nicht mit den Fronen der Untertanen, aber ebendeshalb nicht weniger rationell, weil um so intensiver, bewirtschaftet werden, ein kapitalistischer Großbetrieb an sich nicht erblickt werden könnte, sondern aus dem Grunde, weil jener Gesichtspunkt, wenn er auch vielleicht nicht ganz fehlte, so doch hinter den sonstigen Interessen der Herrschaft durchaus zurücktrat. Diese Interessen aber lagen vor allem in der landesherrlichen Stellung des gräflichen Hauses und in seiner Waldwirtschaft begründet.

In erster Linie ist die vorwiegend öffentlich-rechtliche und als öffentlich-rechtlich aufgefaßte Stellung des gräfl. Hauses innerhalb seines Landes zu beachten. Als Landesherrn, als Inhaber der Landeshoheit, der Staatsgewalt, nicht als Gutsherrn betrachteten sich die Grafen.

Die auch hier erstrebte Stärkung der eigenen wirtschaftlichen Stellung erfolgte nicht durch Ausbildung einer Gutsherrschaft im ostdeutschen Sinne.

Die Ausbildung einer Art Erbuntertänigkeit wie im Osten

war unvereinbar mit der öffentlich-rechtlichen Stellung der Grafen als Landesherrn, mit ihrer Reichs- und Kreisstandschaft. Der Untertan war Selbstzweck, nicht Arbeitskraft für den herrschaftlichen Gutsbetrieb.

Eine Förderung der wirtschaftlichen Stellung der Herrschaft erfolgte andrerseits aber auch nicht lediglich durch Ausgestaltung der fructus jurisdictionis, der Abgaben, Monopole usw., was sonst im deutschen Südwesten die Regel bildete; die Not des 30 jährigen und der folgenden Kriege hat vielmehr in der Grafschaft mit der Hofgutswirtschaft eine beachtenswerte Wiederverstärkung der grundherrlichen Basis des landesherrlichen Hauses zur Folge gehabt; diese aber vollzieht sich innerhalb des allgemeinen Rahmens der südwestdeutschen Agrarverfassung und steht somit im Gegensatze zur ostdeutschen Gutsherrschaft.

Andrerseits aber darf auch der in dieser Erscheinung liegende Gegensatz zur „südwestdeutschen Agrarverfassung" nicht übersehen werden. Man könnte geneigt sein, die erbachische Hofgutsverfassung als neuen Typus zu charakterisieren, der sich darstellt als Mittelstufe zwischen der reinen südwestdeutschen Agrarverfassung und der ostdeutschen Gutsherrschaft. Hiervon sei jedoch zunächst Abstand genommen, einerseits wegen des geringen Umfanges des Gebietes, andrerseits wegen der Singulärheit der Erscheinung und endlich deshalb, weil bis 1806 der allgemeine Rahmen der südwestdeutschen Agrarverfassung nicht überschritten worden ist. —

Allein der Schwerpunkt der wirtschaftlichen Interessen der Grafen lag schon im 18. Jahrhundert nicht so sehr in ihren Herrschaftsverhältnissen gegenüber der ländlichen Bevölkerung, als vielmehr in dem umfangreichen Waldbesitz [1]). Durch die Einführung einer geregelten rationellen Waldwirtschaft, daneben durch die Giebigmachung der Abgaben und Steuern der Unter-

[1]) Karl Julius Weber, Deutschl. oder Briefe eines in Deutschl. reisenden Deutschen IV (1828) 413, in den 1790er Jahren längere Zeit erbach-schönberg. Hof- und Regierungsrat, schätzte die Einkünfte jedes der drei gräfl. Häuser auf 50—60000 fl., bemerkt aber, daß dieselben hauptsächlich von den Holzpreisen abhingen.

tanen, nicht aber durch die Ausbildung einer eigentlichen Gutsherrschaft suchte man die wirtschaftliche Stellung des landesherrlichen Hauses zu stärken; der eigene, ohne besondere Belastung der Untertanen durchgeführte Hofgüterbetrieb der Herrschaft steht keineswegs an erster Stelle unter ihren verschiedenen Einkommensquellen und Interessen, er stellt eine Ergänzung und Erhöhung der übrigen Revenüen dar, welche ohne erheblichere Benachteiligung der Untertanen durchgeführt werden soll. Die Tendenz zur Gutsherrlichkeit wird von Anfang an unterbunden durch die landesherrliche Stellung der Grafen. Trotz aller günstigen Voraussetzungen, die in unseren Territorien vereinigt sind, ist daher zwar ein Ansatz, aber keine Ausbildung der Gutsherrschaft zu beobachten, die Hofgutswirtschaft des 18. Jahrhunderts lediglich als Verstärkung der grundherrlichen Basis der Herrschaft innerhalb des allgemeinen Rahmens der südwestdeutschen Agrarverfassung zu betrachten. —

Ein Vergleich der allgemeinen wirtschaftlichen Lage der ländlichen Bevölkerung unsrer Gebiete im 18. Jahrhundert mit ihrer gegenwärtigen ergibt nicht etwa eine Minderung ihrer Belastung; auch im 18. Jahrhundert war dieselbe nicht übermäßig. Nicht eine Entlastung[1]) der ländlichen Bevölkerung unseres Gebietes war der Erfolg der politischen Ereignisse von 1806 und der sog. Bauernbefreiung[2]), sondern eine Modifizierung der Belastung und der Wechsel in der Person des Abgaben- und Dienstberechtigten. Wohl aber steht heute der im großen und ganzen relativ gleich hoch gebliebenen Belastung ein gegen das 18. Jahrhundert weit erheblicheres Äquivalent gegenüber in dem, was Staat und Reich zur Sicherung der nationalen Unabhängigkeit, zur Förderung des geistigen, wirtschaftlichen und sozialen Lebens, zum Schutze des Rechtes seit 1806 geleistet haben.

---

[1]) abgesehen von der Beseitigung wirtschaftlicher Beschränkungen der verschiedensten Art.

[2]) A. Thomas, Beitr. z. Gesch. d. Bauernbefreiung u. der Entlastung des ländl. Grundbesitzes im Großh. Hessen (1910).

BERICHTIGUNGEN.

Seite 34 Zeile 6 von unten statt: 1558, lies: 1558 (?):
Seite 61 n. 4 Zeile 6 von oben statt: Gültigkeit, lies: Gütigkeit.
Seite 88 Zeile 12 von oben statt: von der, lies: die.
Seite 95 Zeile 19 von oben statt: Flur, lies: Hubgüter (vgl. S. 114).
Seite 104 Zeile 15 von oben statt: Steuerpflichtungen, lies: Steuerpflichtigen.
Seite 104 n. 1 Zeile 2 von oben statt: Vogteiherrschaft, lies: Vogteiortschaft.
Seite 176 Zeile 3 von oben statt: 40, lies: 50 Hubgüter.
Seite 153 Zeile 15 von oben statt: Den, lies: Der.
Seite 189 Zeile 14 von oben statt: bestehen, lies: bestehen[1]), und hierzu: [1]) Amtsbeschreib. des Amtes Erbach durch den Amtmann Wannemacher v. J. 1708 (sub Roßbach, Elsbach, Eulbach, Günterfürst).
Seite 189 Zeile 13 von unten statt: möchte", lies: möchte" (LTA.).

Kolibri 360 GmbH
Ferdinand-Jühlke-Straße 7
99095 Erfurt, Deutschland
produktsicherheit@kolibri360.de